落着と実在

リアリティの創出点

山本幾生

関西大学出版部

【本書は関西大学研究成果出版補助金規程による刊行】

はじめに――無のリアリティから

日々の生活の中でことさら〈生〉を生き生きと感じることは稀かもしれない。それは生という言葉があまりに一般的で抽象的すぎるからかもしれない。具体的な姿が思い浮かぶのは〈生活〉という言葉であろう。日々の生活費を計算したり、生活の糧を求めて十年後の将来を思い悩む。しかし、そうした中で生について考えたり感じたりしているわけではない。生のリアリティは、抽象概念のように、日々の生活の中で空虚な無のごとく漂っているかのようである。三つの映像が思い浮かぶ。

一つは、ピンポイントを狙うロケット弾が宙を飛び炸裂する映像である。テレビゲームの映像のようで、その向こう側で殺戮が繰り返されている、その生死のリアリティは、映像そのものに食い尽くされてしまったかのようである（前々著『実在と現実　リアリティの消尽点へ向けて』）。一つは、津波が街を飲み込む映像である。生活だけでなく生そのものを死へ押し潰して飲み込んでしまう、そのリアリティに震撼した現実は、今日では日々の生活に紛れて無となってしまったかのようである（前著『現実と落着　無のリアリティへ向けて』）。そしてもう一つは、国を二分して歴史を塗りかえる法案が国会で成立する映像である。そこには、戦闘へ駆り立てられる人々の生死を分けるリアリティはなく、ただ滑稽なダイビングと空疎な言葉が漂っているだけであった。もはや遠い過去となった無声映画からトーキーに移る喜劇映画の映像のほうが、生と死の、そして言葉のリアリティに満ちている。チャップリン「モダン・タイムス」、そして「独裁者」。

　現実の言葉からリアリティが消失し、虚構の言葉にリアリティが充溢する、この逆説が生じて来る処が、ほかならぬリアリティを消尽し、また創出している処であろうか。どれほど美しい言葉で力強く訴えかけても、その言葉がどうしようもなく空疎に感じられるのは、言葉もまた〈生きもの〉だからであろうか。そうであれば、言葉のリアリティは生のリアリティとともに消尽され、現実から抜け落ち、生自身が言葉とともに落ち着く処もなく彷徨い続けているのであろうか。そしてまた、消え去って行ったその当処からしか、リアリティは創出されて来ないのであろうか。それでは、どのようにしてこの現実の生活の直中でその地点に落着（ラクチャク）し、生の、そして言葉の、リアリティは創出されて来るのであろうか。これが本書の問いである。

　この問いをめぐって本書は、前々著および前著同様に、西洋の哲学に、とりわけ一九世紀後半から二〇世紀初頭にかけてのドイツ哲学に入り込んで行く。というのも、この時代のドイツで、伝統的哲学に対して〈生の哲学〉という動きが興って来たからである。しかも第二次世界大戦へ向かう中でその動きは途絶えてしまっているように見えるからである。本書はそこに遡って、本書の問いに応答する言葉を掘り起こすことを目指している。

　当時のドイツは、プロイセン王国からドイツ帝国の統一（一八七一）、そのビスマルク政権からヴィルヘルム二世の皇帝専制政治へ、そして第一次世界大戦（一九一四―八）を経てヴァイマル共和制へ移行し、その国会で国家社会主義ドイツ労働者党（ナチ党）が台頭して第二次世界大戦（一九二九）へ向かって行く時代であった。分散と統一を繰り返した時代と言えよう。学問的にもヘーゲル哲学によって伝統的哲学が完成を迎えると同時に実証主義の批判に晒されて崩壊に向かい、自然科学の隆盛に対して人文科学（精神科学）の方法論・学問性が地盤を失って行った時代であった。ウィルヘルム・ディルタイ（一八三三－一九一一）そしてゲオルク・ミッシュ（一八七八－一九六五）はその中で生き、生にこそ拠り所を求めて精神科学を基礎づけ、その方法論として解釈学を形成し、「生の哲学」[1]の道を切り開こうとした。

それでは、生の哲学の中で「生」は何によってほかならぬ「生」として特記されたのであろうか。ディルタイは、哲学が始まって以来、人間をも含めてすべての存在者を超え出てその存在を問う存在論および形而上学に反対して、また、人間を自己意識として捉える近代の捉え方に反対して、生という概念を前面に押し出す。そして「生」を特記するものを、「その背後には遡ることのできない生動性（生き生きしていること）」に求め、「生の深みと多様さ」を「生それ自身から理解すること」を生涯に渡って探究する[2]。生が生き生きしているとは、生が川の流れのごとくに経過して不断に新たな流れとなって、各々の生が、生を超え出た生以外のものによってではなく、それ自身の流れの中で、しかも意識的な反省や思考によっては捉えられない「深み」から「多様」に、それ自身を心身的な統一的全体として形成していることを意味する。それが彼の言う生の統一体である。そして彼は生が生自身を捉える方法を自己省察に求め解釈学として仕上げて行く。それでは、生はどのように統一体を形成し、その統一的全体を自身で理解し把握するのであろうか。ここで問題となるのは、たとえば個人としての生の統一体を、〈生の外側から〉特定の規範・理念・理想などによって鋳型に嵌めるがごとくではなく、川の流れのごとく〈生自身から〉形成し理解する仕方である。それはどのようにしてであろうか。これが生の哲学から生じてくる、本書のさしあたりの問いである。

これに対して、当時、同じように伝統的形而上学に反対したエトムント・フッサール（一八五九－一九三八）は、しかしディルタイと違った道を歩み、絶対的に明証的なものを求めて、意識の自己反省を方法にして厳密学としての現象学への道を切り開く。その道を継いだマルティン・ハイデガー（一八八九－一九七六）はディルタイの解釈学をも現象学的に摂取し、伝統的な存在論・形而上学を解体して新たな存在論・形而上学への道を切り開く。しかも、両者ともに現象学の道からディルタイの生の哲学を批判するのである。これに対してディルタイの道を受け継いで現象学を批判し、現象学的な解釈学とは別の、生の哲学に固有な解釈学の道を切り開こうとしたのが、ゲオルク・ミッシュであった。しかし、生の哲学の道はディルタイから直接、ミッシュへ通じたわけではない。ゲオルク・ジンメル（一八五八－一九一八）の書『生の直観』（一九一八）が、当時、ミッシュに、そしてハイデガーに、影響を与えていた。

この同じ書に影響を受けながらも、一方の道を歩むミッシュは、もう一方の道のハイデガーを徹底的に批判し、一九三〇年に一冊の書『生の哲学と現象学　ディルタイの方向づけとハイデガーおよびフッサールとの対決』を著す。しかしこの書は、一九三一年に第二版が出されはするが、その後まもなくナチ政権のもとで廃棄処分となり、著者自身も英国へ亡命する[3]。戦後、その第三版が一九六七年に出版されたが、今日、手にすることは困難である。ディルタイの方向づけで切り開かれつつあった生の哲学の解釈学への道は、途絶えたままになっているように見える。これに対してもう一方の道を歩むハイデガーは、ディルタイを批判して一九二七年に『存在と時間』を著す。この書は、ミッシュの書によって批判され、また著者自身がナチ党員となり、戦中には中扉に記されたフッサールへの献辞が削除されながらも、途絶えることなく今日まで版を重ねている。(4) 二冊の書が負った歴史である。その内の一方の書に本書は注目する。それがもう一方の書を批判しながら生の哲学に固有な解釈学を切り開いて行く道に、本書が求めるリアリティの消尽点/創出点が見出せると思われるからである。したがって本書はその地点を目指して、しかも生の哲学と現象学という二つの道が交差し分岐していく地点に注目しながら、二つの道の対決を追跡して行く。これが本書の道となる。

たしかに、哲学の始まりとともに探求された「存在」、しかも生成消滅に対して永続的で「固有なもの・実体」として求められた第一義的な「存在」(5)、この語と同様に「生」という語も、あまりに抽象的で捉えどころがないかもしれない。しかし、存在者の中でも人間について「生きている」に代えて「存在している」と語ることのできない場面は、とりわけ死に面した場面など挙げられよう。しかしだからこそ逆説的に、生は生活の中でことさら語り出されることがないのである。それは生活の中で死がリアリティをもって語られることが稀だからであろう。しかし、生は死に不断に晒されていることによってこそ却って生動的に現実の生活の中で多様な流れを形成しているのではないか。生がことさら語り出されないことが逆に生/死の真相を語り出しているのかもしれない。そうした「生」の深みと多様さを明らかにしようとする生の哲学は、生の多様さの中の一つを理想的・理念的で本来的・固有な第一義的な「存在」とみなして序列化する存在論・形而上学を徹底的に批判する。一方の書はもう一方の存在論を念頭に浮かべながら次のように語る。

「……「生」は精神諸科学の根であるかぎり、一つのものであり人間の生であって、「存在の一様態」ではない。それは、「存在している」根ではなく、「生きている」根である。生は諸科学の対象となるかぎりたしかに存在の一様態として現れるが、しかし必然的に多様に現れる。そして人間におけるその多様さの結合は、まさしく、たんに普遍の特殊ではなく、歴史的に惹起された連関である……」(LP, 47)。

本書は流れ行く多様な生が死に対抗して生自身から言葉を語り出すことのできる処、彷徨い続ける生の現実が落ち着く処、したがって生・言葉のリアリティ(実在)が消尽/創出されて来る処を目指している。そうした「落着と実在」を生自身が受け取る「リアリティの創出点」は、どこに見出され、またどのような処であろうか。

本書はそこへ至るために、さしあたり、生の哲学への問い(生の統一体の形成とその全体の理解)を目指して、生の哲学と現象学の対決を追跡しながら生の哲学の解釈学を際立たせて行こう。まず、ハイデガーによるディルタイとの対決(第一章)、そしてこれに対するミッシュによるディルタイ擁護を通して生の深みと多様さを明らかにしよう(第二章)。そしてフッサールによるディルタイ批判へ遡り(第三章)、これに対するミッシュによる現象学(ハイデガーおよびフッサール)との対決を追跡しながら生の統一体の形成とその全体の理解について明らかにしよう(第四章)。かくして批判と対決の錯綜した争点を解きほぐしながら、ジンメルの生の直観に見出される生の逆説に注目することによって（第五章）、本書の目標地点に至る（第六章）。そしてそこからディルタイ、ジンメル、ミッシュの三者を一本の線で結んで、生の哲学に固有な解釈学を〈流れの中に線を引く解釈学〉として素描し、生のリアリティの創出点から言葉のリアリティの伸展へ向かってみよう（終章）。

注

（1）本書で多用する「生の哲学」という呼称について「はじめに」で注記しておこう。
この呼称は、ディルタイにおいて、語句としては稀に、しかも「自己省察の哲学あるいは生の哲学」（GS8, 178）というように、生が生自身を理解し学的に解釈する自己省察の哲学という意味合いで、したがって精神科学に固有な対象と方法が生自身にあることを意味するために使われる。しかしこれが伝統的哲学あるいは他の哲学動向に対して自身の哲学を際立たせる呼称として積極的に使われているわけではない。ここからヨアッハ（Johach, 1974）は、ディルタイの哲学を「生の哲学」として纏めるのはディルタイ解釈の「ある種の方向転換」であり、これを引き起こしたのがミッシュだとする（90f. Anm.16）。本書はこれに加えて、ミッシュの後のボルノー『ディルタイ　その哲学への案内』が、その「序文　生の哲学」（Bollnow, 1936; 67, 11ff.）からして、ディルタイの哲学を「生の哲学」として決定づけた、と言ってもよかろう。これに対してヨアッハは、ディルタイの哲学で重要なのは個人と社会の関係であるとして、ディルタイの七五年論考『人間・社会・国家についての諸学問の歴史の研究について』（GS5,31ff., 1875）を出発点にして、人間と歴史、個人と社会、心的構造とそれを凌駕する体系という関係から（Johach, 1974, 4）、歴史と社会の双方に関わる「行為する人間」をディルタイ哲学の中心に置く。しかも、その行為は、たんに個的な個人相互の態度に留まらず、「集団的歴史的に形成された規制体系（人倫、法、道徳、そして価値的宗教的態度模範）」など、個人的な相互作用に対して「持続と客観性」（ibid., 41）をもって個人を規制するものとして特徴づけられる、社会への態度をも含めたものである。ここから彼は、ディルタイ哲学を「行為する人間と客観的精神」（著書表題）として主題化する。

これに対して本書では、ディルタイからもう一人・ジンメルを介してミッシュへ至る道を、同時代のフッサールに始まる〈意識の現象学〉に対抗して〈生の哲学〉あるいは〈生の解釈学〉として特記している。そしてヨアッハがディルタイ哲学で重視する個人と社会の関係に関しては、「行為する人間」というより、心身的な生それ自身の〈個体／全体〉の関係として（本書第二章第三節三）、しかもディルタイ解釈学で提示された〈部分／全体〉の循環的アポリアを内含した関係として、具体的には「文化体系の目的定位」（Johach, 1974, 149）という観点から生の内在的目的論（個人）と外在的目的論（社会）の相反する関係として触れるに留まる（本書第四章一節三）。したがって、ヨアッハが求める「精神科学と社会科学の理論」（彼の著書副題）の展開は、本書の枠を超え出ている。

また本書では、フランス語圏のヘンリ・ベルクソン（一八五九－一九四一）については触れていない。ミッシュは「現代の生の哲学」の例としてベルクソンの哲学を挙げ、しかも自身の提示する「喚起する語り」つまり「語り出しえないものの語り出し」の例として、レビュー誌『形而上学と道徳』（一九〇三）に掲載されたベルクソン「形而上学入門」（ドイツ語訳は Diederischs Jena 1909）を「きわめて読むに値する」として挙げている（Misch, LI, 530 Anm.47）。また、ミッシュを継ぐケーニヒは、解釈学的理解にある「直観」についてディルタイの理解概念とともにベルクソンの直観概念を取り上げる（König,1926;1981, 90ff.,213ff.）。本書ではディルタイからジンメルを介してミッシュに至る生の哲学に固有な解釈学の道で、直観に関して本書終章で素描するに留まり、フランス語圏のベルクソンの道との交差と分岐に立ち入ることはできない。

（2）Dilthey, GS5, 4., 83. また、生を特記するものとして生動性に着眼している論著として以下を参照。早くは、Zeider, 1940. 和論文としては、舟山、二〇〇七／二〇〇八。前者は生動性を生の連関と歴史という二つの観点から（13ff.,23ff.）、後者は歴史に加えて生のカテゴリーの観点から（一一七、一一八以下）特徴づけている。また邦訳論文として Dierse（ディールゼ、一九八九）は、「自己感情」（本書では自己感受）に求めている（三九以下）。これらは生の概念を形成するものとして本書でも取り入れている。そして本書はこれらに加え、ミッシュへの展開（生動性から力動性へ）という新たな観点から、生動性の源を表象的・感受的 意志的な生それ自身が〈個体／他者〉あるいは〈個体／全体〉のなかで相反した逆説的働きを内含していることに求める。

（3）自身の言葉として、Misch, LP, 3.Aufl. Nachwort, 325. また以下を参照。Misch, GA, 4-2, 1004. Vgl., König, 1967, 238.

（4）当時のハイデガーとナチ党の関係については、Farías, 1989, 137ff.（邦訳、一一七以下）。献辞の削除について自身の言葉は、Heidegger, US, Hinweise, 269. ここでは献辞の復活が何年の版かは述べられていない。第二次大戦を挟んで公刊されたハイデガー『存在と時間』の第四版（一九三五）、第五版（一九四一？）、第六版（一九四九）、第七版（一九五三）のうち、第五版は未見、他は関西大学総合図書館蔵書により確認できた。現在は一九版（2006）を数えている。

（5）Aristotle, Met, 1003b5-6, 10028a13-20. 邦訳、上、一一三、二二六以下。アリストテレスが第一哲学（形而上学）で主題とする「実体（οὐσία）」は、ギリシャ語の日常的意味では「私有物、財産」つまり「自身のもの、固有のもの」を示す。

凡　例

一　引用・参照文献は巻末に文献一覧として一括掲載している。

二　引用・参照にさいして、（一）引用は鉤括弧でくくり、参照・要約の場合は鉤括弧をはずしている。（二）引用・参照が一段落となる場合は、その末尾に「著書略記号、頁数」で記している。（三）それ以外の引用・参照は注記として章末に一括してまとめている。そのさいの引用・参照文献の指示は「著者、著書略記号あるいは著書公刊年、頁数」で記している。頁数はアラビア数字のみとする。いずれの場合も、「著書略記号」は巻末の文献一覧に記している。また、「著書略記号」のうち、全集等の巻数等にローマ数字が使われている場合もアラビア数字に統一している。

三　引用文中の三点リーダ　……　は、引用者による断り書きがないかぎり、引用中略を示す。

四　引用文中における強調点　、、、　は、引用者による断り書きがないかぎり、引用者による。原文における原著者による強調は、引用にさいして強調を解いて通常表記に直している。

五　引用文中の亀甲括弧内〔　〕は、引用者による補足である。

六　本文中の山括弧内〈　〉は、本書で強調したい語句を示している。

七　本文中および引用文中の文字サイズを小さくした丸括弧内（　）は、本書の注記である。

目次

第一章　生の存在論的無差別性――ハイデガーのディルタイ批判

ミッシュは教育学のヘルマン・ノール（一八七九－一九六〇）とともにディルタイの高弟子としてディルタイの衣鉢を継ぎ、大学機関にあってはゲッティンゲン大学哲学部の学部長も務める。また私的にはディルタイの娘婿となってディルタイの近親者として生きる。研究としては自伝の歴史をライフワークとし、大学の講義では長年、生の哲学に基づく論理学を講じている。いずれもディルタイの方向づけである。そのミッシュが、なぜ、『生の哲学と現象学　ディルタイの方向づけとハイデガーおよびフッサールとの対決』を著してまで、徹底的にハイデガーを批判しなければならなかったのか。その答えを、ディルタイ没（一九一一）後になされたハイデガーのディルタイ批判に求めるとき、この書はミッシュによるディルタイ擁護の書であると同時に、「ハイデガーおよびフッサールとの対決」へ進み、さらには「生の哲学と現象学」の対決へ広がって行く書として読むことができるのではないか。その広がりに視座を置くとき、その錯綜した論述も、ディルタイ擁護の論点、それと裏腹の、ハイデガーとフッサールの道（方法論）への否定的消極的な批判的論点、そしてディルタイ擁護からさらに先へ自身が押し進める生の解釈学を現象学に対して提示しながら行う肯定的積極的な論点、という具合に三つの論点に解きほぐされて来るのではないか。本章はその具体的内容に立ち入る前に、その推移を概観しておこう。

本章第一節では、ミッシュとハイデガーの対決の推移と広がりをミッシュの書の成立事情にそくして概観し、第二節では、その対決が置かれた時代の学問的状況から両者が目指している〈同じもの〉を、しかしそれにもかかわらず両者の対決の争点ともなる〈似て非なるもの〉を明らかにしよう。そうすることによって、第三節では、両者の対決からハイデガーによるディルタイ批判（生の存在論的無差別性）に遡ろう。ミッシュがハイデガーを批判するのは、ディルタイ没後にハイデガーがディルタイを批判したことに由来するからである。言い換えれば、ミッシュのハイデガー批判は、亡きディルタイに代わってハイデガーの批判に応えるディルタイ擁護にほかならないのである。その内容がどのようなものであったか、この点を次章「生の深みと多様さ ── ミッシュのディルタイ擁護」で立ち入ろう。

第一節　ミッシュとハイデガーの対決へ

ミッシュの書はその論述の進行自体も、本章冒頭に挙げた三つの論点が推移しているとも言えよう。すなわち、『生の哲学と現象学』はミッシュが一九二九年と三〇年に『哲学の指針』に掲載の三編の論考(1)（以下、第一・二・三論考）を単行本に纏めたものであり、第一のディルタイ擁護の論点は第一・

二論考、第二の否定的消極的な論点は第一・二から第三論考へ、そして第三の肯定的積極的な論点は第三論考におおよそ重なって来る。三編の論考は以下の通りである。

・第一論考「生の哲学と現象学。ハイデガーとの対決」『哲学の指針』第三刊、一九二九、第三分冊、二六七－三六八頁。〔単行本一－一〇二頁、第一部～第三部第一章〕

・第二論考「生の哲学と現象学。続編、生のカテゴリーと意義化の概念」『哲学の指針』第三刊、一九二九、第四分冊、四〇五－四七五頁。〔単行本一〇三－一七三頁、第三部第二章〕

・第三論考「生の哲学と現象学。ハイデガーおよびフッサールとの対決」『哲学の指針』第四刊、一九二九／三〇、第三・四分冊、一八一－三三〇頁。〔単行本一七五－三二四頁、第四部〕

右に見る論題と副論題から明らかなように、一貫しているのは「生の哲学と現象学」の対決であるが、具体的人物としてフッサールとの対決が挙げられるのは第三論考の副題である。これは一見するとフッサールとの対決が付け足しのように見えるかもしれない。しかしこれは、後に見るように、第一・二論考から第三論考へ推移する間に、ミッシュ自身がディルタイの逝去直前になされたディルタイとフッサールの対決に遡及することに由来する。ミッシュはそうすることによって、たんに「ハイデガーとの対決」ではなく、三編をまとめた単行本の副題が示すように、「ディルタイの方向づけとハイデガーおよびフッサールとの対決」を企てたのである。したがって対決はたんに個人的事情によるものではなく、一九一一年ディルタイ没後の二〇年代末から三〇年代のドイツにあって、ディルタイとフッサールに遡りながら、一方ではディルタイからミッシュへ至る生の哲学とそれを基礎とした解釈学、他方ではフッサールからハイデガーに至る現象学とそれを基礎としたハイデガーの基礎存在論および形而上学、これら二つの哲学的動向の対決を包含した「生の哲学と現象学」の対決へ広がるのである。

　しかも、ディルタイが『解釈学の成立』（一九〇〇）そして『精神科学における歴史世界の構築』（一九一一、以下『歴史世界の構築』）およびその続編プラン（遺稿、以下『構築続編』）の中で形成した解釈学は、一方のミッシュでは「生の哲学(2)」に基づく「生の解釈学(3)」へ、他方のハイデガーでは「現存在の現象学」としての「現存在の解釈学(4)」へ、道が分岐した。ミッシュとハイデガーの対決は、ちょうどこの分岐点にあたる。そこから後者の道は、ハイデガーの『存在と時間』（一九二七）からガダマーの『真理と方法』（一九六〇）を経て、同じドイツ語圏ではペゲラーへ、フランス語圏ではリクールへ展開して行った。

　これに対して、ディルタイからミッシュへ至った生の解釈学の道、そして分岐点となるハイデガーとミッシュの対決は、当時、第二次世界大戦を挟んで議論のテーブルに上ることはほとんどなく、途絶えたままになっていた。その間、ディルタイ没後四半世紀後に『ディルタイ　その哲学への案内』（初版一九三六、二版一九五五、三版一九六七。以下『ディルタイ』）を著したボルノーは、初版第一六章「無限界性と形態」でミッシュを扱い、第三版ではその内容を変更することなく章区分を第二部「生のカテゴリー」第五章、表題を「無限界性と形態。ゲオルク・ミッシュによる継承」と改める。戦後になってミッシュの名前を表に掲げたのである。ボルノーはその第三版で「第三版への前書き」を付して次のように語る。

「ゲオルク・ミッシュの繊細な諸探求は、ディルタイによって着手されたことをフッサールおよびハイデガーとの不断の対話の中で継承しようとしたが、ナチズム時代の混乱の中に置かれたまま、今日まで再び議論に上ることはなかった」(1936, 3.Aufl.1967, 9)。

ここで言われているミッシュの「諸探求」とは、生の哲学、それに基づく論理学あるいは知の理論、そして両者の具体化としての自伝研究、という具合に三つに区分できよう。ミッシュが当初より取り組んでいたのはこの中の自伝研究である。これは、「自伝の歴史」に関する一九〇四年のベルリン学術院懸賞課題がもととなり、一九〇七年に『自伝の歴史　第一巻　古代』を皮切りに第三巻までが存命中に、そして最後の第四巻が遺稿として、全四巻八分冊におよぶ分量で公刊され[5]、ミッシュのライフワークといえる分野を形成している。ディルタイ自身も、いわばミッシュからの逆影響として、一九一一年の遺稿となった『構築続編』の中で、「自伝は、生の理解がわれわれに立ち現れてくる最高の形式であり、そして多くは啓発的な形式である[6]」と述べ、自伝そして伝記を解釈学の中で扱うに至るのである[7]。そして論理学は、一九一七年から三四年までのゲッティンゲン大学での論理学講義で展開されたものである。その講義内容は戦後になって、受講生でもあったボルノーによって「解釈学的論理学[8]」という呼称とともに紹介され[9]、一九九四年にローディとキューネ＝ベルトラムの編集によって『生の哲学に基づく論理学の構築　ゲッティンゲン講義 ―― 論理学と知の理論への導入』

（以下『論理学の構築』）が、また一九九九年にはキューネ＝ベルトラムの編集によって三三／三四年講義への序論となった『論理学そして知の基礎への導入』（以下『論理学の導入』）が公刊されるに至った。[10]

これに対して生の哲学の分野に関して、ミッシュはハイデガー『存在と時間』公刊後の一九二九年から三〇年にかけてのハイデガーおよびフッサールとの対決の中で、ハイデガーの基礎存在論そして形而上学への対抗として生の哲学を際立たせていったが、ボルノーが右で言うように、「ナチズム時代の混乱の中に置かれたまま、今日まで再び議論に上ることはなかった」。すなわち、その対決を「ディルタイの方向づけとの対決」として企てた『生の哲学と現象学』は一九三〇年に公刊されたが、一九三一年に第二版を公刊して間もなくナチス政権のもとで廃棄処分とされたのであった。[11] ミッシュ自身も免職となり英国へ亡命した。[12] 戦後になって第三版が公刊されたのは、ちょうどボルノーが『ディルタイ』に「第三版への前書き」を付した一九六七年であった。戦後になってようやく『生の哲学と現象学』第三版の出版とともに、ボルノーは『ディルタイ』の目次にミッシュの名を掲げ、「第三版への前書き」で右のように語ったのである。

そしてボルノーが「今日まで再び議論に上ることはなかった」ミッシュを取り上げた意図は、さらに十数年後の一九八〇年の論考「生の哲学と論理学。ゲオルク・ミッシュとゲッティンゲン学派」の中で明言されている。H.-G.ガダマー『真理と方法』（一九六〇）の公刊からちょうど二〇年後である。

「しかしまた、海外での〔『真理と方法』の〕影響を見ると、そこではたいがい、問題設定があまりに一面的に、フッサール、ハイデガー、ガダマーという路線によって規定された、特定の立ち場から見られているのではないか。そしてそのさいに別の、ディルタイの後期哲学に結びつく路線が、私はそれを当面ミッシュとリップスの名前で表示しておきたいのだが、この別の路線が、見過ごされているのではないか。そう私には疑問になるのである」(Bollnow, 1980-1, 423)。

ここでボルノーが「海外」の例として名前を挙げているのはフランスのリクールであるが、日本も同じ状況であろう[13]。かくしてボルノーは一九八三年に「別の路線」を「解釈学のための研究」第二巻『ゲオルク・ミッシュとハンス・リップスの解釈学的論理学のために』として著すが、これは表題が示す通り、ミッシュの論理学講義草稿に基づく「解釈学的論理学」のためのものであって、現象学および存在論・形而上学と生の哲学の対決のためのものではない。彼はその「緒言」でリップスについて語る中で、ハイデガーの実存分析を念頭に置いたのであろう、「実存哲学への諸関係」について次のように語る。

「私はこれ〔解釈学的論理学と言語哲学の問題圏域〕と同じ程度に実存哲学への諸関係を、今日、強調できないであろう。それは時代状況の表現として意義があると私には思えたがゆえに、それを事後的に扱って弱めてしまわないようにしたのである」(Bollnow, 1983, 5)。

しかし、「時代状況の表現」だからこそ、その中から「生の哲学と現象学」の対決の「意義」を掘り起こす必要もあろう。かくしてそれから十数年後、『ディルタイ年報』第一一号・一二号（一九九七－一九九八・一九九九－二〇〇〇）になってようやく、しかもこれをもって『ディルタイ年報』を完結するに当って、ミッシュの特集が組まれたのである。これは本書が挙げるミッシュの三分野に及び[14]、ミッシュとフッサールおよびハイデガーとの対決にも焦点を当てている。編者のローディはミッシュの特集を組んだ意図を次のように語る。

「これまで公刊された号の本年報はいくつかの主題を重点的に扱ってきたが、そこから編者が、二〇年代と三〇年代初頭のドイツ哲学の中で僅かしか明らかになっていない運動の理解に寄与しようと意図させた人は、――意外かもしれないが――その時代で最も重要で最も影響力に富んだ人物の中でこれまでその存在が知られてこなかった一人、ゲオルク・ミッシュである」（DJ11, 9）。

ローディがこの意図のもとで特集を考えたのは、ミッシュ『論理学の構築』（一九九四）の編纂からであったという[15]。これは、ボルノーがディルタイからハイデガーを経てガダマーへ至るのとは「別の路線」をミッシュの論理学講義から「解釈学的論理学」として見出そうとしたのと同様であろう。ボルノーそしてローディも言うように、「若きハイデガー」「ハンス・リップス、ヨーゼフ・ケーニヒ、ヘルムート・プレスナー、そしてハンス－ゲオルク・ガダマーに至るまで[16]」、彼らが扱われる時にミッシュの名前が挙げられることはあっても、それに留まり、その哲学全体が解明され、しかもハイデガーとは「別の路線」として探求されることはなかったのである。とりわけ二〇年代から三〇年代へ、ちょうどナチズムの台頭という時代状況の中で、ディルタイを出発点にしてミッシュとハイデガーの対決がなされたのである。これ以降、ディルタイの生の解釈学が、ミッシュではなく、ハイデガーの現存在の解釈学を介して進展してきたことは、ガダマー『真理と方法』（一九六〇）の中での歴史叙述の表題を見るだけでも明らかであろう。すなわち、「ディルタイ」は「歴史主義のアポリアに巻き込まれ」、「ディルタイの歴史意識の分析」は「科学と生の哲学の間で葛藤」したが、このようなディルタイの「認識論的問題設定」を「現象学的探求によって克服」したのが「解釈学的現象学のハイデガーの構想」であった(17)。ガダマーが描くこのような解釈学の歴史の中では、ローディが言うように、ミッシュは「その存在が知られてこなかった一人」であった。

これに対してローディは、特集を編むことによってミッシュに焦点を当て、ボルノーの言う「別の路線」であるディルタイからミッシュへの道筋を際立たせ、そしてミッシュを介することによって「解釈学的論理学」に留まらず、生の哲学、論理学（知の理論）、自伝論、これらに渡ってディルタイ研究の新たな道を切り開こうとしていたのではないか。本書もこのような「別の路線」の、そしてミッシュからすれば「ディルタイの方向づけ」の道にあり、三つの分野の中でも生の哲学に入り込んで行こう。

そのさいに本書は二つの道が〈交差〉して〈分岐〉していく地点にこそ注目しよう。というのも、ディルタイとフッサール、そしてミッシュとハイデガー、いずれも同じものを目指していたにもかかわらず、その道が異なり、分岐していったと思われるからである。すなわち、ディルタイは生の分析を通して精神科学の基礎づけを、フッサールは意識の分析を通して厳密学を、ミッシュは生の分析によって論理学を、ハイデガーは現存在の分析によって基礎存在論そして形而上学を目指す。いずれも、人間を出発点にして哲学の構築を目指している。しかしこの同じ目標地点は、その道筋の違いから、つまり方法論の違いから、ディルタイからミッシュへの生の哲学の道とフッサールからハイデガーへの現象学の道に分かれ、しかもディルタイが切り開いた解釈学は、ミッシュへの「解釈学的論理学」の道と、「現存在の現象学」を「現存在の解釈学」としたハイデガーへの道に分岐したのである。

そうであれば、同じ解釈学であっても「別の路線」では「別の解釈学[18]」になろう。そうであれば、解釈学の歴史もガダマーが描いたのとは別の歴史が構築されよう。このゆえに本書は交差にして分岐にこそ注目し、ディルタイからミッシュへの道を、ディルタイからハイデガーへの道とは〈別の道〉として、つまり現象学に対する生の哲学の道として追跡し、ディルタイが探求した生の深みと多様さへの道を歩んでみよう。

この道についてミッシュ自身は単行本の緒言で、「〔第一・二論考における〕ハイデガーとの対決は、ディルタイとフッサールの対決へ遡及するよう指示しており、前者の対決を後者の対決に結びつけることが可能であり必要であるように思えた[19]」と語る。ミッシュはハイデガーとの対決を企てた第一・二論考のあと、ディルタイとフッサールの対決に遡及し、そしてフッサールとの対決をも加えた第三論考を著したのであった。したがってミッシュの視点、そして対決によって目指すところが、明らかに異なっている。これは同じく単行本の緒言で述べられているように[20]、第一・二論考公刊と同年の一九二九年に、ハイデガーそしてフッサールの著作が相次いで公刊されていることに起因している。その著作とは、ハイデガーの『カントと形而上学の問題』『形而上学とは何か』『根拠の本質について』、そしてフッサールの『形式的論理学と超越論的論理学』である。かくして一九三〇年、ミッシュはこれらの新刊書を批判する第三論考を著す。第一論考の副題が「ハイデガーとの対決」であり、第二論考もそれを継承していたが、第三論考の副題は「ハイデガーおよびフッサールとの対決」になる。したがってまた、第一・二論考のハイデガー批判がハイデガーの『存在と時間』の「基礎存在論」に向けられていたが、第三論考では「現存在の形而上学」に、そしてフッサール批判も「超越論的論理学」に向けられているのである。

このようにミッシュとハイデガーの対決はその争点が推移し、しかもミッシュによるハイデガー批判の論点が三つに重なって生の哲学と現象学の対決へ広がるのである。そこで次節ではまず、二つの道が交差し分岐する地点を目指そう。すなわち、ミッシュとハイデガーの対決が置かれた時代の学問的状況から、両者が目指している〈同じもの〉を、しかしそれにもかかわらず二つの道が分岐して対決の争点ともなる〈似て非なるもの〉を明らかにしよう。

第二節　ミッシュとハイデガーが目指す同じもの、似て非なるもの

(一) 同じもの

ミッシュが一九三〇年に単行本として公刊した著書『生の哲学と現象学』は、三編の論考からなっていた。当時、それら三編のうち一九二九年の第一論考と第二論考の抜刷りはミッシュから個人的にハイデガーに献呈されていたという[21]。そして、一九三〇年に第三論考が、そして三編からなる単行本初版が著され、その翌年には単行本第二版が公刊される。その三一年の二月、ハイデガーはミッシュに書簡を送る。ミッシュは戦後の一九六七年になって再刊された単行本第三版に「後書き」を付し、その中でハイデガーからの書簡の一部を公にする。

「私〔ハイデガー〕はさらに長い手紙をもう何度も書き始めようとしましたが、私たちがすべての著作をお互いに再び贈呈しないかぎり対決は無理であり、しかしそれとて対話という性格を台無しにしてしまうと感じました。まさしくあなたが最終部で行った鋭く批判的な把握によって私たちはいっそう近づき、次のような問いが生じてくるように思います。あなたの超越論的論理学の理念と私の存在論の解体が同じものを目指しているのではないか、と」(LP, 3.Aufl., 328)。

ここで言われる「最終部」とは、一九三〇年に著された第三論考であり、同年発行の単行本の第四部（最終部）を指す。しかしハイデガーが「あなたの超越論的論理学の理念」と語る、ミッシュの「超

越論的論理学」は、すでに第一論考の中で語られていたものである。その批判の応酬を年代順に記せば次のようになろう。まず、ハイデガーは一九二七年の『存在と時間』でディルタイを批判し、他方のミッシュは一九二九年に第一・二論考でハイデガー批判を企て、これに対してハイデガーは同年夏学期の講義の中でディルタイとともにミッシュを批判し、[22]さらに同年のハイデガーの『形而上学とは何か』『根拠の本質について』『カントと形而上学の問題』の公刊をきっかけにしてミッシュはディルタイとフッサールの対決に遡りながら一九三〇年に第三論考でハイデガーおよびフッサールを批判し、三編を合わせて単行本『生の哲学と現象学』を公刊する。これに対してハイデガーは翌年、右の書簡を送っているのである。[23]その文面には「さらに長い手紙を何度も書き始めようとし」、と記されていることからすれば、この書簡は第三論考に限定したものではなく、第一・二論考を含めたものになろう。

そうであればいっそう、書簡の内容は奇異に感じられるかもしれない。夏学期講義も含めて批判的応酬をする一方で、ハイデガーは自身とミッシュの「近づき」を書き送っているからである。しかも、「あなた〔ミッシュ〕の超越論的論理学の理念と私〔ハイデガー〕の存在論の解体が同じものを目指しているのではないか」、とさえ語るからである。このときから六六／六七年の歳月を経て、ハイデガーのこの一文を取り上げたのはローディである。すなわち、ローディは『ディルタイ年報』一一巻（一九九七／九八年）でミッシュの特集を組み、ハイデガーが一九二九年夏学期の講義で展開したミッシュへの反論の妥当性を認める一方で、この書簡で表明した問いをハイデガーはそのままにしてきたと語る。[24]それでは、ミッシュの第一・二論考に対して講義の中では反論し、そして第三論考の後で書簡では「近づき」を語る、ハイデガーのこの相反した態度に対して、ミッシュはその当時に何を考え、そして戦後になって再刊された自著第三版に「後書き」を付してこの書簡の一部を公にすることで何を意図したのであろうか。それは同じく「後書き」の冒頭の言葉が物語っているのではないか。

「本書の第二版〔一九三一〕は出版まもなくナチス政権のもとで強制的に廃棄処分にされてしまった。それから四半世紀が経過し、ハイデガーの画期的な著作は、その「指針」がまず問題となり、そして広く、また深く、影響を及ぼすにいたり、その影響はもっとも長く刻み込まれてきた。ディルタイの方向づけは、その哲学的射程を私が有効にしようと試みたが、この極度な排斥によって台無しにされてしまったように思えた」（LP, 3.Aufl., 324）。

ミッシュの単行本第二版の出版は、ちょうどハイデガーからミッシュに書簡が送られた年でもあった。それからまもなく、その書『生の哲学と現象学』は廃棄処分となり、ミッシュ自身は三五年にゲッティンゲン大学の教授職を奪われ、三九年に英国に亡命したのであった。これに対してハイデガーは、ミッシュに書簡を送ってから二年後の一九三三年、フライブルク大学総長としてナチ党員となり、その書『存在と時間』（一九二七）は、戦中にフッサールへの献辞が削除される出来事を経ながらも、途絶えることなく版を重ね、「その影響は」『生の哲学と現象学』の比ではなく「もっとも長く刻み込まれてきた」のは、ミッシュの見たとおりであろう。そしてミッシュは、ハイデガーが書簡を送って来たことに対して「後書き」の中で当時を振り返って次のように付言する。

「当時、私にとってこの表明は意外ではなかった。この少し前に、私はユリウス・シュテンツェルから報告（一九三一年一二月一九日付け、キールより）を受け取っていたのである」（LP, 3.Aufl., 328）。

そのシュテンツェルの報告もまた「後書き」で公にされている。それによれば、ハイデガーは先の書簡（一九三一年一二月）のすぐ前にユリウス・シュテンツェルと面談し、ゲッティンゲンでミッシュに会いたい旨を提案しているのである[25]。しかしその計画は実現しなかった。ミッシュは「後書き」の中でシュテンツェルの書簡を引いた後にこう付け加えて「後書き」を閉じる。

「その計画は、運動が進行していることを証言しているように、実現しなかったのである」（ibid.）。

ミッシュからすれば、あらかじめシュテンツェルの手紙でハイデガーの計画を知っていたがゆえに、ハイデガーが書簡の中でミッシュとの「近づき」を語ったことは、「意外ではなかった」のであろう。ここからさらに、「近づき」の内容としてハイデガーが「あなたの超越論的論理学の理念と私の存在論の解体が同じものを目指しているのではないか」と語っていたことも、ミッシュからすれば「意外ではなかった」と読むこともできよう。つまり、ミッシュも、自身とハイデガーは「同じものを目指している」と思っていたのである。そうであるからこそ、第三論考が出た後にハイデガーが書箇で「近づき」を「表明」し、さらにはミッシュと対話する計画を立てていたことも、なんら「意外ではなかった」のではないか。その理由は二つ考えられよう。
まず、ミッシュが「後書き」の冒頭で述べている『存在と時間』への評価にその理由が隠されているのではないか。もう一度引いておこう。

「ハイデガーの画期的な著作は、その「指針」がまず問題となり、そして広く、また深く、影響を及ぼすにいたり、影響はもっとも長く刻み込まれてきた」。

ここで鈎括弧で括られている「指針」は、プレスナー編纂による雑誌『哲学の指針』を暗示していることは明らかだろう。当時、プレスナーは、「最初の刊（一九二五／二六）から協力を取り付けた驚嘆すべき多くの名前のほとんどが、今日ではよく知られた名前である」と語り、その中に「ハイデガー（マールブルク）」も含めているからである。(26)『哲学の指針』の協力に名を連ねた数年後に、ハイデガーは『存在と時間』をフッサール創刊の『年報　哲学および現象学研究』第八巻（一九二七）に掲載し、その二年後にミッシュは三編の論考を『哲学の指針』に掲載し、単行本として出版したのであった。したがってミッシュにとって二冊の書は、『哲学の指針』に付された副題「哲学と個別科学の共同作業」という方向性において、したがってまた「哲学と生」あるいは「哲学と現存在」の共同作業において、「同じものを目指して」いたのである。すなわち、ミッシュは生の哲学に基づいて諸学問の基礎となりうる論理学を目指す。そしてハイデガーはディルタイの解釈学を受け継ぎながら現存在の解釈学に基づいて存在一般の意味への問いを具体的に仕上げることによって諸学問に対する基礎存在論の構築を目指す。いずれも、人間（生、現存在）を基礎にして伝統的哲学を解体あるいは拡張しながら哲学の新たな構築を目指していたのである。ミッシュとハイデガーにとって同じもの、それは、フッサールも意識（人間）に基づく厳密学（哲学）を目指していた点で同様であり、遡ればフッサールもまた批判を向けた、ディルタイ自身が直面していた問題であったのである。

ディルタイもまた生の分析（人間）に基づいて精神諸科学の基礎づけ（哲学）を企て、それを認識論的に、そして心理学的に、さらには解釈学的に遂行しながら、歿年になる一九一一年に世界観の哲学として『世界観の類型と形而上学的体系におけるその形成』（以下、『世界観の類型』）を著した。これに対してフッサールは、同年に『厳密学としての哲学』の中でこれを批判する。この批判に対して、同年六月にディルタイはフッサールに書簡を送り、フッサールはこれに書簡を返す。これを受けてディルタイはさらにフッサールに書簡を送り、三通の書簡が両者の間で交わされた。しかも、これらの書簡はフッサール自身からミッシュに伝えられており、ミッシュは一九三〇年の第三論考の中で、フッサールへの謝辞とともに、フッサールとディルタイの書簡の内容を引用しながら両者の争点を整理し、知の普遍妥当的な理論が存在するという点で両者が「一致」していたことを挙げる(27)。これに対してハイデガーは、すでに、第一・二論考をディルタイ共々批判した一九二九年夏学期講義の中でディルタイとフッサールの往復書簡について触れているのである(28)。したがって、ハイデガーはミッシュの論考以前にディルタイとフッサールの書簡について知っていたのであり、そのうえでミッシュに書簡を送り「近づき」を語っていたことになろう。

　このようにハイデガーとミッシュの「近づき」がディルタイとフッサールの往復書簡で交わされた「一致」を源にしているのであれば、ミッシュがその往復書簡を第三論考で公にした後でハイデガーが自身とミッシュの「近づき」を語ってきたとしても、ミッシュにとっては「意外ではなかった」のである。ハイデガーの語るミッシュと自身の「近づき」は、ミッシュにとって、ディルタイとフッサールの「一致」に重ね合わされてくるのである。四者は、人間に基づいて新たに哲学を形成する点で近づく。ということはここから、こう推測してもよかろう。ミッシュとハイデガーの対決は、その根と内実を、ディルタイとフッサールの対決にもっており、だからこそミッシュは第一・二論考における「ハイデガーとの対決」を第三論考で「ハイデガーおよびフッサールとの対決」へ拡大し、その理由を単行本の緒言で、「ハイデガーとの対決はディルタイとフッサールの対決へ遡及するよう指示しており、前者の対決を後者の対決に結びつけることが可能であり必要であるように思えた」と語ったのではないか。

　しかも二つ目の理由として、ミッシュは、このように同じものを目指して歩を進めることが伝統的哲学に対して批判的になることをすでに第一論考で述べており、また単行本「最終部」である第三論考でもこれを繰り返し、この点で「ハイデガーとの一致」が見出せた、と語っているのである。

「生の哲学は……そもそも哲学の絶対的「始原」を否定するのと同様に、古代から伝承された論理学の優位と関係を断ったのである。これはわれわれが最初に〔第一論考において〕強調したことだが、ここにハイデガーとの一致が見出せたのである（〔第一論考〕三七頁）」（LP, 218f.）。

ここにある「ハイデガーとの一致」という言い回しは、第一論考では直接使われていたわけではない。そこでは、ハイデガーが『存在と時間』の中で伝統的論理学における命題を日常的な語りにおける理解・解釈の派生的な様態として捉えている点が、生の哲学と同じ方向に進んでいる、と語られていたのである[29]。ミッシュの目指す論理学も、命題のみを対象とするのではなく、生を地盤にした生の語り（λόγος, ロゴス）の学としての論理学（Logik, ロゴスの学）である[30]。ここにハイデガーもまた存在論の解体で目指しているものと「同じもの」を見出し、「近づき」を語ったのであろう。ハイデガーが『カントと形而上学の問題』においてカントの超越論的論理学の解釈を通して、存在理解を「必須・困窮」とした人間の「有限性」を徹底化して「現存在の形而上学」[31]を構想したように、ミッシュもまたカントを範にして「超越論的論理学」を構想するのである。それは、ディルタイが、自然科学の対象認識の条件を求めたカントの「純粋理性批判」を、精神科学の領域に、とりわけ歴史世界に拡張し、その理解の条件として生のカテゴリーを求めて「歴史理性批判」[32]を構想したことに由来する。

ミッシュは第一論考の中で次のように語る。

> 「決定的なことは次の点であるとわれわれには思えた。すなわち、ディルタイの「歴史世界観」によって哲学が直面した課題は、それが徹底的に把握され、論理学ではなく存在論にあてがわれたここ〔ハイデガーの著作〕では、内から外へ自身を拡張して行く超越論的論理学に残されたままになっているのである」（LP, 33）。

ミッシュはここで、ディルタイが直面した課題は、ハイデガーの現存在の分析論から存在論への道ではなされておらず、生の哲学に基づく「超越論的論理学」にこそ残されていると言うのである。それは、カントが伝統的な形式論理学に対して構想した超越論的論理学を、ディルタイがしたように「内から外へ」、つまり自然科学的対象認識の主観的条件から歴史世界の理解の条件へ「自身を拡張」する論理学である。(33) しかもそれが論理学であるということは、カントが扱った自然対象に関する真理値を持つ語り（命題）から詩学や歴史学をも含む精神科学全般の語りの学へ「拡張」することを意味する。したがってその対象は生全般に及ぶ。

しかもミッシュが言う「拡張」は、たんに恣意的なものではなく、歴史的証言に遡ってヘラクレイトスのロゴス解釈から展開されている。(34) すなわち、『生の哲学と現象学』の中で、ミッシュはヘラクレイトスのロゴスは二重の意味を、すなわち、合理性・有意義性と究め難さ、これら両者の根本関係を言い当てている、とする。(35) 彼はここでヘラクレイトスの言葉「そのように深いロゴスをそれは持っている」を挙げているが、その断片の全体は次の通りであった。

「君は歩いて行ってどの道を進もうとも魂の際限を見出すことができないだろう。そのように深いロゴスをそれは持っているのだ」（DK1, Nr. 45. 邦訳、三一二）。

この断片はディルタイの次の言葉を想起させる。それはディルタイが『世界観の類型』の中で「生の謎」と題した節の冒頭の言葉である。

「変転する生の諸経験から全体へ向けて把握しようとすると、生の顔が、生動的と同時に法則的に、理性的と恣意的に、矛盾に満ちて、常に新しい面を見せながら、その一つ一つはおおよそ明瞭に、全体としては完全に謎に満ちて、現れて来るのである。魂は生の連関とそれに基づく経験を一つの全体に取りまとめようとするが、そうはできないのである。すべての理解できないものの中心点が、生殖・誕生・成長・死である」(GS8, 80)。

ここで言う「生殖・誕生・成長・死」は個人の生の始まりから終わりまでの〈生の全体〉の〈限界づけ〉である。しかし生の連関と経験の直中に生きているとき、死に至るまでの全体は理解できず謎として現われる、とディルタイは言うのである。こうした個人の生を「魂」に置き換えれば、ディルタイの言う「生の謎」はヘラクレイトスの断片に出てくる「魂の際限」になろう。魂は「そうした深いロゴス」を持っており、逆に、ロゴスはそうした魂の際限にも関わっているのである。かくしてミッシュは、ロゴスが「尺度・法則・倫理」という有意義的・思考適合的なものだけでなく、「魂の際限」に、つまり生の謎という理解できない「究め難きもの」にも関わっている、と解釈するのである。こうしたヘラクレイトス解釈からの帰結は、ディルタイの生の謎からの帰結と同様に明瞭であろう。すなわち、魂の際限にせよ、生の謎にせよ、魂あるいは生の全体を限界づけるものは、見出すことも理解することもできないのであり、したがって生の全体もまた捉えることも理解することもできないのである。

このようにミッシュはディルタイの「生の謎」をヘラクレイトスのロゴスを介して、「魂の際限」

という「究め難きもの」としてロゴス（語り）の内に取り込むのである。かくして彼は、こうした思考適合的なものと究め難きものへの「二重の関係性」によって「ロゴスは自己自身を成長させる」[36]として、これを生の「産出性」あるいは「産出的緊張」[37]として解釈するのである。彼の論理学は、究め難きものと有意義的・思考適合的なものとの緊張関係から惹起される、「生の究め難きものにおいて何かを創造している」「喚起する語り」から「悟性に適合しているという特徴だけが一面的に刻印されている」「純論述的語り」まで、生の語り（ロゴス）をすべて包含したものになる。したがってこれは哲学の一部門としての論理学ではなく、対象の認識（知）に関わるという意味での「超越論的論理学」であり、しかも自然科学的対象から精神科学的対象まで、すべての対象の知を包含した語りの学であり、この意味での「知の理論」である。[38]そうであれば、学の対象領域という観点からすれば、ミッシュの論理学は、ハイデガーの求める、すべての存在者を包含する存在一般の理解に関わる学と「同じもの」になろう。

このようにハイデガーは現存在の解釈学から基礎存在論へ向かいながら伝統的存在論の解体を試み、ミッシュは伝統的論理学の優位と関係を断って生の哲学から拡張された論理学へ向かうのである。両者はディルタイを起点にして、伝統的哲学に反対しながら人間に基づく哲学の構築という「同じもの」を目指しているのである。

（二）似て非なるもの

しかし、これと同時に次のように問うてもよいであろう。かりに同じものを目指していても、ディルタイを出発点にして両者が分岐して行く二つの道は、似て非なるものではないか。すなわち、ディルタイを出発点にしてハイデガーの基礎存在論とミッシュの論理学が同じものを目指しても、その道筋と内容はまったく異なるのではないか。それは似て非なるものと呼んでもよいようなものではないか。このゆえにこそ、同じものを目指した両者はいっそう激しい対決を互いに呼び寄せたのではないか。しかもミッシュとハイデガーの「近づき」は、ハイデガーがディルタイを批判していることからすれば、ミッシュ自身もディルタイに対して批判的に遠のいていくことを意味するのではないか。

じっさいミッシュは、第三論考の中で、ハイデガーの側に近づいてディルタイに背を向けるのである。そこで争点となっているのが「形而上学」である。

「ディルタイは何と言っても形而上学と戦ったのだ。彼の生の哲学の方向づけは啓蒙期の反形而上学的立場を引きずっているのだ。……しかしわれわれは、彼がまさしく気分を害する地点で、いわば彼の背後で別の陣営と手を結んだのだ。哲学には根源的な「形而上学的」運動があるのだ。この点においてわれわれはハイデガーと一致を見出したのだ」(LP, 281f.)。

ここでミッシュが「ハイデガーと一致を見出した」と語る「根源的な「形而上学的」運動」こそ、ハイデガーからすれば、「現存在の形而上学」における「超越」になろう。しかもこの「運動」による「脱自的な時間性の根源的な時熟様態」に基づいて「存在への問いの超越論的地平としての時間」から「存在論の歴史の現象学的解体[39]」を目指したのが『存在と時間』であった。ミッシュもこれと同じように、カントの超越論的論理学を範として、伝統的論理学とは関係を断って、生の全体に及ぶ論理学を目指しているのであった。

しかし、ミッシュが「形而上学」あるいは「形而上学的」という言葉を使っても、その方向づけは、したがってその意味合いは、ハイデガーと異なるのではないか。ミッシュは右に引用した文面の次の段落で言葉を続ける。

「……「生の哲学」の反形而上学的立場がわれわれに疑問視されてきたのは、ハイデガーの著作によって新たな状況が作り出されてからようやく生じてきたのではなく、ディルタイの方向づけの哲学的意義を確証しようとする努力が、その努力自身を通してわれわれを「形而上学的傾向性」へ導いたのである。「形而上学的傾向性」はその深みの中で、反形而上学者のカントにおいてと同じようにディルタイにおいても生の現実の中にまで道筋がつけられていたのである。（注１）

（注１）緒言（一九二三）五巻、一四〇。――ゲーテ、プラトン、カント（一九一五）、ロゴス五巻、二八二」（LP, 282）。

ミッシュの文面は明瞭であろう。(40) すなわち、私〔ミッシュ〕が「形而上学的運動」や「形而上学的傾向性」を語っても、それはハイデガーに由来するのではなく、「ディルタイの方向づけの哲学的意義を確証しようとする努力」に由来するのだ、しかも「形而上学的傾向性」は、反形而上学者のカントの中にあるのと同様にディルタイの中にもあるのだ、と。しかしその一方でミッシュは、ディルタイが啓蒙期の反形而上学的立場を引きずっているがゆえに、「いわば彼〔ディルタイ〕の背後で別の陣営〔形而上学の陣営〕と手を結んだ」のである。それではなぜ、反形而上学者のディルタイからカントと同じように「形而上学的傾向性」を引き出せるのであろうか。ここで注意したいのは、ミッシュがディルタイをカントと同じく反形而上学的立場に位置づけるさいに、脚注として「緒言（一九二三）五巻」を指示している点である。

　脚注で指示されている「五巻」は、一九二四年に公刊された『ディルタイ全集』第五巻であり、「緒言」とは、ミッシュが編者として著した百頁余りに及ぶ「編者緒言」である。その末尾には「ゲッティンゲン、一九二三年夏　ゲオルク・ミッシュ」と記されている。第三論考で語られている「形而上学的傾向性」に鍵括弧が付けられているのは、この「編者緒言」からの引用であることを示している。第三論考は一九三〇年であったが、この「編者緒言」の公刊は一九二四年であり、ハイデガー『存在と時間』の公刊（一九二七年）より三年前になる。ミッシュはそこで「形而上学的傾向性」について次のように言う。

> 「啓蒙の哲学と歴史学派、前世紀のこの対立の否定、これが学術的定式であり、ディルタイはこの定式で自身の哲学的努力を行っていたが、これはまた精神の自律という概念を特徴づけている。しかし精神の自律は、反形而上学者カントと同様にディルタイにおいても、「反形而上学的」立場にもかかわらず、現実の深みの中へ進んで行く形而上学的傾向性に呼応して、さらに掴み入る。それは、生の理念にある詩や宗教とともに、ある根源的な形而上学が出現するところまで到

達するのである」（GS5, CXV）。

ここから明らかであろう。すなわち、ここで言われる「反形而上学的」立場とは、カントが挙げられているように、人間理性の限界を超え出た神の存在や魂の不死性そして自由の存在を人間理性の認識と知の対象とする独断的形而上学に反対する立場を意味する。これに対して「形而上学的傾向性」とは、「反形而上学者カント」が求めた「自然素質としての形而上学」のように人間理性を超えたものを求める止み難き「心情」を意味しよう。[41]そこは、「ある根源的な形而上学が出現するところ」、すなわち「現実の深み」であり〈生の深み〉にほかならない。

そうであればここでは、止み難き心情の中でもとりわけ自由の存在の問題に注目すべきであろう。というのも、それは、世界の始まりの問題として世界全体の限界が悟性的認識で捉えることができるか否かという問題であり、生の場面に移し置けば、生の全体の理解の問題になるからである。カントではそれが二律背反に陥ったように、ディルタイでは、生の全体を限界づける生殖・誕生・成長・死の問題として、全体を捉えようとすると全体は理解できない生の謎として現れてくるのである。しかもそれを求める心情は止み難く、それ自身が究め難きものとして生に含まれているのである。ミッシュはこれを、カントを顧慮して「形而上学的傾向性」と呼んだのである。

したがって、ミッシュが「いわば彼〔ディルタイ〕の背後で別の陣営〔形而上学の陣営〕と手を結んだ」と語ってはいるが、それはディルタイも徹底的に批判した独断的形而上学と手を結んだわけではなく、まさしく理解し難き「生の謎」を止み難く求める生の深みにある、それ自身理解し難き動きを「形而上学的傾向性」と記したのである。かくしてミッシュは「形而上学的傾向性」それ自身を「究め難きもの」として、しかも思考適合的有意義的なものとの産出的な緊張関係として、生の生動性の中に取り込み、語り（ロゴス）を通して語り出そうとするのである。ヘラクレイトスのロゴス解釈とカントの二律背反がディルタイの生の謎の方向づけの中で融合した、と見ることができよう。したがってミッシュがこの意味で形而上学を肯定的に語ることは、「ディルタイの方向づけの哲学的意義を確証しようとする努力」にほかならないのである。

このように見れば、ミッシュは形而上学という点で、「ハイデガーとの一致」を語っても、はたしてそれは、内実の点でも一致したことを意味しているのであろうか。むしろそれは、おなじ形而上学を語っても、カントが独断的形而上学と決定的に袂を分かったように、ハイデガーの形而上学とは似て非なるものであることを言わんとしているのではないか。じっさい、ハイデガーの現存在の形而上学において、人間は現に在ることに入り込むことによって存在者全体を超越するのであれば、同じ形而上学的運動であっても、ミッシュのそれが究め難きもの（形而上学的なもの）の〈生への内在〉であれば、ハイデガーでは逆に〈生からの超越〉になろう。両者が同じものを目指していても、歩む道はけっして交わることがなく、進む方向も真逆ではないか。しかしその一方で、いずれの道でも全体が問題になっているのではないか。ミッシュでは生の全体を捉えようとすると謎が現れ究め難く、ハイデガーでは超越される側に存在者の全体が現れて来るのである。それでは、いずれも〈同じ〉全体であろうか。また超越によって〈全体〉は捉えられているのであろうか。この点を本節では問いとして銘記しておこう。

ここでもまた注意しておきたいのは、ミッシュが脚注として「緒言（一九二三）五巻」を指示していた点である。ミッシュ自身のこの「編者緒言」の公刊はハイデガーの『存在と時間』の三年前であった。その『存在と時間』の中でハイデガーはディルタイとヨルク伯の往復書簡について触れている箇所の脚注で、ミッシュの「編者緒言」を参照指示しているのである。

「…… われわれはディルタイについての具体的で中心的意図を捉えた叙述をミッシュに負っている。この叙述なしにはディルタイの著作との対決はありえないであろう」(SZ, 399 Anm.1.)。

ハイデガーはここで、ディルタイの著作との対決はミッシュの「編者緒言」の叙述に負っている、と言うのである。ミッシュがディルタイの哲学の方向づけで道を進み、そして「編者緒言」をものしているのであれば、ハイデガーが語る「ディルタイの著作との対決」は、同時にミッシュとの対決を暗示していることになろう。これに対して、ミッシュは、第三論考の中で形而上学に関してハイデガーとの一致を語り、しかもそこに自身の「編者緒言」を註記しているのである。たとえ一致していても内実が異なることは「編者緒言」を読んでいれば分かっているはずだ、とハイデガーに応答しているようである。

両者が同じものを目指していても、その内実と道が異なれば、そこで形成される哲学（論理学、基礎存在論・形而上学）にも違いが生じてこよう。ミッシュは形而上学的なものを究め難きものとして生の内に取り込み、そうした生の語りとしての論理学を形成しようとする。ハイデガーは生をも含めて存在者を全体において超越し、その超越論的地平としての時間から基礎存在論・形而上学を構築しようとする。そうであれば、この道筋の違いこそ、ミッシュがすでに第一・二論考でハイデガーを批判していた点になるのではないか。当時の学問的状況の中で、ハイデガーとミッシュは、そしてフッサールとディルタイは、人間に基づいて哲学を目指す、この志向を同じく共有してはいたが、ハイデガーが「ディルタイの著作と対決」したことに対して、ミッシュは第一論考を「生の哲学と現象学。ハイデガーとの対決」として著し、二つの道の違いを明瞭にしようとしたのではないか。

そこで注目したいのは、単行本『生の哲学と現象学』の副題が表明している視点である。すなわち、「ディルタイの方向づけとハイデガーおよびフッサールとの対決」という副題である。単行本の表紙に付された著者の表記「ゲオルク・ミッシュによる」も続けて読めば、「ゲオルク・ミッシュによる、ディルタイの方向づけとハイデガーおよびフッサールとの対決」となる。この副題は、三編の論考には付されておらず、一九三〇年に単行本として公刊されたさいに付されたものであった。それは三編の論考を一冊の書として公刊するにあたって、対決がミッシュ個人の対決ではなく、「ディルタイの方向づけ」との対決にあることを強調するためであろう。ミッシュによる大部の「編者緒言」が付された『ディルタイ全集』第五巻の公刊が一九二四年であり、ハイデガーがこの『ディルタイ全集』第五巻を参照してディルタイを批判しながら「現存在の解釈学」を展開した『存在と時間』の公刊が一九二七年であったことを想起すれば[42]、ハイデガーの『存在と時間』を批判するミッシュが、「ディルタイの方向づけ」を視点としたことは想像に難くない[43]。すなわち、人間に基づく哲学の形成という「同じもの」を目指しながらも、「ディルタイの方向づけ」は、現存在の解釈学から基礎存在論そして現存在の形而上学へ向かう道を指示してはいないのだ、むしろ生の哲学から論理学（生の解釈学）へ向けられているのだ、生の哲学の道と現象学の道は異なるのだ、と。

しかも二つの道が〈似て非なるもの〉として分岐する地点で、本書の道にとって問いが生じてきた。生の哲学の道では、生の全体は謎として現れ、捉えることができないのではないか。これに対してハイデガーの道では、存在者を全体として超越することによって全体は捉えられるのであろうか。しかも両者の道で現れる全体は〈同じ全体〉であろうか。生の統一的全体を捉えようとするとき、その全体を限界づける、いわば境界線が問題になる。ここでは形而上学が、そして超越が、争点になる。本節ではこうした、カントの二律背反に象徴される全体の把握を問いとして銘記しておこう。そして次節では、両者の道の違いに注意しながら、両者の対決を引き起こしたハイデガーのディルタイ批判に立ち入り、争点になっている事柄をまず際立たせよう。

第三節　生の存在論的無差別性への批判（ハイデガー）

一　ハイデガーのディルタイ批判

ミッシュは第一論考の副題に「ハイデガーとの対決」を掲げるが、ミッシュ自身の方から「対決」を企てたわけではなかった。ディルタイ没後、ミッシュは一九二四年に長大な「編者緒言」を付して『ディルタイ全集』第五巻を公刊する。その翌年の一九二五年に、ハイデガーはカッセルで一〇回連続講演「ウィルヘルム・ディルタイの研究活動と歴史的世界観を求める現代の争い」、いわゆる「カッセル講演」の四回目に「ディルタイの問題設定の限界[44]」を指摘し、そして一九二七年の『存在と時間』で「ディルタイの著作との対決」を企てたのである。

しかもハイデガーは、「ディルタイの著作との対決」が「ディルタイについての具体的で中心的意図を捉えた」「ミッシュの叙述〔編者緒言〕なしにはありえないであろう[45]」とさえ語ったのであった。そうであればミッシュは、自身の「叙述」がハイデガーによって「ディルタイの著作との対決」のために利用されたことに対しても、「ハイデガーとの対決」をもって「ディルタイの著作」の〈よりよい理解〉をディルタイ擁護として展開したことにもなろう。しかもそれは「ハイデガーとの対決」である以上、ディルタイ擁護が同時にハイデガー批判になる、そうした構造になっているのではないか。両者の対決の発端となるハイデガーのディルタイ批判に立ち入ろう。

ハイデガーが『存在と時間』の中で展開するディルタイ批判は二つ挙げられている。一つは、「ディルタイが「生」を存在論的に無差別なままに放置している[46]」こと、もう一つは、ヨルク伯のディルタイ批判に梓さしてヨルク伯のディルタイ宛書簡を引用したもの[47]、すなわち、ディルタイにおいては「存在者的なものと歴史的なものの種的区別が強調されるのが少なすぎる[48]」こと、以上の二つである。

これに対してハイデガー自身は、存在者から存在を区別する「存在論的差異[49]」に基づいて「存在一般の意味への基礎存在論的問い[50]」を問う。そしてそのために、現存在を他の存在者から区別して「現存在の実存論的分析論[51]」を「現存在の解釈学[52]」として遂行し、その中で「歴史の実存論的起源が現存在の歴史性にあること[53]」を示したのであった。本書では、二つの批判のうち前者の批判が生の概念の

〈存在論的無差別性〉への批判と表記されるなら、後者の批判は現存在の存在（生）を他の存在者の存在から区別することの不十分さとして、生の〈存在者的実存的無差別性〉、簡単に〈存在者的無差別性〉への批判として表記されてもよかろう。この表記に従えば、ハイデガーのディルタイ批判は生の〈存在論的存在者的無差別性〉への批判である。

そうであれば、ハイデガーのディルタイ批判は、自身の道の上からディルタイが同じ道を歩んでいないことへの批判になろう。というのも、現存在の分析論から基礎存在論へ進む『存在と時間』は、現存在と他の存在者を区別して存在者から存在を区別することによって初めて開通する実存論的存在論的な道だからである。そうであれば、このような批判の仕方は、自身の道が開通しうる正当性を相手にも提示しえないかぎり、いわば諸刃の刃になるのではないか。ミッシュによる「ハイデガーとの対決」がちょうどこの刃になる。つまり、ディルタイ擁護が同時にハイデガー批判になるのである。

しかも後者の生の存在者的無差別性への批判は、ヨルク伯のディルタイ批判を援用していた。この援用は、ヨルク伯の真意はのちに解明するとして、ハイデガーの趣旨によれば、「歴史の実存論的起源が現存在の歴史性にあること」が、「ディルタイの仕事を自家薬籠中のものとすることから生じ」、「ディルタイ宛の手紙に散りばめられているヨルク伯の主張によって確証されると同時に強固なものとされた」ことに由来している。しかもここでハイデガーは、先に見た注記をしていたのであった。(54)すなわち、私（ハイデガー）の「ディルタイの著作との対決」は「ミッシュの叙述」に負っている、とハイデガーは言うのであった。

ハイデガーによるこのような対決のやり方に対して、本書がミッシュによるハイデガーとの対決を、ディルタイ擁護にしてハイデガー批判として捉え直すのであれば、その論点は次のようになろう。すなわち、ディルタイ擁護としては、生はそもそも存在論的存在者的に区別できるものではない、したがってハイデガーのディルタイ批判は成り立たない、と。そしてこれがハイデガーに対して、存在者から存在を区別して人間存在と他の存在者の存在を区別することの正当性と根拠を求めた逆批判になっているのである。したがって争点となるのは、端的に、存在論的存在者的な区別によって哲学への道を切り開くことができるのか、という点である。

　これを分節して整理すれば次のようになろう。ディルタイを擁護して存在論的存在者的無差別という批判は成立しないことを示すためには、ハイデガーによる二つのディルタイ批判に応じて、①生は存在論的差異によっては捉えることができない、それどころか生の生動性を捉え損ねること、そして②存在者的差別によっては人間（現存在の分析論）から哲学（基礎存在論）への道は通じないこと、これらを示す必要があろう。この否定的消極的な提示を転じて、①存在論的無差別性にこそ、生の積極的肯定的な意義があること、そして②存在者的実存的無差別性によってこそ生から哲学への道が通じていること、これらを提示することによって、対決はディルタイ擁護にしてハイデガー批判となって、諸刃の刃のごとくハイデガーに対して存在論的存在者的差異の必要性と根拠を問い返すのである。

　ハイデガーのディルタイ批判に応じてミッシュによる対決をこのように捉えることができるならば、対決の推移もまた次のように理解できよう。すなわち、ミッシュの第一・二論考がハイデガーのディルタイ批判（存在論的存在者的無差別性）に対する消極的否定的な批判、つまりディルタイ擁護であると同時にハイデガーへの反問（存在論的差異の必要性と根拠への問い）であれば、ハイデガーの二九年講義の中でのディルタイとミッシュへの批判は、ミッシュのこの反問に対して現存在の形而上学をもって応答したものになる。そして、この応答に対してミッシュがディルタイとフッサールの対決に遡及することによって自身の立場から積極的肯定的に批判したのが、第三論考になろう。そうであれば、第三論考では、存在論的差異の根拠への問いは、ハイデガーの「現存在の形而上学」における「超越」の問題として、したがって生の全体の把握の問題として浮き上がってくるのではないか。ハイデガーはそこで、存在者の全体を世界へ向けて踏み越える現存在の超越にこそ、存在者と存在の区別の根拠を求めようとしているからである。

以下ではまず、第一・二論考におけるミッシュのハイデガー批判の論点を中心にして対決の推移を確認しておこう。そのさいの本書の視点はもとより、対決や批判の当否を判定することにあるのではなく、各々が批判しながらどのような道を切り開き、自身の哲学を形成しているのか、相互の位置関係を浮き立たせ、その中で何が埋もれた争点になっているのか、それを見出すことにある。

二　対決の推移　ミッシュのハイデガー批判とハイデガーの応答

対決が両者のどのような視点からなされているのか、その推移を見るために、ミッシュの三編の論考抜刷りへのハイデガーの書き込みが一つの手掛りになろう。シュトゥルーベの報告によれば[55]、第一と第三論考の抜刷りには書き込みが多くなされており、この事実から、またミッシュの『生の哲学と現象学』第三版「後書き」で明かされた一九三一年のミッシュ宛書簡からも窺えるように、ハイデガーはミッシュの批判に対する包括的な応答を計画していたと思われる、とシュトゥルーベは推測している。その書簡の二年前の一九二九年夏学期、ハイデガーは講義の中でミッシュに反論するが、その講義日が六月二五日・二七日（第二四・二五回目講義時間）であるという報告からすれば、ここで反論の対象とされているミッシュの論考は、その発行年からして、また書き込みの有無からして、第一論考であろう。第一論考の表題と副題も次の通りであった。すなわち、「生の哲学と現象学。ハイデガーとの対決」。

この第一論考は、同じくシュトゥルーベの報告によれば、一九三〇年に公刊された単行本『生の哲学と現象学』の一頁から一〇二頁にあたるが、書き込みがあるのは九七頁までである。しかもこれに続く第二論考の抜刷りには書き込みがわずかしかない。このことは、『生の哲学と現象学』の構成に重ね合わせてみれば、ハイデガーの関心がどこにあったのかが浮き上がってくる。必要な限りで単行本の表題と頁数を抜き出せば次の通りである。

『生の哲学と現象学』構成
第一部　「存在」と「時間」という概念によって特徴づけられる対置した境位の中での哲学的基礎づけの課題（三－五三頁）
第二部　生の論理学と現象学的存在論（五三－八八頁）
第三部　生のカテゴリーの紐帯と実存論的範疇の紐帯の問題（八八－一七三頁）
一章　生の哲学の根本概念の解釈学的性格と、カテゴリー系列の体系化のためのその射程（八八－一〇二頁）（以上が第一論考、一九二九年刊）

二章　生のカテゴリーと意義の概念（ディルタイ）（一〇三 ‐ 一七三頁）（第二論考、一九二九年刊）

第四部　ディルタイとフッサールから出発する哲学的運動の歴史的体系的な分析の道程で客観的に決断する試み（一七五 ‐ 三三四頁）（第三論考、一九三〇年刊）

このように、第一論考は『生の哲学と現象学』の第一部から第三部一章までであり、続く二章が第二論考である。第一論考の抜刷りにハイデガーの書き込みが多くあるのは、『存在と時間』に関わる部分である。これに対して、第一論考の抜刷りで書き込みがない部分、そして書き込みが少ない第二論考の抜刷りは、ディルタイの生のカテゴリーに関わる部分である。これはハイデガーの反論の視点が「ディルタイの方向づけ」にあるのではなく、自身の『存在と時間』にあったことを示唆している。そして第三論考（単行本第四部）への書き込みは、その第三節「「現存在の形而上学」としてのハイデガーの哲学の規定、そして理論理性をめぐる「生の哲学」の関心」に集中しており、ディルタイとフッサールを扱う第一・二節にはわずかしかなく、そしてディルタイの形而上学批判にかかわる第四節への書き込みは報告されていない。ちなみに、本書前章で引用した、ミッシュが生の哲学とハイデガーの一致を語った箇所のうち、一箇所は第三節の初め[56]、もう一箇所は第四節の初めであるが[57]、書き込みは報告されていない。

このようにハイデガーの関心は自身の「存在と時間」から「形而上学」へ推移する。これに対してミッシュの第一論考での『存在と時間』に対する批判は、道そのものへの批判、すなわち、現存在の存在論的実存論的な分析論（人間）から基礎存在論（哲学）への道に対する批判にある。すなわち、ミッシュのハイデガー批判は、その批判的論点が多岐にわたり、錯綜しているように見えるが、次の問いにまとめることができよう。ミッシュ自身、それを『存在と時間』に対して「われわれにとって生じてくる最初の問い」として挙げる。

「生の哲学からの着手に存在論への方向を結合したことは、どのように理解すべきか」（LP, 8）。

この問いに対してミッシュ自身、第三論考の冒頭で第一・二論考を振り返ってこうまとめる。

「「現存在の実存論的分析論」は、それに置かれた目標である「基礎存在論」へどのように到達しうるのか、依然として不明瞭なままであった。……ハイデガー自身の用語で言えば、どのようにして実存の解釈学が……「哲学それ自身」への道を切り開こうとしていたのか」（LP, 175）。

このような疑念が生じてくる理由は第一論考の中で次のように述べられている。

「ハイデガーは哲学を新たに根拠づけるために生に出発地点を定め、現存在を「その存在において存在それ自身が関心の的となる」（12, 42）存在者として特徴づけ、方法的原理として認める現存在の学的解釈について次のように説明する。現存在の学的解釈は、「すべての哲学的に問うことの手引きの端緒を、それがそこから発現すると同時にそこへ遡及する、その当所に繋ぎとめているのである」。しかし彼は哲学的に問うことそのことを「実存の分析論」の中に引き入れて把握していないのである」(LP, 12)。

ミッシュの論旨は以下のようになろう。すなわち、『存在と時間』で基礎存在論〔哲学〕を形成する地盤を現存在の分析論に求めるのであれば、哲学的に問うことが生のどのような在り方なのか、それを現存在の分析論の中で分析しておくべきであるのに、そもそもそれがなされていない、したがって基礎存在論を現存在の分析論に基づいて、そこに接続することはできないのだ、と。言い換えれば、現存在の分析論から基礎存在論への道は通じていないのである。この否定的消極的な批判には、もう一つの批判的論点も含まれていよう。すなわち、ハイデガーは「生の哲学から着手」して「実存の解釈学」を展開するように見えるが、それはディルタイの解釈学を引き受けたものではない、そもそも本末転倒である、と。というのも、ディルタイは存在に代えて生という概念を使うことによって生の深みと多様さを理解し解釈しうる解釈学を提示したにもかかわらず、ハイデガーは時代を逆行して生を再び存在概念に戻してしまったからである[58]。したがって「ディルタイが精神科学を貫く生の理解の基礎と考えた解釈学は、「現存在の解釈学」として出現したハイデガーの「実存論的分析論」の先を進んでいるのである[59]」。そうであれば、肯定的積極的には、ミッシュにとって道が通じているのは、生の存在論的存在者的無差別性を基にした「生の哲学に対応するような論理学〔哲学〕への道[60]」である。

ハイデガーもミッシュも人間に基づいて哲学の構築を目指すが、ハイデガーはディルタイの解釈学を取り入れて自身の存在論的実存論的な道を切り開き、この道からディルタイを批判したのに対して、ミッシュはディルタイの生の哲学から自身の論理学への道を切り開き、ハイデガーの道はディルタイが方向づけた道ではないし、その道そのものも通じていないと批判するのである。実際、『存在と時間』は表題に「前半部」を付して一九二七年に公刊されたが、「前半部」という表示は第六版（一九四九年）までであって、第七版（一九五三年）で削除されたのであれば、(61) ミッシュが批判したように、現存在の分析論から基礎存在論への道は通じていなかったことになろう。その「前半部」は次の問いをもって閉じられていたからである。

「根源的時間から存在の意味へ道は通じているのであろうか。時間それ自身が存在の地平として露わになるのであろうか」(SZ, 347)。

この問いは、先に見たミッシュの批判的問い、すなわち、「どのようにして「現存在の実存論的分析論」がそれに設定された目標である「基礎存在論」に到達しようとしたのか」を想起させる。ミッシュはハイデガー自身のこの問いを逆手にとってハイデガーを批判したと見ることもできよう。

これに対してハイデガーは二九年夏学期講義の中で、この批判に直接的に答えるというよりは、むしろ視点を現存在の形而上学に移して次のように言う。

「ミッシュによる対決に特段の意義があるのは、それがディルタイの立場を全体として活動させ、今日の問題状況の中で共に語り出そうとしているからである」。「彼〔ディルタイ〕がなそうとしたこともまた、根本的に、問題全体にとって十分ではない。今、対決にいたった対立は、ここに始まっているのである」。「問題全体」とは、「対決がなされる視野は講義第一部が確定しているものであり、すなわち、形而上学の問題と人間への問い」である（DJ12, 176. GA28, 132）。

ここで言われる「講義第一部」とは、「今日の哲学的根本傾向の露開」と題された部分である。ハイデガーはそこで「今日の哲学的根本傾向」として人間学への傾向と形而上学への傾向を挙げ、両者の根源的統一を求める。それが「現存在の形而上学」による「形而上学の基礎づけ」である(62)。右に引いた「形而上学の問題と人間への問い」を「現存在の形而上学」として展開しようとするのが、講義におけるハイデガー自身の意図である。したがって彼が講義第二部で「ドイツ観念論との対決」を行い、その途上でミッシュによる「ハイデガーとの対決」を取り上げるのも、「現存在の形而上学」という視点からにほかならない。

しかしハイデガーのこの視点は、ミッシュが第一論考で批判する『存在と時間』ではまだ提示されておらず、その公刊直後の一九二八年以降の彼の関心に基づいている。すなわち、一九二八年夏学期にハイデガーは、『存在と時間』で目指した「基礎存在論」に加えて、存在者の全体へ「転回」する「存在者論」を語り、両者の統一による「形而上学」を構想する(63)。そして翌年の一九二九年夏学期講義で「現存在の形而上学」の立場からミッシュに反論し、そのほぼ一ヶ月後の七月二四日にはフライブルク大学での就任講義『形而上学とは何か』の中で、「全体としての存在者」と一つに現れる「無の露開」の直中で現存在が存在者全体を超えて「無の中に引き入れられていること」としての「超越」を語り、こうした「現存在における根本生起」として「形而上学」を構想するのである[64]。そして同年の一九二九年には同様の視点から『カントと形而上学の問題』と『根拠の本質について』が公刊されたのであった。前者は、その「根本生起」の中で人間が存在理解を「必須・困窮」としていることを「最も有限的なもの」として捉え[65]、後者は「なぜ存在者が存在し、無が存在しないのか」という根拠を問う形而上学的問いに答えるかたちで、その「根本生起」を、存在者を超えて「根拠を発現」させる「世界への超越」として語り出し、それを「原生起」と呼ぶに至る[66]。かくしてハイデガーは、存在論的差異の必要（必須）性と根拠を超越に求めようとするのである。

そうであれば、ハイデガーは『存在と時間』前半部の最後に挙げた自身の問いに答えるべく、したがってまたミッシュの反問に応えるべく、現存在の形而上学へ移行して行ったと見ることもできよう。かくしてハイデガーは形而上学へ推移した視点から、ミッシュからディルタイに遡って両者を批判の俎上にのせたのである。「彼〔ディルタイ〕がなそうとしたこともまた、根本的に、問題全体にとって十分ではない。今、対決にいたった対立は、ここに始まっているのである」、と。これに応じてミッシュの批判的な視点も基礎存在論から形而上学そして超越へ推移する。しかもディルタイへ遡り、ディルタイとフッサールの対決に遡及しながら、ディルタイ擁護からさらに進んで超越を巡ってハイデガー批判を展開したのが、第三論考である。このような推移に従って、本書もまた、まず、ハイデガーが対決を企てたディルタイへ、しかもハイデガーがディルタイとの対決に援用したヨルク伯との書簡に立ち入って、「ディルタイの方向づけ」をはっきりさせておこう。

三　ディルタイとヨルク伯の書簡へ

ハイデガーは実存と他の存在を区別し、実存の誕生から死までの間の伸張の生起を歴史性として捉えることによって、歴史の問題の存在論的実存論的起源を実存に求める。[67]実存と他の存在の区別は、歴史性とそれを持たない他の存在の区別になる。これがちょうど、ヨルク伯のディルタイへの批判、すなわち「存在者的なものと歴史的なものの種的区別が強調されるのが少なすぎる」という主張に重なり合うように見え、かくしてハイデガーはヨルク伯の書簡を自身のディルタイ批判に援用するのである。それが、生の概念に対する存在者的実存的無差別への批判であった。しかし、もともとのディルタイとヨルク伯の書簡では、歴史の問題を巡って歴史を人間の生に基づけるか否かが議論になっていたわけではない。

「存在者的なものと歴史的なものとの種的区別」が語られている一八九五年一〇月二一日付けのヨルク伯の書簡[68]は、同月一三日付けのディルタイからの書簡に応えたものである。その書簡に記されているのは、私〔ディルタイ〕は現在、比較心理学の仕事をしており、それを「比較心理学。歴史と文学と精神科学の研究への寄与」として出版する予定であり、その一部分〔第四章まで〕を貴殿〔ヨルク伯〕に贈った、ことなどである。これに対するヨルク伯の返書は、その一部分を読んでの応答になっている。問題の文面は、その前後の文脈も含めて引用すると次の通りである。

「〔比較心理学の〕第四章、叙述としての技術は、まさしく、卓越しています。……類型という概念が、最も繊細で困難な匿われたものを開く鍵になります。この新たな原理〔類型の概念〕には、論文〔比較心理学〕の第一〜三〔章〕が主張している以上に、自然科学の傲慢な要求を一層鋭く拒絶することが含まれています。私には第一〜三〔章〕は存在者的なものと歴史的なものの種的区別が――私はこの区別に立ち返るのですが――強調されるのが少なすぎるのです」（BW, 191）。

ここで話題になっている「比較心理学」は、「〔比較心理学について〕個性の研究への寄与」として一九二四年にミッシュの編纂により『ディルタイ全集』第五巻に収録された論考である。その第一〜三章では、自然科学と精神科学が区別され、後者における個性研究にとって人物の類型という概念が、そしてそれを捉えるための方法として比較が提示され、第四章では、類型的に見ながら叙述することが探求の技術として提示される(69)。ヨルク伯は類型概念そしてこの第四章での探求の技術を高く評価しているが、第一〜三章に対してはそうではない。それは、「存在者的なものと歴史的なものの種的区別」をすることが少なすぎる、という理由からである。ハイデガーが現存在の歴史性に関連づけて引用しているのは、この箇所である。しかしヨルク伯にとってこの区別は、同じ書簡で次のようにも言われている。

「人から人への歴史の影響は、同時代人や個人的な知り合いの間でも生じるように、存在者的でないだけでなく、身体的でもなく、被制約的でもありません」。「類型の概念は徹底的に内的な概念です。ここで扱われるのは性格であり、形態ではありません」。これに対して、「比較は常に感性的であり、常に形態を離れません」。したがって、「貴殿〔ディルタイ〕」は「精神科学の方法として」「比較というやり方」を採用していますが、「ここでは「貴殿〔ディルタイ〕」と私は異なります」（BW, 193）。

ヨルク伯の主張は明らかであろう。すなわち、歴史的なものや人間個人の性格などは、存在者的、形態的、身体的、したがって被制約的、ではなく、無形的、精神的、内的であり、これに対して比較という方法は、存在者的形態的なものを扱うので、個性の研究の方法としては相応しくなく、むしろ自然科学のものである。このゆえにヨルク伯はディルタイの「比較心理」に関して、内的なものを扱う類型概念と類型的に見る技術を提示する第四章を絶賛し、自然科学と精神科学を区別して後者の方法として比較を提示する第一～三章は「存在者的なものと歴史的なものの種的区別が少なすぎる」と批判するのである(70)。

このようにヨルク伯の言う〈存在者的／歴史的〉という「種的区別」は、有形的／無形的、物体的／精神的、外的／内的、という区別に等しい。したがってハイデガーの言うような、人間存在と他の存在の区別がここに重なり合うわけではない。ヨルク伯の区別では、人間の身体も有形的なものとして存在者的なものに含まれるであろうし、歴史的なものとしてのゲーテの文学作品や古代ギリシャの遺跡は、たんに存在者的に探求されてはならず、精神的なものとして精神科学の対象になるのである。そうであれば、ヨルク伯の区分は、その源を辿れば、デカルト的な物質／精神、自然学／形而上学という区別に遡る。かりにハイデガーが実存と他の存在の区分をヨルク伯の歴史的精神的／存在者的物質的という区分に重ね合わせ、しかもこの歴史的精神的を人間存在に限定して語るならば、これはデカルト的区分の延長線上に位置づけられることになろう。じっさい、ハイデガーが歴史の問題の源を現存在の歴史性に求めたことの「確証」をヨルク伯の「種的区別」に求めるのであれば、そうなろう。

これに対してディルタイの生の概念は、これらのいずれの区別も適用できない立場から、むしろそうした伝統的な区別を拒み、それに代えて提示されたものではなかったのか。彼が生の統一体を当時のフェヒナー心理学の「精神物理的」という語を使って「精神物理的統一体」として語るのも、生は、〈物質的身体的／精神的〉あるいは〈外的／内的〉というデカルト的二分法を前提したものではないことを示していた(71)。ミッシュはこれを受けて、ハイデガーの『存在と時間』公刊より一年前の一九二六年の論考「精神科学の理論における生の哲学の理念」（以下、『生の哲学の理念』）の中で、「人間は心身的な生統一体である(72)」と語るのである。このようにディルタイがヨルク伯と異なり生を外的物質的／内的精神的という枠組みで捉えていないことは、ハイデガーが『存在と時間』で批判した(73)ディルタイの論考「外界の実在性についてのわれわれの信念の起源とその信念の正当性に関する問いを解決することへの寄与」（以下、『外界の実在性』）の中ですでに明瞭にされていたことではなかったのか。すなわち、外界の実在性の問題が近世初頭にデカルトの物質的外的／精神的内的という枠組みから生じてきたのに対して、ディルタイはその枠組みの中で問題を解決するのではなく、自身の「現象性の原理」を出発点にして心身的な生統一体としての親密な自己と疎遠な他者の区別の発現を問題にしたのである(74)。生を心身的統一体として捉える「ディルタイの方向づけ」の出発点はここにある。その現象性の原理は次のように言われていた。

「私が私の内で体験しているものが意識の事実として私にとって存在するのは、私がそれを覚知しているからである。意識の事実とは、私が覚知しているものにほかならない」（GS1, 394）。「実在性〔リアリティ〕は覚知の中で与えられ、覚知は確実性の最終審である」（GS19, 177）。

たとえば、〈私はいまパソコンで論文を書いている〉、あるいは、〈時折、昨日の出来事が頭をよぎる〉、など、これらは、現在進行形の、誰ならぬ〈私の体験〉として、〈私にとって存在していること〉、言い換えれば〈私自身で覚知（直接的に把握）していること〉である。したがってこの〈事実〉は、内的/外的、物質的/精神的、という具合に区別されたものではなく、むしろここから個々のものを反省的に取り出して、〈パソコン〉は外的物的、〈頭をよぎるもの〉は内的精神的、さらに〈私〉は精神的内的/物質的外的、という区別をしつらえているのである。しかし、そのように区別された個々のものが置かれている〈事実〉は、〈いまパソコンで論文を書いている〉としてしか語ることのできない〈実在〉である。

　したがってここで言われる「意識の事実」という表現も、二分法に従って精神的/物質的と区分された限りでの精神活動の事実を指しているわけではない[75]。むしろ、いわゆる「自然の事実」という表現が、一般に、人間からの独立性を含意するのに対して、ディルタイの言う「意識の事実」は、人間〈私〉からの独立性を含意せず、〈私にとって存在すること〉と同義的である。また、「私の内で」という表現も、内的精神的／外的物質的と区別された「内的」ではなく、「私の意識の事実の内で」、端的には「事実の内で」と同義的である。たとえば、〈私はいまパソコンで論文を書いている〉という〈事実〉の内で私はパソコンを見たりしているのである。したがって、〈意識の事実〉とは、覚知されている事実として、たとえば個々のもの（パソコンや私という自己）が相互に関係しながら存立している〈事実〉としてあり、かかる〈意識・覚知〉は個々のものとは区別された〈場〉あるいは〈材料〉とも言われるのである。いくらか長くなるが引いておこう。

「……私は、私の意識に依存しない事物のもとで生きているように見えるにすぎず、しかし実は、私の自己は……私自身の意識の事実から区別されているのである。私の意識は、かくも計り知れないように見えるこの外界全体をも包み込んでいる場所であり、外界の中で互いに押し除けあっているすべての客体を織り上げている材料である。……意識という表現は、定義することができず、それ以上噛み砕くことのできない究極の所見として掲げることができるだけである。私は私の内で、何かが私にとって存在しているという、この仕方を体験している。どれほど様々なものが私の中に存在していようとも同様に、〈私にとって存在しているということ〉、このことを共通に伴っているものを、私は意識と名付ける」（GS19, 59）。

これに対して、意識という表現が、たとえば、自己意識としてもっぱら自己自身を反省的に他と区別しながら客体化する働きと「定義」されるなら、これはディルタイの言う〈私にとって〉あるいは〈覚知されている〉という意味での意識とは異なろう。この誤解を避けるために、意識の代わりに「覚知（自身による直接的把握）」を使って「覚知の事実（覚知されている事実）」、あるいは「私は私の内で、何かが私にとって存在しているという、この仕方を体験している」と言われている「体験している（erleben）」から取り出した「生きている（leben）」を使って、「生きている事実」にして「生きられている事実」、簡単に「生の事実」と表記したほうが良かろう(76)。

このようなディルタイの方向づけからするとき、ミッシュのディルタイ擁護は、ハイデガーがディルタイ批判のためにヨルク伯の書簡を引用したのに応じて、まさしくヨルク伯宛のディルタイの書簡の引用をもってなされるのである。すなわち、ミッシュは次の一文をディルタイの書簡から引用することをもって、哲学の「出発点」を指摘するとともに、「ハイデガーがディルタイにおいて「生」は「存在論的に無差別」なままであるとして消極的否定的にしか受け取らなかったことの積極的肯定的な意味(77)」を提示しているのである。

> 「体系的哲学の基礎づけは、人間が自身の現実の中にあって連関の中で生きている、……そうした連関の権利根拠となる内的な生の連関を自己省察すること、すなわち分析することです。したがって生の連関の構造を知り、分析することが出発点を形成します。さらに哲学することはすべてこの生の連関をより詳細に意識にもたらして分析することですから、哲学を始めるときに関わりうる問題はただ、根本的な諸特徴がどのようにして内的経験の中で省察を通して連関として把握されうるのか、それを確定することです」（ヨルク伯宛、一二〇頁）（LP, 66）。

ここで言われる「生の連関」とは、人間や事物そして出来事など、それらがある社会の中にせよ、あるいは過去から現在そして未来に向けてであれ、社会的歴史的に相互に作用（影響など）し合っている連関である。[78]「人間」はそうした「連関の中で生きている」。しかもこれは、「自身の現実の中にあって連関の中で生きている」と言われているように、先に見た〈生の事実〉の中で生きていることを意味する。「自身の現実」は〈生の事実〉と同義的であり、しかもそれは「生の連関」から形成されているのである。たとえば、〈私はいまパソコンで論文を書いている〉という〈生の事実〉以外に現実はなく、しかもこの現実は、私や個々の事物の、いわば集計でなく、むしろ個々のものが相互の作用し合う連関から形成されているのである。〈私〉や〈パソコン〉という個々のものでさえ、一切の連関を捨象した「考える私」のごとく単独で存在しているのではなく、数え切れないほどの他者や他の事物そして出来事の相互作用の中から形成されているのである。ここからディルタイは、生の事実を、個々のものが置かれている〈場所〉と語ったのであり、これはまた、連関によって形成されているのである。

そうであれば、こうした生の事実としての生の連関の内にあって、生は、ハイデガーの批判とは異なり、①存在論的に存在と存在者に区別できないのであり、②ましてや人間あるいは私の存在だけを生の連関から切り取って存在者的実存的に他の存在者から区別できないのである。生の連関の中で自己が形成されるのであれば、そこから自己を切り取ることは、もはや〈生きている自己〉ではなく、デカルト的な、哲学の第一原理としての〈存在する精神〉になってしまうのである。生の連関からすれば、存在論的差異も存在者的区別も分割できないものを分割しているのである。したがってミッシュから見れば、ハイデガーの道はそもそも通じていないのであり、かりに分割して道を切り開こうとしても生の生動性は失われるのである。これに対して生の哲学は生の事実を形成する生の連関を分析することにこそ、哲学の構築の「出発点」、「哲学を始める」ことを見出すのである。ここに、生の存在論的存在者的無差別性の「積極的肯定的意味」がある。

それでは、生が否定的消極的に存在論的差異と存在者的実存的区別によっては捉えられないのであれば、ディルタイからミッシュへの道の上では、生は肯定的積極的にどのように捉えられるのであろうか。その答えが生の事実であり生の連関である。しかしこれはまだ分析の出発点でしかない。そうであれば、生の事実を形成している連関はどのように分析され、ディルタイが目指した「生の深みと多様さ」は、どのような連関として語り出されるのであろうか。そしてそこでは、本章第二節で銘記しておいた生の統一体はどのように形成され、その全体はどのように把握できる、あるいはできない、のであろうか。

注

（1）『哲学の指針』に掲載の三編については巻末の文献一覧を参照。
（2）Misch, LP, 5f.
（3）Misch, LP, 144.
（4）Heidegger, SZ, 37f.
（5）Misch, GA. 詳細は文献一覧を参照。
（6）Dilthey, GS7, 199.

（7）自伝に関するミッシュとディルタイの影響関係については、二〇一五年に開催の日本ディルタイ協会全国大会の共同討議「生の哲学　ディルタイからミッシュへ　ハイデガー、フッサールとの対決」のおりの提題者・瀬戸口昌也氏の指摘による。同共同討議は同協会機関誌に掲載されている。瀬戸口、二〇一六、および廳、二〇一六、を参照。

（8）「解釈学的論理学」という呼称は、ミッシュ自身の論理学講義の中で使われているわけではなく、『生の哲学と現象学』の中（Misch, LP, 56, 85）で使われた呼称である。この指摘は、論理学講義を『生の哲学に基づく論理学の構築　ゲッティンゲン講義 ―― 論理学と知の理論への導入』として刊行した編纂者（Gundrun Kühne-Bertram, Frithjof Rodi）の指摘による（Misch, LI, 43, Anm.50）。そして『生の哲学と現象学』が、ナチスのもとで一九三一年の再版まもなく廃棄処分にされたことを顧慮すれば、「解釈学的論理学」という呼称は、ミッシュからケーニヒそしてリップスへ至るゲッティンゲン学派（ゲッティンゲン論理学）のリップスの著作『解釈学的論理学のための探求』（Lipps, 1938）で広まり、第二次世界大戦後にボルノーがケーニヒの七〇歳誕生記念論集に寄稿した論考「解釈学的論理学の概念について」（Bollnow, 1964）によって人口に膾炙したと見ることができよう。ボルノーはこの論考の中で、「二〇年代と三〇年代にゲッティンゲンにおいて解釈学的論理学の基礎づけのための努力が、ゲオルク・ミッシュ、ヨゼフ・ケーニヒ、そしてハンス・リップスによって試みられた」（ibidi., 23.）と述べている。この論考はペゲラーが『解釈学的哲学』（Pöggeler, 1972）を編纂した時に収録され、これが日本でも以下に邦訳されている。「解釈学的論理学の概念について」（高山淳司訳）『解釈学の根本問題』O・ペゲラー編、晃洋書房、一九七七。

（9）Bollnow, 1983, 46-193. なお、ボルノーがミッシュの論理学講義「論理学と知の理論」を聴講していたときから講義のテーマに携わっていたこと、また講義を纏めて出版する時点でローディによる編纂が実現されることになっていたことなどの事情は、「緒言」（5f.）で触れられている。また日本において、ボルノーの同書によるミッシュの論理学を「ロゴス学」として紹介したものとして以下を参照。塚本、一九九五。

(10) Misch, LI, 1994. LII, 1999. 詳細は文献一覧を参照。

(11) Misch, LP, 3Aufl., Nachwort S.325.

(12) Misch, GA, IV-II, 1004. Vgl., König, 1967, 238.

(13) ボルノーは「海外での〔『真理と方法』の〕影響」としてリクールについて次のように言う。すなわち、「ポール・リクールの著作に携わったとき、私には改めて明瞭になったのである。海外では解釈学がガダマーの見方の中でどれほど一面的に現れているか、[Anm.2] と」。「Anm.2) O.F.Bollnow, Paul Ricoer und die Probleme der Hermeneutik, in: Z.ph.F.30, 1976, 167-189 und S.389-419.」。

　また、日本でも解釈学関係でガダマーの翻訳および研究論著は多数あっても、ミッシュの翻訳および研究論著は数えるほどであろう。ボルノーの論考および『ディルタイ年報』一一・一二号「ミッシュ特集」以降で、ボルノーがその重要性を強調する（Bollnow, 1983, S.18）、「解釈学的論理学」のなかでもミッシュの「喚起する語り」について扱った著書として、塚本、一九九五、第六章「解釈学的ロゴス学の探求」があり、論考として文献一覧に挙げたものがある。またハイデガーとの対決を扱った論考、そして自伝研究について扱った論考として本書巻末の文献一覧に挙げたものがある。その中でミッシュとハイデガーの対決を主題化した和論文として以下がある。的場、一九九七、二〇〇〇、二〇〇一、二〇〇二。

(14) 『ディルタイ年報』一一巻では分野が「現象学、基礎存在論、論理学」とされ、そしてこれに対応させて一二巻で「形而上学、哲学的人間学、自伝の歴史」という具合に三分野に区分されているが、本書ではこれに応じて言えば、現象学、基礎存在論・形而上学、哲学的人間学を、フッサールおよびハイデガーとの対決から形成されている「生の哲学」にまとめている。

(15) DJ11, 9.

(16) DJ11, 9.

(17) Gadamar, 1960, 205ff.

(18) ヴァインガルテンが編集した書(Weingarten, 2005)につけられたタイトルである。この書は、編者序文(ibid., 7ff.)によれば、副タイトルが示すように、「一九四八年」にミッシュが「七〇歳」を迎えた折に「祝賀記念論文集」としてヨゼフ・ケーニッヒとブルーノ・ミュネルが出版を計画したが、通貨改革による財政上の理由などから出版に至らなかった書である。

(19) Misch, LP, III.

(20) Misch, LP, III.

(21) DJ11, 173f.

(22) これがハイデガー全集第二八巻第一二節「ドイツ観念論との対決の対象を、ミッシュによる『存在と時間』批判への応答に結びつけることによって鋭く際立たせること」として編集・公刊されたのは一九九七年であった。この講義がなされた当時について、ガダマーは、「ハイデガーは当時、ミッシュの書について親密なグループの中で何か述べていたか」という問いに対して次のように証言している。すなわち、「私にはなかった。おそらく、ハイデガーは自分の研究や文献について漏らさないようにしていたようだ。ハイデガーの周りには親密なグループはなかったし、かりにあったとしても私はそうしたグループに入っていなかった」、と(DJ11, 20.)。

(23) ちなみに、ハイデガーはミッシュから個人的に送られた第一・二論考の抜刷りとともに、第三論考の抜刷りも持っており、当該箇所に対して、ハイデガーはどのような書き込みをしたのか、興味のあるところであるが、その「超越論的論理学」に関わる書き込みの存在は報告されていない(DJ12, 208ff.)。

(24) Rodi, Zu diesem Band, in: DJ11, 9-15.

(25) Misch, LP, 3.Aufl., 328.

(26) DJ11, 173.

(27) Misch, LP, 122. またディルタイのフッサール宛書簡には次のように言われていた。「まったく一般的に見て、普遍妥当的理論が存在するということ、この点で私たちは一致しています」(Husserl, HD3-6, 43.)

(28) Heidegger, GA20, 30. 詳細は本書第三章一節を参照。

(29) Misch, LP, 37.

(30) 参照、塚本、一九九五、二四〇、注2。ここで塚本はミッシュのLogikはロゴス学と呼んだほうがよいと提示している。たしかにミッシュの「論理学」は伝統的な古典的論理学と現代の記号論理学からする「論理学」に限定されない。しかしその一方で、彼のLogikが広くは「論述的な語り」を扱っていることから、本書では「論述的な語りの学」という意味で「論理学」、あるいはボルノーが強調する「解釈学的論理学」と表記している。

(31) Heidegger, KP, 206ff.

(32) Dilthey, GS7, 117, 189, usw.

(33) 「内から外へ自身を拡張していく超越論的論理学」については、以下を参照。König, 1967, 146, 221. Kühne-Bertram, 2015, 233ff. また後者では、「超越論的」の「アプリオリ性」は、「普遍的拘束性」(Misch, LII, 42) として理解できる、とされる (224)。本書も両者の理解に従っている。

(34) ミッシュのヘラクレイトス解釈に関しては、ヘーゲル以降の思想界の中にあって、「歴史意識」を歴史世界の構築という仕方で展開するディルタイの哲学、そしてディルタイと書簡を交わしたヨルク伯のヘラクレイトス論、これらを背景にして考える必要があるが、本書の域を超えている。以下の論考を参照。大石、二〇〇三。

（35） Misch, LP, 51.

（36） Misch, LP, 51. ミッシュはヘラクレイトスから引用しているが、正確には以下である。「魂には、自分自身を成長させるロゴスがある」（DK1, Nr.115. 邦訳、三四二）。

（37） Misch, LP, 66.

（38） Misch, LI. このゲッティンゲン講義の題目に「知の理論」が挙げられている（Vorbericht von Gudrun Kühne-Bertram, S.12）。

（39） Heidegger, SZ, 39, 437.

（40） Dimitri, 2011 によれば、ハイデガーとミッシュの一致点は、「ミッシュとハイデガーがポスト形而上学の着手を分け合っている」として、近代哲学における主観と客観、意識の哲学と直前存在者の存在論、この関係図式の克服を目指していることに求められ（75ff.）、両者のその具体的な鍵概念がミッシュの「究め難きもの」とハイデガーの「深淵」に求められている（77）。たしかに本書でもこの点は同様であるが、しかし本書は同時に、似て非なるもの、根本的な違いという、両者の分岐にこそ注目している。たとえば、ミッシュがハイデガーとの一致を『生の哲学と現象学』で語っているのは、その第四部第四節「ディルタイによる形而上学の歴史に対する批判。ディルタイ自身の道に対するメタ批判の必要性」であり、その冒頭に「生と哲学。双方は、一度互いに相手を見出した後では、互いに相手なしではやっていけないのであり、われわれはこのことを経験するために双方を分けなければならないのである」（Misch, LP, 281）と言っているように、ミッシュが問題にしているのは、ハイデガーと異なり、生と哲学の関係、そしてこの関係の中での哲学のあり方である。また、ミッシュがハイデガーとの一致として「形而上学的運動」を語る文脈で挙げている、生の深みに見出される「形而上学的傾向性」はカントを念頭に浮かべているが、ミッシュの「究め難きもの」はかかる「形而上学的傾向性」だけに限らないし、ハイデガーの「深淵」とも

〈似て非なるもの〉である。詳細は本書以下および本書第六章第二節。

（41）Kant, KV, B 21ff.

（42）ハイデガーは『ディルタイ全集』第五巻公刊後に所収論考を初めて読んだわけではなく、その主要論考に関してはプロイセン学士院報告書によって親しんでいたことは、当時のハイデガーが講義の中でそれらを指示していることから知ることができる。参照、山本、二〇〇五、二五六。

（43）「ディルタイの方向づけ」という副題について、万田、二〇〇六は、雑誌論文のさいの副題と変わったことについて、「いかなる立場からハイデガーに対峙するのか、そしてその対峙する相手の背後に控えている、真に対決すべき相手は誰なのか、を明示しようとしたのではないかと推測される」（二五、注７）と述べる。また Grondin, 1997/98 は、ハイデガーの『存在と時間』が公刊された直後の一九三〇年に単行本として公刊された『生の哲学と現象学』では、ハイデガーとの対決を「ディルタイの方向づけ」から遂行するのはディルタイの後継というミッシュの立場を示しうるが、一九六三年の第三版「後書き」においてもこれが強調される必要があるのか、と問う。この問いは、グロンディンの関心が、「喚起する語り」の展開の可能性をミッシュの論理学の枠に留まらずレトリックの領域へ拡張することにあり、しかもそれがガダマーの解釈学においてミッシュ以上に首尾一貫して遂行されている、とグロンディンが見ていることに基づいている（insbes. S.51, 62f.）。

　これに対して本書が「ディルタイの方向づけ」に注目するのは、本文で述べるように、ディルタイからハイデガーを経てガダマーに至るのとは「別の路線」に注目するためであり、しかもこの路線の中で議論と分析の俎上に上ることなく埋もれてしまった事柄（生の統一体の形成と全体の理解の問題）を見出すためである。

（44）Heidegger, DJ8, 143.

(45) Heidegger, SZ, 399 Anm.1.
(46) Heidegger, SZ, 209.
(47) Heidegger, SZ, 399ff.
(48) Dilthey, BW, 191.
(49) 「存在論的差異」が定式的用語として命名されているのは、『存在と時間』「前半」の中ではなく、その「第一部第三章の新たな仕上げ」として行われた同年の夏学期講義の中である。「したがってわれわれは、表明的に遂行された存在と存在者の区別を存在論的差異と名付ける」(GA24, 454)。
(50) Heidegger, SZ, 436.
(51) Heidegger, SZ, 13.
(52) Heidegger, SZ, 38.
(53) Heidegger, SZ, §76, 397ff.
(54) Heidegger, SZ, §77, 397.
(55) Strube, DJ11, 173f.; DJ12, 178ff.
(56) Misch, LP, 218f.
(57) Misch, LP, 281f.
(58) Misch, LP, 4f.
(59) Misch, LP, 47.
(60) Misch, LP, 51.
(61) Vgl. Heidegger, *Sein und Zeit*, 6.Aufl., 7Aufl. 関西大学総合図書館所蔵による。
(62) Heidegger, GA28, 41.

(63) Heidegger, GA26, 196ff.
(64) Heidegger, WM, 32, 34, 41.
(65) Heidegger, KP, 206.
(66) Heidegger, WG, 43.
(67) Heidegger, SZ, §74.
(68) Dilthey, BW, 188ff.
(69) Dilthey, GS5, 241ff.
(70) このようなヨルク伯の主張に基づいて次のようなディルタイ批判が生じよう。すなわち、ディルタイが提示する比較という方法は自然科学的であり、ディルタイは精神科学を自然科学から区別して方法論を確立しようとしたが自然科学の影響が残っているのだ、と。このような批判を、ハイデガーと同じくヨルク伯の書簡を典拠にして展開したのがガダマーであった。しかしガダマーの批判がハイデガーと同じく妥当しないのは、本文以下に見る通りである。ガダマーのこの批判に関しては、比較という方法をめぐってすでに触れたことがあるので以下を参照頂きたい。山本、二〇一四、九八以下（第二章第一節二「類比・追形成としての理解」）。
(71) 「精神物理的統一体」については、全集第五巻所収の七五年論考では、「社会の中での、精神物理的統一体の相互作用」あるいは「個人、つまり精神物理的全体」（GS5, 61）、また本書本文ですぐ後で述べる『外界の実在性』では「精神物理的自己と客体の区別」（ibid., 138）という表現が見られる。また、『外界の実在性』については、山本、二〇〇五、二〇七以下（第五章四「『外界の実在性論考』における実在性の問題」）を、デカルト的二分法との関係については、山本、二〇一四、九八以下（第二章第一節二「類比・追形成としての理解」）を参照。

（72） Misch, IL, 546.

（73） Heidegger, SZ, 205f., 109f.

（74） 前掲注（71）参照。また本書本文以下で述べる「現象性の原理」および「覚知」についても詳細は以下を参照。山本、二〇〇五、二〇三以下（第五章三「意識の事実と覚知」）

（75） このようなディルタイの「意識の事実」についての考え方は、ミッシュにも引き継がれ、理解概念において展開される。理解は、内的と外的の区別の以前に生じるのである（LI, 149）。以下を参照。Vgl. Künne-Bertram, 2015, 258.

（76） 「意識」という語はドイツ語では"Bewußtsein"であり、語の成り立ち"wissen（知る）＜bewissen＜bewußtsein（明瞭に知られている）"からすれば、「覚知（直接的な知）」に等しく、「意識の事実」は直接的に知られている事実、体験された、生きられた事実、といった意味になる。

（77） Misch, LP, 66.

（78） ディルタイのいう「連関」そして「構造」については、その思想形成と意味について詳細は以下を参照されたい。山本、二〇一四、一以下（第一章「現実の形成」）、特に七二以下（第一章第四節二「構造連関（『理念』の時期）」）。また、「相互作用（Wechselwirkung）」は、ディルタイでは生のカテゴリーに数えられるが、本書第五章で扱うジンメルが社会を諸個人の関係性として捉えるさいのキータームでもあり、したがって一九世紀後半のドイツ思想史の中でこの語を巡ってジンメルとディルタイの関係が問題となろう（廳、一九五九、五九以下）。しかし本書ではこの両者の関係、そして当時の思想史的背景へ立ち入ることはできない。ディルタイの用法に従っている。それは生のカテゴリーとして、意志インパルスと阻止の意識から成る抵抗体験による実在性体験が、能動・受動や作用・反作用よりも根源的な相互作用の中で生じているとされるように（GS19, 368）、生の統一体相互の心身的な影響関係など、他なしには自が成立しえない、したがって自他を含めた全体の中で各々の部分が成立する、そうした生の連関を形成する生の働きを意味する。参照、山本、二〇〇五、二二六以下（第五章七「作用性としての実在性」および第六章一「他者の実在性の問題から現実性の問題へ」）。

第二章　生の深みと多様さ　——　ミッシュのディルタイ擁護

ディルタイは没年になる一九一一年に生涯を振り返って次のように語る。

「私は歴史の世界の中でこの生それ自身の表現を生の多様さと深みにおいて捉えようとして飽くことのない努力をして育ってきた」(GS5, 4)。

ディルタイがここで語る「生の深み」とは、どのようなところであろうか。そこは、ディルタイが心的な生を表象・感受・意志(いわゆる知情意)の連関として捉えているのに応じて、あらかじめ次のように輪郭づけておくことができよう。「生の深み」とは、表象としての思考によっては捉え難く、しかし生自身によって感受され意志されて「生それ自身の表現」が生き生きと「多様」に紡ぎ出されて来るところ、つまり「生の多様さ」が「生それ自身の表現」の「多様さ」となって生み出されて来るところである。深みが深みであるゆえんは、多様さの産出にある。

このような生が連関として形成されているのであれば、生は存在論的差異によっても存在者的な区別によっても捉えることはできない、したがってハイデガーのディルタイ批判は成立しないし、ハイデガーの現存在の分析論はディルタイのこうした生の解釈学を引き受けたものではない、しかもそこから基礎存在論への道さえ通じていない、ミッシュによるこうした否定的消極的なハイデガー批判は、たしかにディルタイ擁護になろう。しかしそれを肯定的積極的に展開するためには、ディルタイが求めた生の「深み」と「多様さ」が、存在論的差異と存在者的区別の道によっては捉えられず、逆に、その無差別・無区別によってこそ十分に捉えうることを提示する必要があろう。

本章では、第一節で、生の存在論的無差別性と存在者的無区別性の肯定的積極的な意味を三点（ロゴスの深み、生の語り、生の産出）に絞って確認し、そこから、ハイデガーによる歴史の源と生の概念に関するディルタイ批判に対応させて、第二節では歴史的出来事の産出を、第三節では生の生動性・力動性を取り上げ、生の深みと多様さへ至ろう。そうすることによって、第四節では、ディルタイからミッシュへの生の概念を探りながらハイデガーとの対決の中で伏蔵された問題として生の統一的全体の形成と把握の問題を際立たせよう。

第一節　生の存在論的無差別性・存在者的無区別性の積極的意味（ミッシュ）

ハイデガーのディルタイ批判に対して、ミッシュが肯定的積極的な具体的内容を展開しているのが、ハイデガーの基礎存在論そして形而上学に対抗して展開しようとした「生の哲学」[1]と、それに基づく「生の論理学[2]」あるいは「生の解釈学[3]」である。後者は「生の哲学を地盤にした論理学[4]」、「解釈学的論理学[5]」、あるいは前章第二節で見た「内から外へ自身を拡張して行く超越論的論理学」とも呼ばれる。これら生の哲学と解釈学という二つの分野は、一九〇七年から『自伝の歴史』全四巻八分冊として公刊された自伝研究に加え、一九二六年の論考『生の哲学の理念』によって、そして一九二七／二八～三三／三四年冬学期の論理学講義、すなわち一九九四年に編纂された著作『論理学の構築』および一九九九年の『論理学の導入』によって、方向づけられ、また展開されている。しかもこの方向がハイデガーおよびフッサールとの対決を通してより先鋭化され、自身の肯定的積極的内容にハイデガーおよびフッサールに対する否定的消極的な批判的内容が加わることによって、議論が錯綜した『生の哲学と現象学』が生み出されたとも言えるかもしれない。

しかしハイデガー批判にしてディルタイ擁護ということを視点にして見ると、その肯定的積極的な内容が解きほぐされてくるのではないか。すなわち、彼が第一論考（単行本第Ⅰ、Ⅱ部および第Ⅲ部１章）で提示する生の「規定的無規定的な骨組み」、「思考適合性・有意義性などと究め難きものの間にある」「産出的緊張関係[6]」は、ハイデガーによる存在論的無差別性への批判に反対して、したがってハイデガーの道で提示される存在論的実存論的な現存在の存在体制「世界内存在」や「被投的投企」に反対して、ディルタイの言う「生の深み」を存在論的無差別性のまま積極的肯定的に語り出したものである。これによって彼は、生の存在論的無差別性こそ生動的な「生の深み」、ミッシュの言葉では「心の深み[7]」であること、そしてこの深みの「産出的緊張関係」から「生の多様さ」としての多様な「生の連関」が形成されること[8]、これらを提示する。これを受けて第一論考最後から第二論考（単行本

第Ⅲ部1・2章）は、ハイデガーによる存在者的無差別性への批判そしてハイデガー自身の実存論的カテゴリーに反対して、ディルタイの言う「生の多様さ」の産出の具体的形態として「意義化カテゴリー」による「生のカテゴリーの紐帯」(9)を提示するのである。そうすることによってミッシュは、否定的消極的には、ハイデガーが人間を他の存在者から存在者的に区別して歴史の源を求めたことに反対して、現存在だけを生の連関から切り取ってそこに歴史を還元することはできないこと(10)、肯定的積極的には、存在論的に無差別な「産出的緊張関係」から「意義化カテゴリー」に従って歴史的「出来事」が「惹起」され、生の多様な統一的全体が存在者的に無区別な生の連関あるいは歴史の作用連関として形成されることを提示するのである。

このようにミッシュはハイデガーの二つのディルタイ批判に否定的・肯定的に応える。以下ではその基本的な考え方をハイデガーのディルタイ批判に対応させながら三点に絞って確認しておこう。

一　ヘラクレイトスのロゴス解釈。存在論的差異に反対して

まず、ハイデガーの二つのディルタイ批判に共通してミッシュのディルタイ擁護の基礎となっているのは、ヘラクレイトスが語るロゴスに関する解釈であろう(11)。ミッシュが典拠とするヘラクレイトスの断片は次のものであった。

「君は歩いて行ってどの道を進もうとも魂の際限を見出すことができないだろう。そのように深いロゴスをそれは持っているのだ」(DK1, Nr45. 邦訳、三三三)。

この断片の中の「魂の際限を見いだすことができない」という文面に、本書は、ディルタイの言葉、すなわち、生の全体を捉えようとすると「生の謎」が現れ、その中心にあるのが生殖・誕生・成長・死であるという、ディルタイの言葉を重ね合わせたのであった。かくしてミッシュはここに「究め難きもの」を読み取ると同時に、ロゴス（語り）を究め難きものと意義的・思考適合的なものの緊張関係として解釈するのであった。

ミッシュがヘラクレイトスへ遡及して語る「究め難い」という語は、すでにディルタイが早くは『精神科学序説』の中で「思考適合的」と「究め難い」との対比で、[12] そして九〇年代に入って、未完に終わった『精神科学序説』第二部の「ベルリン草稿」（一八九三年頃）および遺稿となった同時期の「生と認識」（一八九二／三年頃）の中で「生の究め難さ」、「生は思考にとって究め難い ……」など、[13] いずれも思考あるいは思考適合性との対比で用いていた語である。

ミッシュがディルタイの遺稿となった「ベルリン草稿」に触れていたことは、ミッシュ編纂による『ディルタイ全集』第五巻の「編者緒言」から知ることができる。[14] しかもこの五巻に所収の、ディルタイ晩年の『哲学の本質』（一九〇七）の中では次のように言われていた。

「生に共通のどの特徴にも、生一般の意義化への関係が、したがってまったく究め難い何ものかへの関係がある」（GS5, 394）。

つまり、生は究め難いものをも含み込んで、意義化に従って統一体を形成しており、したがって両者へ関係している、とディルタイは言うのである。それが具体化された典型例が、『世界観の類型』（一九一一）の中で言われた「生の謎」、「理解不可能なものすべての中心点」としての「生殖・誕生・成長・死」であろう。しかもこれらは生を「一つの全体に取りまとめようと試みる」ときに現れてくる謎であった[15]。したがってディルタイの言う「生の深み」とは、こうした理解できないもの、しかしそのようなものとして感受・意志され、しかもそれを理解によって意義化しながら統一的全体を形成して行く生の生動的な働きを語り出した表現にほかならない。

本書はここに生それ自身の中にある二つの動きを認めることができるのではないか。それは、一方では、たとえば自身の生涯を理解し語り出そうとするとき、さまざまな出来事や各々の部分（幼年期、青年期、など）の意義づけ（意義化）を全体の意味と連関づけながら統一的全体（生涯）を形成していく動きであり、その一方では、統一的全体を形成しようとしても、生の直中に生きているかぎり、全体の〈際限〉は究め難きものとして出現して統一的全体化を〈未〉完結にする動きである。だからこそ、生の経過の中で諸部分の意義づけと全体の意味は変わらざるをえず、また書き変えることができるのである。

この相反する生の動きを明示的に語り出したのが、ミッシュの言う「規定的無規定的な骨組み」であり「意義化と究め難きものの産出的緊張関係」であろう。いずれも、生の統一的全体が産出され形成されて来る、生の深みとしての相反する働きを名指している。この働きが生の連関を形成・理解するさいの相反的働きとして〈生の事実〉であれば、存在論的差異によっては捉えられないのである。本節ではまずこの点を銘記しておこう。「生殖・誕生・成長・死」は、生の全体の〈際限〉として全体を思考適合的意義化的に〈規定〉する統一的全体化の働きに対して〈究め難きもの〉としてそれを〈未完結〉・〈無規定〉にするのである。

しかも、ミッシュがヘラクレイトスまで遡るのは、ヘラクレイトスの語りにディルタイ哲学の歴史的証言を求めると同時に、語り自身が、したがってそこで語り出されたロゴスという語の意味もまた、生の連関の中で歴史的に形成されていることを示すためである。[16] かりに歴史を超えた普遍妥当的で超時間的な理念を求めたとしても、そうした哲学的営み、またそれによって形成される学問もまた、歴史的な生の連関の中で形成されているのである。

二　解釈学的語り。実存論的語りに反対して

このように、ミッシュがヘラクレイトスへ遡ってロゴスに思考適合性と究め難さの二重の意味を取り出したことは、彼の生の論理学を積極的に特徴づけると同時に、消極的にはハイデガーが『存在と時間』で提示したロゴス解釈への批判になっている。

ハイデガーはアリストテレスに依拠して、「ロゴスは何かを見えるようにすること」、「存在者を認取（Vernehmen）せしめること」、したがって「ロゴスは理性（Vernunft）を意味する」とみなす。[17] しかもロゴスは、さしあたり自身を示している存在者に対して、「その意味と根拠をなして」「伏蔵されている」「存在者の存在」を見えるようにすることだとし、ここから「存在論は現象学としてのみ可能である」とする。[18] ここで明らかなように、ハイデガーのロゴス解釈には、存在論的差異という枠組みに加えて、不伏蔵という真理概念が導入されている。存在と存在者は区別され、しかも存在者の根拠と

意味である存在は、さしあたり伏蔵されているのである。かくしてこの考えが、存在者の一つである人間にも適応される。すなわち、日常の身の回りの存在者に没頭して自己自身の存在（実存）を伏蔵し忘却している現存在のあり方は「非本来的」で「非真理の内に在ること」、それに対して「最も自己的」な「自己の死」に先駆して自己自身のあり方に覚悟を決めて存在する「先駆的覚悟態」は「本来的」で「実存の真理」とされ[19]、この区分に応じて語りも区分されるのである。すなわち、ロゴスは、日常の世界内存在においては「語り」として「理解可能性の分節[20]」を行い、「本来的」と「非本来的」の区分に応じて、本体的な語りとしては「本来的な沈黙[21]」あるいは「沈黙する語り[22]」、非本来的には「空話[23]」に区分されるのである。このように、ハイデガーのロゴス解釈は理性概念に基づき、存在論的差異、そして不伏蔵という真理概念、さらには本来性と非本来性の区別、これらに基づいて遂行されているのである。

ミッシュとの違いは明らかであろう。ミッシュではロゴスは理性概念だけでなく「究め難きもの」という、理性を超えた「形而上学的なもの」をも包含しているのである。ロゴスのこの二重の意味に基づくとき、「アリストテレスが打ち立てたような、論理学を存在論に関係づけること」はできず、むしろ「論理学と形而上学の根源的関係」が打ち立てられなければならないのである[24]。これが彼の目指す論理学である。しかもそれは「生の論理学」である以上、〈生の事実〉について〈生の連関〉を意義分節する語りをすべて含むことになろう。ミッシュの挙げるゲーテの詩句「釣り人」を例にすれば、「水はざわめき、水は増し、一人の釣り人はそこに座り、釣り竿に気を配りながら落ち着きに満ち、心まで冷静に。……」という詩句は「常に新たに突き動かす休みない動き」の「水の感情」が表現されている、等々の多様な意義解釈が求められるような、「生の中にこそ有意義性のある、独特の気持ちを伴った生き生きした形態」の語り、すなわち「解釈学的形態」を伴った語りから、同じ「水」であっても「水はH_2O、二つの水素と一つの酸素の結合である」といった、多義性を許さない一義的な語りまで包含しているのである。(25) 前者の極は「生とともに生の究め難きものにおいて何かを創造している」「喚起する語り」、後者の極は「純粋に論述的な語り」と呼ばれた。(26)

したがってここでは、生の深みから多様な連関が産出されるのに応じて、多様な語りをその産出の源に遡りながら生の意義を解釈し出すことが眼目となる。源はロゴス（語り）自体のもつ緊張関係であり、そこから多様な語りが産出されるのである。したがって、語りの二つの極も、ハイデガーの言う存在を根拠とした存在論的差異と不伏蔵としての真理観に基づいた本来（沈黙）と非本来（空話）といった区分ではなく、語りはみな「論述的」な語りとして両極に関わっているのである。それはロゴスが究め難きものと思考適合的有意義的なものの両方を緊張関係として含んでいるのと同様である。どの語りもこの両極に関わって「論述的」である。「論述的」とはすなわち、生が多様で力動的に統一を形成するように、語りもまた、さまざまな抑揚を持って語や文に多様に分節されながらも互いに響き合いながら統一性を形成し、時間の中で進展して行くのであり、どのような語りであれこのように何らかに理解できる纏まりあることを述べているという特徴が、「論述的」とされるのである。(27) 人はさまざまな場面で、さまざまな人と互いに何かを述べながら、生の連関を意義連関に従って、あるいは統一的な意義連関を形成しながら語り出しているのである。

ミッシュの論理学がこのような生の解釈学であることは、ディルタイの方向づけの中でディルタイを批判的に展開したものであると見ることができよう。それはとりわけ、語りを生の語りとして捉え、喚起する語りから純粋な論述的語りまで、したがって生の連関の中での生の意義創造的語りから確定記述的語りまで、多様に捉えている点に現れている。ディルタイでは、カテゴリーが生のカテゴリーとしての実在的カテゴリーと形式的カテゴリーに区分され、両者は「全面的に異なる」とされていたのである。すなわち、形式的カテゴリーは「理性そのものに根拠を持っているカテゴリーである」のに対して、「実在的カテゴリーは理性にはけっして基づかず、生の連関それ自身に基づき」、その「徴標は、その内実が思考によっては究め難いことである」(28)。ここからすれば、ミッシュは二分されたカテゴリーを「論述的語り」の中で多様に捉え直し、しかもその多様性を産出する生の深みに、一方の究め難きものだけでなく、究め難きものと有意義なものとの緊張関係を、したがって生の生動性の源を、見出そうとしたと言えよう。というのも、究め難きものが思考にとって究め難きものであるなら、思考との緊張関係の中で初めてそれがほかならぬ〈究め難きもの〉として〈思考適合的有意義的〉に語り出されざるをえないからである。

このように、究め難きものの思考適合的な有意義化という観点から語りの多様さを見れば、語りは喚起する語りの極に近づくほど多義的であり無規定的になり、純論述的語りの極に行くほど一義的で規定的になろう。先に挙げた例では、「水は H_2O である…」という語りは多様な意義解釈を許さない、一義的で規定的な語りになろうし、「釣り人」の詩句は逆に、たとえば「水の感情」という生の意義解釈こそ求められる解釈学的形態を伴う語りとして、多義的(曖昧)で無規定的な語りになろう。生の解釈学が生の意義解釈という仕方で遂行されるのは、生が規定的無規定的な骨組みから究め難きものと有意義化の緊張関係として形成されていることに基づいているのである。これに対してディルタイでは、ある時代・文化圏での語りや振る舞いなど、意義的にある程度まで規定されているものの「基礎的理解」と、ある作品や個人の生など歴史的社会的により広範囲な生の連関からでなければ理解ができないような、「より高次の理解」が挙げられ、後者が、「自身を移し入れ」「追形成・追体験」することによって可能になるのであった[29]。したがってディルタイがここで「より高次」という具合に比較級で連続性を含意させてはいるものの、ミッシュは理解にこうした区分を設けているのではない。むしろ、生の深みの緊張関係から語りを二つの極の間の多様な語りとして、したがって両極の特徴を各々の語りに応じて固有な仕方で混在した語りとして、包括的に捉え直した、と言えよう。

そうであれば、このような捉え直しがディルタイの方向づけで展開されたものであるならば、本書はそれを、ディルタイの作用連関の作用（wirken）概念と惹起（erwirken）という語の連関に読み取ることができよう。ミッシュはディルタイを振り返って次のように言う。

> 「作用連関という概念には、ディルタイにおいて、歴史的現実を見据えることによって得られた、固有で充溢した意味がある。……そしてディルタイがもっともよく使う表現の一つである「惹起する」もまた、構造的に見て、生から「産出する」という意味を持っている」(LF,118)。

互いに作用しながら各々の生の統一体とその連関が形成され行くことを、ミッシュは「惹起」として、そして「産出」として引き受ける。かくして生の統一体の形成は、究め難きものと意義化の緊張関係からの惹起・産出として捉え直され、しかも語りとしては、生の解釈学的形態を伴う多義的な語りから一義的に規定する語りまで、生の論述的な語りの産出として仕上げられて行ったと言えよう。

ここで注意したいのは、生の連関の中での生の惹起と語りが一つになって展開されている点である。これもまたディルタイの方向づけであったと言えよう。ディルタイにおいて、生の連関の中で惹起される体験は、覚知されて初めてある体験として語り出され、同時に、語り出されることによって当の体験が特定されるのであり、これを自覚的に遂行するのが、哲学的営みである「自己省察」であった。(30) したがってここでは、ハイデガーのように存在者に頽落している日常の語りを通俗的で非本来的とみなして存在を求める根源的で本来的な語りと差別化すること自体が、ロゴスとしての生の多様な連関の中でのある特定の語り方として多様な語りの中に取り込まれて行くのである。前者はハイデガーの実存論的分析であり、後者は生の哲学の分析である。両者の分析の違いを見ておこう。

三　生の哲学の分析。現存在の実存論的分析に対して

生の哲学は自己省察として生を生自身から理解し分析する。そのさいに行うのが、ディルタイとヨルク伯の書簡で争点になった比較である。これもまた自己省察に含まれる生それ自身の働きであり、それがディルタイの言う基礎的論理操作である。(31)『個性の研究』と同時期の『心理学の理念』では次のように言われる。

「区別すること、等しいとみなすこと、違いの程度を見定めること、結合すること、分離するこ

と、抽象すること、いくつもの連関を一つの連関に結びつけること、いくつもの事実から斉一性を獲得すること、このような基礎的論理操作は、どの内的知覚にも含まれているが、各々の内的知覚の集まりから生じて来るのである」(GS5, 171ff.)。

各々の体験で覚知されている生の諸事実を比較しながら、そこに斉一的なものを見出し、生の構造と連関を、そして生のカテゴリーを類型的に取り出して行く、この働き自身が「各々の内的知覚の集まりから」、したがって各々の体験の中で生じているのである。したがって、このように生自身から取り出される生の連関・構造・カテゴリーによって展開するミッシュの論理学は、どこまでも生の働きそれ自身に基づいており、その〈外〉へ出ることはないのである。すなわち、「生の背後に後戻りする」のではなく、「生を生自身から理解しようとする(32)」のである。これがディルタイの方向づけである。

これに対して、ハイデガーの分析論は、事実的な多様な在り方に対して、その各々を比較し分析するというよりも、それらに〈先立って〉それらを〈可能にする〉ものを分析しようとする。これは『存在と時間』が事実的な存在者に対して伏蔵されている存在を露開する「現存在の現象学」として、存在論的実存論的分析として遂行されていることに基づく。しかもこの道で解釈学の「理解」は、「可能性の中へ突き進む」「先行構造」の「投企」という「実存論的構造(33)」をもつものとして規定されるのである。しかも『存在と時間』の歩み自身が、こうした「現存在の実存論的な先行構造」に基づく「理解の循環(34)」に従っている。すなわち、現存在の分析論は具体的な分析に先立って「実存の理念」を可能的に投企し、それを前提することによって、そしてこれはまた「存在一般の理念」を前提することによって、したがってそれに導かれて可能になり、かくして存在一般の理念を存在論的に解明し、これによってまた実存の理念を解明するために現存在の分析論を遂行するのである。理念を先行的に投企し、それに導かれて具体的な分析を行い、かくして理念を十分に解明する、「この円環の中に飛び込む努力」によって、存在一般の理念を解明しうる「解釈学的状況」の開示を目指すのが、現存在の実存論的分析である[35]。ハイデガーの基礎存在論は伏蔵されている存在を露開する現象学として可能になると同時に、このような「現存在の解釈学」として道が歩まれたのである。しかし同じ解釈学という名称を使っても、ディルタイからミッシュの生の哲学の解釈学とは根本的な違いがここに現れてくる。本節で強調しておきたいのはこの点である。二点ほど銘記しておこう。

まず、ハイデガーの現存在の存在論的実存論的分析論は、事実的な存在者とは区別された存在の分析として、しかも理解の実存論的構造に応じて理解が目指している、事実的なものを〈先行的に可能にするもの〉を分析する。それが実存のカテゴリー（たとえば、世界内存在、理解、情態、共同存在、世界性、関心、など）であり、これらは関心（現存在の存在）の構造「～の許に在ることとして、自身に先駆けて、～の内に在ること」に収斂し[36]、そしてこれら三つの「構造契機の統一性」を可能にする「現存在の実存性の根源的で存在論的な根拠」を、関心の意味である「時間性」に求めることへ進むのであった[37]。事実的な実存から存在論的実存論的に存在者とは区別された実存（関心）の諸構造へ、そして諸構造を統一する根拠としての意味へ向かう。これがハイデガーの存在論的実存論的分析の道、〈先行的に可能にするもの〉を投企して切り開く道であった。これに対してディルタイからミッシュの道は、存在論的存在者的に無差別な生の事実を出発点にして、しかもそこに留まりながら、すでに形成された統一体からその形成の源へ遡り、産出的緊張関係から力動的で多様な生の統一体の形成の仕方と多様な語り方を自己省察として比較し、したがって〈後から〉〈追従して〉生の連関・構造・カテゴリーを取り出す道である。ハイデガーの「理解」が可能性の中への先行的な投企であるのに対して、ディルタイの理解は、現実の〈後から（nach）〉現実に〈追従（nach）〉して形成すること、すなわち「追体験（nacherleben）」「追形成（nachbilden）」である[38]。『解釈学の成立』では「追形成としての理解」[39]と言われ、「追形成」はまた、「追形成は追体験である」と語られていたように「追体験」である[40]。生の哲学の道は〈後から追従〉して切り開く道である。このように、二つの道では理解概念が異なるのである。

したがって次に、ハイデガーの道を切り開いている、可能性への先行的投企による「理解の循環」もまた、ディルタイが解釈学の中で語る「循環」、つまり個々のものの理解とそれを含む全体の理解の「循環」とは基本的に異なる。ディルタイでは、たとえばミッシュの著作を読み進む時のように、個々の部分の理解を順次積み重ねながらそれらを含む全体の理解を形成し、しかし個々の部分の理解の進行が進むに従ってより広範になった全体の理解が修正し直され、これに応じて個々の部分の理解が修正されたりするように、ここでの循環は個々のもの相互とそれらを含む全体が、いわば対話をするように進みながら、したがって個々のものも全体も固定することなく変化しながら、理解は〈よりよい理解〉へ進んで行くのである。ここでの循環を形成する部分と全体は、事実的な部分とそれによって積み重なって行く事実的な全体である。これに対してハイデガーで循環を形成するのは、理念的可能的なものの先行投企と事実的なものである。理解概念の違いに応じて、循環も異なるのである。

ミッシュはここから、生の解釈学の循環を「部分から全体へ、そして再び全体から部分へ帰り行く、弁証法的(対話的)運動」と特徴づけ、ハイデガーの循環を、解釈学のものとは異なり、古代哲学がキリスト教的な生の確信と結びついたような「基礎づけ」として批判する。(41) すなわち、それが基礎づけであるとは、存在者に対して先行的理念的に投企される存在一般そして存在の意味が存在者の根拠とされていたからである。これは伝統的には、たとえばプラトンが現象界の知を先行的に可能にし基礎づけるものとしてイデアを投企したごとくである。しかもこの循環的な基礎づけを導く実存の理念は「本来的」な先駆的覚悟態という一つの存在様態に具体化されて行く。したがってここでは、根拠が根源的本来的で、そこから出てきたものは派生的・欠如的であるという確信を伴っている、とミッシュは批判するのである。このようにハイデガーでは、存在者と存在の存在論的差異、そして本来的根源的と非本来的派生的という序列の中で哲学の知が基礎づけ的循環として形成されているのに対して、ミッシュでは、解釈学における運動は常に全体と部分の弁証法的循環として進行し、しかもこの進行によって部分と全体は不断に新たに創造し直されて行くのである。彼はこれを創造的な「知の再帰性」と呼ぶ。(42)

かくして弁証法的循環によって統一的全体が不断に新たに形成されて行く道筋は、究め難きものとの緊張関係の中で思考適合的意義化として歩まれ、生の統一的全体は「意義化カテゴリー」による「形態化」として形成されるのである。(43) ミッシュは意義化カテゴリーについて次のように語る。

「意義化カテゴリーがそれ固有の位置を占めるのはまさしくここ〔緊張関係の中〕である。というのも、いまやここでは、ディルタイが「心の深みにある関係」として特徴づけた、かの根本関係が働いているからである。その関係とは、衝動と感受の関係、「心の深みにある」限りのない渇望と、目的連関を設定してその連関の中で生を全うさせる「形成する力[44]」の関係である。この関係こそが――そして情動それ自体がではなく――、構造連関の中心で働き、構造連関が意義化を設定するのである」（LP, 151）。

ここでディルタイから引用されている「心の深みにある関係」が、ミッシュでは「究め難きものと有意義なものの産出的緊張関係」として展開されたのである。したがって、ここで挙げられている意義化カテゴリーは、カントの純粋悟性概念〔カテゴリー〕のような内容を捨象した形式ではなく、あるいはハイデガーのように事実性／可能性という区分のなかで事実的なものを可能にするものでもない。それは、究め難きものに対する「形成する力」によって生が目的連関的・思考適合的に意義連関をなして生自身を統一的に形成して行く、いわば道筋を意味する。具体的には、意義化は生のカテゴリーの中でも価値や目的に対して第一に挙げられ[45]、これによって価値や目的などのカテゴリーが「紐帯[46]」を形成しているのである。すなわち、「根源、すなわち、まさしくその力動性のゆえにいまだそれ自身において規定されていない根源的に形成する全体、この内部で、〔意義化の〕分節が価値と目的のカテゴリーによって進行する[47]」のである。端的には、「惹起〔能動と受動、力〕と意義化〔価値、目的、意味〕の対立[48]」という連関になる。生の統一体は、こうしたカテゴリーの紐帯を道筋にして多様に形成されているのである。生の哲学はこの分析を目指す。

これに対してハイデガーでは、実存の諸カテゴリーが関心の諸構造に収斂しても、三つに分散した構造は、その意味（時間性）を根拠にしてはじめて統一が可能になった。しかしこれは、諸カテゴリーが紐帯を形成して統一体を形成するのではなく、存在論的差異に基づく存在者／存在／意味という位階の中で意味を根拠にした根拠づけになろう。したがってミッシュはこれを否定的消極的に批判し、生のカテゴリーの紐帯を強調することによって存在論的に無差別な生においてこそ統一体がそれ自身で形成されていることを肯定的積極的に提示していると言えよう。生は生自身の力動性（惹起・能動と受動、力）によって表象的・感受的・意志的にそれ自身を意義化（意味、価値、目的）して意味的統一を形成しているのである。

第二節　歴史的出来事の産出

一　生の産出的緊張

ミッシュはディルタイの方向づけた道を歩み、「生の深み」に「産出的緊張」を見出し、これを存在論的無差別の「積極的意味」として提示することによってディルタイを擁護する。しかもミッシュは、生の「産出的緊張」の「積極的意味」の一つとして歴史的出来事の産出を挙げる。「産出的緊張」について次のように述べられている。

> 「構造分析（「生・全体」）が出発点とした生の連関は……産出的緊張を孕んでいる。その産出的緊張が露わになって来るのは、歴史的出来事が「事実性からイデエル〔精神的〕なものへ」向かう途上で獲得する連関のすべてが生じて来るとき、あるいはむしろ生じるのではなく産み出されて来るときである」（LP, 66）。

ここで注目したいのは、「生の連関」と「歴史的出来事」が「産出的緊張」という生の深みから生み出された「連関」として一つに結ばれている点である。しかも「産出的緊張」がミッシュの用語であるのに対して、仲介される両者は、ディルタイのものである。

前者の「生の連関」の「構造分析」とは、ディルタイが精神科学の心理学的基礎づけの時期に遂行したものであろう。そこでは心的生の連関は、表象・感受・意志という「構造連関」として、さらには成長の過程で個性を形成する「獲得連関」として分析された[49]。もう一方の「事実性からイデエル〔精神的〕なものへ」向かう途上で獲得する「歴史的出来事」の「連関」とは、ディルタイが解釈学による精神科学の基礎づけの時期に遂行したものであろう。そこでは追体験としての理解は「歴史的追体験[50]」となって「歴史世界」は各々の時代相互の「作用連関」として、しかも事実性に基づいた精神的なものとして「イデエル〔精神的〕な構築[51]」が目指されたのであった。過去の出来事は事実的なものとしてはもはや存在しないが、その史料等に基づいて精神的世界の連関を構築するのである。これがディルタイの言う「歴史世界」の「イデエルな構築」である。

したがってミッシュはディルタイの方向づけで、一方の心理学的分析による「生の連関」（構造連関、獲得連関）と他方の解釈学的理解に基づく「歴史世界」の「作用連関」、これら両者を自身の「産出的緊張」によって結びつけようとしている、と見ることができよう。かくして生の連関が歴史的連関であれば、「歴史的出来事」から人間だけを取り出してそこに歴史が歴史であることの根本（歴史性）を求めることはそもそもできないのである。

それでは、産出的緊張から形成される生の連関はどのようにして歴史的であるのか。歴史的であるとはどのような意味であるのか。まず彼の言う産出的緊張がどのようなものか、そしてそこから生の連関がどのように捉えられるのか、それを見ておこう。そして歴史の問題へ的を絞って行こう。ミッシュはディルタイを引用しながら産出的緊張を取り出す。

「……ディルタイは生の中に、あの関係を見出す……。すなわち、一方では、最も純粋には世界の法則的秩序の認識によって開示されるような「思考適合性」、「有意義性」、あるいは個体化された特殊化された見方の中で「最も深く聞かれる」「世界の意味」（GS5, 271）、他方では、われわれは謎としか言いようのない究め難きもの、これら両者の関係である」（LP, 50）。

ここで鍵括弧が付されている「思考適合性」「有意義性」「世界の意味」は、ヨルク伯との書簡で争点になっていたディルタイの書『個性の研究』からの引用である。これらが語られているのは、宇宙や世界だけでなく「人間そして歴史の個体化を捉えるため」の「普遍的な視点」を求めて「類型」という概念が提示される節（「Ⅲ．人間の個体化に関する普遍的な視点」『個性の研究』[52]）である。そしてこれらに対置されているのが「謎」であり「究め難きもの」である。

したがってディルタイそしてミッシュの道を通って、究め難きものと有意義化の緊張関係のある生の深みに遡るとき、そこでは先に指摘したことと同様のことが注意されなければならない。すなわち、有意義化と究め難きものの「関係」が語られているところでは、従来の枠組みに対する新たな枠組みが提示されているのである。それが、従来の〈個物／普遍（特殊／類）〉に対する〈個体／類型〉である。これがディルタイからすれば「人間そして歴史の個体化を捕らえるため」の「普遍的な視点」である。これはもちろん、類型が普遍的だというわけではない。人間と歴史の個体化を類型として捉えること、つまり把握の仕方が、人間と歴史にとって普遍的である、とディルタイは言うのである。その理由を彼は次のように言う。

「現実のものの個体化にとって本質的なことは、ある種の根本的諸形式が、われわれはそれをここでさしあたり類型と表示したいが、その根本的な諸形式が諸変形の戯れの中で再三再四反復することにある。そうした類型の一つの中には、さまざまな徴標、部分、あるいは機能が、規則的に一緒に結合されている。それらの特徴が結びついて類型を形成するのであるが、それらは相互に関係しており、一つの特徴が現前すると他の特徴の現前が閉ざされたり、一つの変形が他の変形を閉ざしたりするのである」（GS5, 270）。

ディルタイはこれを「類型の原理」として提示し、個体化は「その成分の均質性、その経過の斉一性」に基づきながら「類型の原理」によって成り立つとするのである。このゆえに人間・歴史を類型的に捉えることが「普遍的な視点」だと言うのである。これが生を生自身から捉える視点になる。

しかしなぜ、個体化の原理が類型の原理に求められ、それが普遍的な視点になるのであろうか。しかもディルタイは、この引用文の直前にライプニッツの「不可識別者同一の原理」を挙げ、「人間の生の統一体がこの原理の最高の適用を受ける」として、「不可識別者同一の原理」の代わりに「類型の原理」を提示しているのである。本節はここに、生の哲学における歴史や個体の捉え方がライプニッツも含めた従来の捉え方と根本的に違う点を見出さざるをえない。この点に立ち入ろう。

二　生の統一体としての〈個体／全体〉そして〈個体／類型〉

アリストテレスから伝統的な流れの中で、個体を特定し、その知を形成するのは、個物を主語とした述語づけによるのであり、述語づけはまたカテゴリー（性質・量など）として普遍（種と類）から形成されていた。たとえば「この山本」は性格にせよ身長にせよ述語づけられて特定される。言い換えれば、「この山本」とは違うと思われる「あの山本」と比べて述語づけによる違いが何もなければ、両者は同一人物として特定されるのである。両者が同一であれば区別が見出されず、区別があれば同一ではない。ここでは、同一と区別は相反し排斥し合う概念であり、この排斥性に基づいて個々の個物は他の個物を排斥して自己の同一性を確保しているのである。同一性の原理は区別排斥の原理である。これは同一律（AはAである）が矛盾律（AはAでないのではない）と裏腹の関係にあるのと同様であろう。

そうであれば、ディルタイがこの原理の最高の適用例を人間の生の統一体に求めたことは、生の統一体は同一と区別が排斥し合う最高の適用例とされていることを意味していよう。すなわち、「同一性は、現実の、そして徐々に段階づけが可能な事物について表現される場合には、各々の違いが全く消滅することへの接近を表示しているのみである[53]」。つまり、現実の生の統一体においては、同一と区別が最高度に排斥し合っており、区別が完全に消滅することがないのと同様に同一が完全に生じることもないのである。これはもちろん、生の統一体は、その全体が謎を含み完結していないがゆえに、どこまでも「同一」と「区別」への「接近」にほかならないからである。これは歴史も同様であろう。だからこそディルタイは同一性の原理に対して「接近」を含意する類型の原理を提示するのである。ここでは区別あるいは差異化への反対語は同一ではなく類似であり、しかも区別することと類似性を見つけることは排斥し合うのではなく同じ営みである。生の統一体を捉える「視点」と概念枠組が変わるのである。

　したがってここでは、基礎的論理操作でも言われているように、二つのものを区別すること、つまり違いを違いとして特定することは同時に類似性を想定していなければならない。逆に類似点を見出すことはそれとは違う点を想定していなければならない。さもなければ、比較にはなりえない。そうすることによって斉一性を獲得するのが基礎的論理操作であった。ディルタイの言う「類型」とは、このような比較を方法としてさまざまな特徴の違いと類似を見出して行く中で形成されている、またその限りでの「斉一性」であり、この形成それ自身が同時にその「変形の戯れ」の中にある。それは「接近」の「戯れ」になろう。したがってここでは、区別と同一の排斥関係の中での個体と普遍の関係と違って、個体は個体化と同時に類型化の中で特定され、同一性の原理は類型の原理に代えられるのである。

しかもここでは、同一と区別が排斥関係にあったのに対して、類型と個体はそうではなく、あるものを類型化することはその中であるものを個体化しているのであり、逆もそうである。というのは、類型は普遍と異なり、個体の「さまざまな徴標、部分、あるいは機能が、規則的に一緒に結合」されることによって形成されているからである。「この山本は人間である」として「この山本」を「人間」へ普遍化すればするほど山本の個体性は失われるのに対して、「この山本は嘘つきだ」として山本を「嘘つき」に類型化することは山本を個体化すると同時に嘘つきの類型を形成しているのである。「山本はタヌキだ」と語れば、これは個体／類型が一つになった比喩的語りになろう。ディルタイにとって類型の原理は同時に個体化の原理である。「精神的な生の統一体から組織化という形式をとった文化体系に至るまで、どこでも、斉一〔類型〕的なものは個体化と結びつけられているのである(54)」。

したがってハイデガーが、存在は普遍の中で最も普遍的な概念としてその意味を問う必要があるとして、なおかつ「存在は端的な超越者である(55)」として存在を存在者から区別することは、伝統的な〈個物／普遍〉の枠組みの中を動いていると言えよう。それに対してディルタイが生を〈個体／類型〉として捉えているのであれば、たしかに生の概念は存在論的に無差別に使われているが、そもそも枠組みが異なるのである。生自身が存在論的存在者的区別を拒んでいるのである。ミッシュはディルタイのこのような〈個体／類型〉を前提にして〈思考適合性、有意義性、世界の意味〉と〈謎、究め難きもの〉の産出的緊張関係を語ることによって、ハイデガーの批判が的外れであると逆批判すると同時に積極的肯定的に擁護しているのである。

そうであれば、産出的緊張は〈類型化／個体化〉という枠組みの中での緊張関係であろう。しかも類型化と個体化は互いに排斥し合うのではなく、緊張関係の中で類型化と個体化が同時に形成されているのである。そして生は連関として、個体の諸部分の統一的連関だけでなく、個体を部分とした個体相互の統一的連関として形成されている。したがって個体が産出的緊張関係から統一体を形成することは、他の個体との相互作用の中で個体化と同時に類型化がなされるのである。しかもここでは、個体の形成は生の統一的全体の形成である。同じ生の統一体において、〈個体／類型〉〈個体化／類型化〉に〈個体／全体〉〈個体化／全体化〉が重なり合っているのである。もちろん二様の枠組は同じ生の形成に関わっているが、〈個体／全体〉は生が統一的全体を形成する仕方を示しているのに対して、〈個体／類型〉はそうした生の統一的全体の形成をどのように把握するかという「視点」、つまり生の理解に関わっていると言えよう。かくして、生の〈個体／全体〉の形成は謎を含み完結しないがゆえに、その把握は〈個体／同一〉ではなく〈個体／類型〉にならざるをえないのである。把握の仕方自身も生から規定されているのである。

このように、ハイデガーによる生の存在論的無差別性というディルタイ批判、そして生の産出的緊張関係からするミッシュのディルタイ擁護、その前提となるのがディルタイの〈個体／全体〉そして〈個体／類型〉という生の捉え方である。ディルタイにとって生は、〈内的精神的／外的物質的〉、個物／普遍（種／類）、そして〈個物としての存在者／普遍としての存在〉という枠組みでは捉えられないのである。生は心身的な〈生の統一体〉と〈生の統一体〉の相互作用の中で、各々の統一体が産出的緊張関係から〈個体／全体〉を形成し、しかも自身を〈個体／類型〉という仕方で理解しながら形成しているのである。しかも〈個体／全体〉は謎を含み完結していないのであれば、歴史もまた生と同様ではないか。

三　歴史的産出と歴史構築

「歴史的」あるいは「歴史」は、一般的に、「過去的」あるいは「過去のもの」を意味し、しかも、過去のものが必ずしも歴史的とは限らないことをも含意していよう。ディルタイにとっても同様の含意をもって、およそ三つの局面で使われている。その主要な言い回しとして、まず、「精神科学の対象」としての「歴史的社会的現実[56]」、次に「精神科学における歴史世界の構築[57]」、そして「各々の人生観や世界観」そして「学問的世界観としての形而上学」が「普遍妥当性」を要求することに対して「人間の生の様式が歴史的に多様である」という「現在の歴史意識」、以上の三つである[58]。つまり、現実の形成・構築・意識という三つの局面で歴史的という語が使われ、いずれもその視点は「現在」の「現実」にある。「現在」の「現実」を軸にして、事実的に存在したが現実には存在していないものに関して、しかもそれが「現在の意識」をもった心身的生に対して、したがって「現実」そして「世界」に対して、作用（影響）を及ぼしていることを「歴史」あるいは「歴史的」と語るのである。現実（Wirklichkeit）への作用（wirken）という点で、「心的で歴史的な連関は、生き生きとして生に満ちている[59]」のである。したがってこうした「作用連関」として「歴史世界」を構築しようとするのがディルタイの目指すところであった[60]。

このような「歴史的」の中でも本書が注目しておきたいのが、意識それ自身が歴史的であるという局面である。しかも「歴史意識」は、「人間の生の様式が歴史的に多様である」という意識である。風俗や習慣そして伝統、あるいは宗教・芸術・哲学など、生の様式の多様さは、歴史が教えているのである。

そうであれば、生の統一体を形成する生の連関それ自身が歴史的であり、歴史的に産出・形成され、したがってまた歴史的に理解・再形成されていることになろう。というのも、生の統一体は、他の生の統一体との相互作用の中で未来に対して作用（影響）するのと同様に過去からの作用（影響）によって形成されているからである。またそれを理解し構築することが〈個体化／類型化〉として遂行されるのであれば、それは人の性格だけでなく、より広くは文化そして同世代や同時代という仕方でも類型化されながら、その中で個々の生の統一体が個体化されるのである。歴史ということが語られるのは、まず、この場面であろう。ディルタイはそれを時代から時代への作用連関として構築しようとする。そうであれば、時代の推移の中で現代がどのような時代かを構築するさいに、その前の時代をも再構築しながら、見直したり、あるいは塗り替えたりすることがあろう。現在の現実を軸にして何らかの出来事それ自身が、あるいは生の連関それ自身が歴史的に構築されるのである。したがって人間の存在が歴史的なのではなく、連関が歴史的であり、したがって歴史は生の連関として構築されるのである。

ここからミッシュはさらに進んで、「産出」という用語を使って生の連関の産出それ自身を歴史的とするのである。彼は先に見たように、ディルタイが歴史世界を形成するものとして挙げた「作用連関」の「作用（Wirken）」を顧慮して、ディルタイもよく使う「惹起（Erwirken）」という用語に「産出」の意味を込めたのであった。かくして現在の現実は作用連関として惹起され産出された歴史的現実にほかならない。言い換えれば、現在の現実を離れた歴史は存在せず、「歴史的」と形容されないような「現実」も存在せず、歴史を含意しない現実は現実たりえないのである。ここからすれば、たとえばある出来事を指してほかならぬ「歴史的」な出来事だと言うさいの「歴史的」という形容は、過去のある出来事が次に起こった出来事や現在の現実を惹起していることに付される形容詞になろう。生の統一体が作用連関の中で惹起され形成されるという、この出来事が、「歴史的」であり、「歴史的な生の出来[61]（しゅったい）」にほかならないのである。次のミッシュの言葉は、存在論的差異と存在者的区別に基づいて人間存在に歴史の根源（歴史性）を求めたハイデガーのディルタイ批判に対する、ディルタイ擁護として読むことができよう。

> 「〔産出的緊張関係の中で〕、歴史的に産出され、そして人間実存に一緒に保持されている統一性と全体性を可能にする諸構造から取り出されるのは、中性的な「現存在」の連関ではなく、個人の人間の生あるいは人間社会の生の連関である」（LP, 55）。

このように、歴史性（歴史的であること）は、人間存在（実存）ではなく産出的緊張関係から生の統一的全体として惹起される出来事として、生の連関に求められるのである。そうであれば本節ではここから、次の点を銘記しておいてもよかろう。すなわち、生の統一的全体の形成それ自身が歴史的であることは、歴史的現実それ自身が、たんに固定したものではなく歴史の中で不断に再構築・再形成されること、したがって生の統一的全体の〈形成・構築〉は不断にその〈否定・解体〉に晒されていること、これを含意しているのである。それゆえミッシュからすれば、生を存在論的存在者的に無差別に捉えることによってこそ、歴史的産出に含意される、こうした〈形成・構築〉と〈否定・解体〉を繰り返す生の創造的な力動性を積極的肯定的に語ることができるのである。

第三節　生の力動性

一　分析の限界地点

ミッシュはこのような歴史的な生の連関を惹起する「究め難きものと思考適合的意義化の産出的緊張」を、「規定的無規定的な骨組み」としても語り、これによって生の存在論的無差別性の積極的意味を語ろうとする。それが生の力動性である。

「規定的無規定的な骨組み、それは、生の力動性を内に含むので、さらなる産出の創造に向けて空け開きながらこの創造の中で初めて影響力ある規定性へ自身を凝集させるのである。このゆえにそれは、分析の限界地点なのである」(LP, 49)。

ここでミッシュの言う「力動性」は、ディルタイの「生動性」を受けた概念であろう。そして生の「規定的無規定的な骨組み」と言われる「骨組み」は、ディルタイの「構造」を受け、なおかつ、ハイデガーの「世界内存在」という「現存在の体制[62]」に対抗した概念であろう。これによってミッシュが打ち出そうとしているのは、生の骨組みに規定的な意義化と同時に無規定的な究め難きものを組み入れ、生自身が分析にとって無規定的な限界を持っていると同時に規定的な分析の出発点となっていることを強調している点であろう。これは、ディルタイが言う、「思考は生の背後に遡ることができない」という否定的側面と同時に、「生は生自身から理解される」という肯定的側面[63]を、「規定的無規定的」という表現に込めていると見ることができよう。「分析の限界地点」であることは、言い換えれば、そこから分析が始まる出発点であり、したがってそこから語ることが生じて来る源であることを意味する。かくしてミッシュは、否定的側面と肯定的側面、〈ない〉と〈ある〉という矛盾する両面を生の統一体の骨組みとすることによって、その深みに生の創造の力動性を見出そうとする。

生の深みが否定と肯定という両側面を持つのであれば、生の力動性もまた、たんに一方向的な動きではなく、相反する二つの動きから惹起される活動になろう。これはディルタイの作用概念から、とりわけ抵抗体験から汲み取られて来たものであろう。ディルタイの言う抵抗体験とは、心的生における意志インパルスが阻止されることによって自己と他者の区分の意識が生じてくる生の体験を意味した。ここで典型的に現れているように、生は疎遠な他者との相反する相互作用の働きの中から自身の統一体を形成して行くのである。ミッシュはこうした作用概念から惹起という産出を語り、ここに力動性の源を見出すのである。かくしてディルタイが生の理解の限界地点を謎として語り、その背後には向かわず、生の有意義な歴史的作用連関の理解へ向かったのを受けて、ミッシュはその謎を「究め難きもの」あるいは「無規定的なもの」として生の概念の中に積極的に取り込むことによって、無規定的なものの積極的意義を、すなわち無規定的なものと規定的なものの緊張関係による歴史的創造を、生の深みから、しかもその多様さにおいて、語り出そうとするのである。ミッシュの言う生の力動性は、相反する動きによる産出の創造性を意味している。

　したがってこのような規定的無規定的な骨組みの力動性から見れば、生の深みとは、それに面してもはや思考が退歩せざるをえないような類いの何か不可思議なものではなく、言葉が語り出されて来る創造的な謎である。それはディルタイが死と同様に誕生も謎の中心に数えているのと同様である。ミッシュは次のように語る。

> 「すべての理解が遡及して行く生の深みは、何か表出し難いもの、直観……にしか近づけないもの、語り出しえないもの、そうしたものではけっしてなく、自己自身を語り出して表現の中で自己を客体化するもの、しかも創造の中で解き明かすことへ至るものを成しているのであり、それゆえにまた、分節・形態化・構築が由来している〈根源的などこから〉である力動的な「根底」を成しているのである」(LP, 95)。

　つまり、生の深みはたんに無規定的で語り出し得ないところではなく、規定的な有意義化との緊張関係の中でこそ無規定的なものが創造的に自己自身を規定し語り出すことのできるところである。このゆえに深みは「分節・形態化・構築が由来している〈根源的などこから〉」と言われているのである。したがってここでの語りは、沈黙ではなく、生の創造的な惹起に対応した喚起し論述する語りにほかならない。そして、惹起によって生の統一体を「分節・形態化・構築」（規定）するのが意義カテゴリーである。「意義は、究め難き生が形態化という規定性へ自身を向ける、その当の地点である」[64]。つまり、統一的全体がどのような無規定的規定性へ向かうのか、それを「価値・目的・意味」の連関として「指示する（bedeuten）」のが「意義化（Bedeutung）」カテゴリーである。

そうであれば、ここでは、意義化にしたがって有意味に語ることが、同時に、生の統一体を形成することであり、逆に、生の統一体を形態化することは、同時に、表現すること、その一つの仕方である語ることである。生の産出は語りの産出であり、生の力動性は語りの力動性にほかならない。このゆえにミッシュでは、意義化は他のカテゴリーに先立って生の諸カテゴリーの紐帯を形成するカテゴリーとして特記されているのである[65]。生の深みからの生の多様さとは、統一的全体を形成する有意義化の多様さであり、これに応じた語りの多様さである。ここでは、深みや根底と言われるものは、それが分析の限界地点であると同時に、多様なものを創造的に産出する始原であることを指している。しかもディルタイからミッシュへの道は、こうした生の深みに、相反した二つの働きを同時に包含させることによって、矛盾律（真理）に反した生の深みこそ逆説的に生の真相として提示しているのである。ミッシュがディルタイの言う生動性に代えて力動性を語るとき、この道筋が含意されていよう。

このように、ミッシュの言う「語り」も「意義化カテゴリー」も、「規定的無規定的な骨組み」の相反する動きに着眼しながら、分析の限界地点から語り出されたものである。それゆえにミッシュの道は、多様な在り方を包摂する普遍的形式あるいは可能にする先行的な条件としてのカテゴリーを見出す道とは異なり、生の同じ骨組みから個々の体験の多様な統一体の形成に至る道を後から歩んで、その多様な形成を規定する諸カテゴリー（ディルタイが挙げたものとしては、時間、自同性、有意義性、部分・全体など）を、生を統一的に形成するものとして見出して行く道である。したがってそれらは統体を形成する道筋あるいは道標として連関し合って紐帯を形成しているのである。[66] ミッシュがそれを簡潔に表して定式化したものが、「惹起（能動と受動、力）と意義化（価値、目的、意味）の対立」[67]という連関であった。

一見して明らかなように、ここには、生の深みの規定的無規定的な骨組みが、統一体の形成のための生自身の働きとして、カテゴリー化されている。そして生を生として特記する生動性は、とりわけ惹起における能動と受動という相反する「力」として、すなわち創造的に産出する力動性として語り出されている、と見ることができよう。そして生の多様さは、とりわけ意義化における「価値・目的・意味」の多様さに見出されよう。しかもこれは、ディルタイにおいて心的生の構造連関である「感受・意志・表象」に由来したものである。

このように生のカテゴリーは、生の産出的緊張から生の統一体が多様に形成される一連の道筋として、多様な生の統一体の形成そのものの中で力動的に働いている。このゆえにそれは、理解が表現を介して表現者の体験そのものに迫るための「着手地点[68]」となって解釈学の道を切り開くのである。

二　解釈学の道

このような着手地点から見れば、ハイデガーの現存在の分析論の理解・解釈によって取り出された「実存論的カテゴリー」は「普遍的な把握形式」だ、と批判されるのである[69]。そこでは、「われわれが背負っている謎は、暗い地平の中にしかなく」、「生の運動としてのどこからどこへは、「被投性」における実存論的可能性の「投企」という形式を持つだけになっているのである[70]」。こうした批判がなされるのは、実存論的カテゴリーが、多様な生からそれらを先行的に可能にする必然的な形式的条件を抽出したものだからである。ハイデガーの言葉に従えば、「実存論的カテゴリーの分析論は、実存的理解ではなく、実存論的理解という性格をもつ。現存在の実存論的分析論の課題は、現存在の存在者的な体制の可能性と必然性をあらかじめ指示することにある[71]」。したがって、こうした可能性と必然性の先行的な分析こそ、事実的な生の分析ではなく、むしろ事実的なものをアプリオリ（先行的）に可能にする条件を取り出す超越論的分析にほかならない、とミッシュは見る。

「基礎存在論は超越論的哲学を意味しているにほかならない。ハイデガーはいまや「存在論的」を「超越論的」と同義的に使い、『カントと形而上学の問題』と題された彼の書は『存在と時間』の問題への基本的導入として役立つために規定されている ……」(LP, 218)。

かくしてミッシュから見れば、実存論的カテゴリーがカントの純粋悟性概念のように、事実的な内容を捨象した純粋に形式的なものであれば、そこでは、カテゴリー間の紐帯と力動性はなく、「具体的な生の諸連関が「存在性格」へ形式化[72]」されているのである。しかしこの形式性のゆえに、実存という存在性格は一つの存在様態として存在一般に包摂され、かくして基礎存在論が目指されたとも言えよう。そうであればいっそう、その存在論的な道は存在を存在者から区別して端的な超越者として求める超越論的な道だ、とミッシュは言うのである。そこで求められているのは、事実的なもの（存在者）に〈先立って〉それを可能にする必然的普遍的な〈アプリオリ〉な条件として、その根拠と意味を成すもの（存在）だからである。

しかも、生の力動性についてのミッシュのハイデガー批判は、生の多様さに関する批判と一つになっている。それは、現存在の実存論的分析論が基礎存在論という目標地点へ至るために、人間の多様な在り方の中の一つのあり方（先駆的覚悟態）に根源性という特権性を与え、日常的在り方を通俗的とみなすことに向けられている。すなわち、実存論的分析論がこの根源的な在り方への決断を求めるのは、「英雄主義的」な「倫理的理想的情動」が働いていると同時に、この特定の在り方によって、「くまなく透徹して見ている」という、「真理と明断さの中での生に本質的な、哲学的英雄主義」が現れているのだ、と[73]。ディルタイそしてミッシュから見れば、多様は深みからの多様であったのに対して、ハイデガーでは、多様なあり方の中の一つのあり方が本来的・根源的とみなされて他が通俗的・派生的とされ、根源と多様の関係が多様なあり方相互の関係へ移されてしまっているのである。

ここに二つの道の根本的な違いが現れて来る。一方の生の論理学は、生の規定的無規定的な深みからカテゴリーに規定された生の多様さ、そして歴史世界の多様さへ至り、そこで表現されている生の体験の力動性をロゴス（知）へもたらそうとする。これに対して、現存在の解釈学は事実的なものを先行的に可能にする必然的条件を求め、多様さの中から特定の生の在り方に特権性を与え、そこから存在一般への問いへ向かう。両者の道のこのような違いは、前者が存在論的無差別性に基づいて生の深みからの多様さに留まるのに対して、後者は存在論的差異に基づいて生を超越論的に超越して端的な超越者としての存在へ向かうことに現われている。この超越のゆえに、前者からすれば、後者は生の生動性を見失い、しかも基礎存在論へ向かうとき、生の「分析の限界を踏み越えている」[74]と見えるのである。分析の限界地点、それはまさしく、生の生動的な深みであった。ミッシュはディルタイもハイデガーもともに「終わり〔死〕まで考える」という点では一致しているが、分析の限界地点の踏み越えをハイデガーの内に見る。

「ディルタイでは「終わり〔死〕」についてあらかじめ何も確定していない」(LP, 28) のに対して、「実存論的分析論にとって問題なのは最終的に、現存在の根本構造からは組成されえない「構造全体」であり、……この構造分析がここでは、概念を強引に押し通して最極端の諸可能性にまで駆り立てられて行ったのである」(LP, 29)。

ミッシュの趣旨は次のように理解できよう。『存在と時間』では現存在の存在構造が関心として三つに分節されて分析されたが、その構造には「全体」という概念は含まれていなかった。それにもかかわらず構造の「全体」を求めて「終わり〔死〕」を、つまり「自己の死」を「最極端の可能性」として概念的に規定し、これをもって「全体」を確定してしまった。しかし死は、ディルタイで言われているように、理解できない「謎」として「あらかじめ何も確定していない」のであり、ハイデガーは分析の限界を踏み越えてしまったのである、と。

かくして本書はここで、ディルタイからミッシュへの生の解釈学とハイデガーの現存在の解釈学という二つの道が根本的に相容れない地点に、したがって前者に立てば後者の分析が限界を踏み越えているように見える地点に至ったのではないか。しかもそれは、ディルタイ解釈学の体験・表現・理解という基本の道に関わっているのではないか。すなわち、ディルタイでは生の全体を捉えようとすると、それを限界づける生殖・誕生・成長・死は理解できない謎として現れ、全体も謎を含み完結したものとして捉えることはできなかった。全体は何も確定しておらず無規定的である。だからこそ「終わりまで考える」ことは際限のない部分と全体との弁証法的運動（循環）になった。しかもここでは、理解は追体験であった。そうであれば、自己の死は理解（追体験）することはできないのである。これに対してハイデガーでは、「終わり」としての死は可能性として分析され、可能性への先駆において、生の全体は理解可能になる。ここには謎はなく、全てがくまなく透徹し見渡されている。そして透徹した全体は、「現存在の可能的な全体存在」⑺⑸として語り出されるのである。ここでは、理解は可能性への投企であった。これに応じて、死への投企によって可能的な全体存在が理解可能になるのである。それが死を「可能化する」「先駆」⑺⑹と呼ばれる投企であった。

本書はここで、二つの道の違いに応じて前者を体験・表現・理解（追体験）からなる〈解釈学の道〉と呼ぶなら、後者に対して〈現象学の道〉という名称を挙げてもよいであろう。それは、ハイデガーが存在論は現象学によって可能になるとして次のように語る意味においてである。

「現実性よりも高みにあるのが可能性である。現象学を理解するには、ひとえに現象学を可能性として掴み取るだけである」(SZ, 32)。

そうであれば、存在論的実存論的分析として遂行された現存在の解釈学は、「解釈学」という呼称を使っていても、事実性に先立ってそれを可能にする必然的条件を求めた道として、超越論的な現象学の道になろう。かくしてミッシュは、現存在の分析論も基礎存在論も「二つとも等しく現象学によって条件づけられている」[77] と見る。ディルタイの解釈学では、理解は作用(wirken)する現実(Wirklichkeit)の中で表現を通した体験の理解、つまり体験の追体験であり追形成である。可能性の道ではなく現実性の道である。したがってミッシュは言う。

「生の道はそもそも歩まれて初めて形成されるのである……」(LP, 28)。

かくしてミッシュの解釈学的論理学とハイデガーの現存在の解釈学の対決はディルタイ擁護として生の哲学(現実性の道)と現象学(可能性の道)の対決に、すなわちディルタイとフッサールの対決に、遡らざるを得ないのである。本書もミッシュが第一・二論考の後にそうしたように、ディルタイとフッサールの対決へ遡って行く道を歩んでみよう。そのためにも、生の哲学における生の概念と本書での問題を暫定的にまとめておこう。

三　生の概念とその統一的全体の問題

まず、生の哲学の出発点であると同時に最終的な試金石となるのは、ディルタイでは覚知されている意識の事実であった。本書ではこれをいわゆる自然の事実と対照的に生の事実と言い換えた。自然の事実が因果的機械論的な運動であれば、生の事実は生動性そして力動性という〈生き生きした働き〉によって特記される。この働きは生の深みと多様さという観点から次のように特徴づけることができよう。すなわち、生の働きとは、生の深みという点で、それ自身の謎や究め難きものを抱え込みながら、そのつど自身を創造的に有意義化し語り出す始原として、意味的・価値的・目的的に自身の統一性を形成している、そうした現在進行形的な働きである。しかもこれは、生の多様さという点では、自己完結的になされるのではなく、親密な自己とは疎遠な他者と表象的・感受的・意志的に相互作用を通して多様な生の連関を形成している、そうした働きである。したがって、自然の事実に生の事実を対照させたからといって、二つは領域的に分離されたものではなく、生の事実からすれば自然の事実も生のある目的や価値によって有用な出来事として意義化され、生の連関に組み入れられたり、あるいは逆に自然災害など生の連関を解体さえするものとしても現れるのである。逆に、心身的生の統一体も因果的には自然の事実の一部として現れるのである。生はそうした多様な連関として統一体を形成していること、これが生の事実であった。

したがって生の事実は、伝統的な二分法的枠組〈精神的／物質的〉、〈内的／外的〉、〈個体／普遍（種／類）〉、そして〈存在者／存在〉さらには〈実存／他の存在〉などによって区分されているものではない。ここでは、生の統一体は〈部分／全体〉あるいは〈個体／全体〉として自身を形成しており、しかも他の統一体との相互作用の中で形成しているかぎり、各々の統一体はそうした相互作用の連関を〈全体〉として、その中で自身を形成するとともに各々の統一体を〈個体／類型〉という仕方で理解しているのである。

生の事実をこのように捉えるならば、生の哲学では〈生〉の〈生動性、生き生きした働き〉は、ミッシュにおいて力動性として、つまり〈規定的無規定的な骨組み〉の〈有意義性と究め難きもの産出的緊張関係〉として概念化されたのであった。しかもこれは、ディルタイに遡れば、たとえば過去の時代との、あるいは他の国との、作用連関の出来事として〈歴史的社会的な現実〉の形成であった。生の事実は各々が生きているこの現実のほかにはないのである。

本書は以上のような生の概念についていくつかの点を銘記してきた。まず、生は謎や究め難きものを含んでいることから、生の全体を把握しようとすると、カントの二律背反に陥るように、全体を把握し理解することができなかった（第一章第二節）。したがって、〈個体／全体〉という一つの統一的全体は究め難き謎を含むかぎり、けっして完結した全体はなく、未完結的無規定的であり、このゆえにこそ統一的全体の形成は部分と全体の弁証法的な循環を通して不断の創造的な再形成であった（第二章第一節）。しかしこれは、否定的に言えば、生の統一体の形成は、自己の形成であれ歴史の構築であれ、不断に否定・解体に晒されていることを意味していた（第二章第二節）。このように生の統一的全体は、意義化と究め難きものとの緊張関係という、意義化的規定的に形成し構築していく肯定的側面と、未規定的未完結的に不断に否定・解体して行く否定的側面を同時に含んでいるのである。そして、両者の相反する生自身の矛盾した働きにこそ逆説的に生の真相が見出され、そこに生の創造的な力動性が求められた（第二章第二節）。

かくして本書がさしあたりの問題として挙げた生の統一体の形成とその全体の把握の問題に関して、ディルタイからミッシュへの生の哲学の道とハイデガーの現象学の道の決定的な違いが現れてきた。すなわち、生の哲学では理解は現実の追体験であり、循環は時間的経過の中での部分と全体の弁証法的な循環であったのに対して、ハイデガーでは理解は可能性への先行的な投企であり、循環も先行的に投企される理念と事実的な分析の循環であった（第二章第一節）。そして生の哲学では全体は未完結で理解できないのに対して、ハイデガーの現象学では可能的全体として理解可能になるのであった（二章第三節）。

たしかに、ディルタイそしてミッシュの道からすれば、生の全体を捉えようとするとき、全体を区切る死は体験されてはおらず、理解不可能な謎であった。それゆえに、存在論的・超越論的という仕方であれ、また死が「追い越し得ない可能性[78]」とされ、生の全体が「追い越し得ない全体性」・「現存在の可能的全体存在[79]」とされたとしても、ハイデガーの道は生の「分析の限界を踏み越えている」と批判された。じっさい、ハイデガーの道が基礎存在論から現存在の形而上学の道を歩み、そして形而上学が存在者全体を越え出る超越の学であれば、ハイデガーの道は生の現実の道ではなく、それを現象学的に可能性へ超越する形而上学の道になる。しかしこのゆえにこそ、たとえ可能的ではあれ、また、可能的だからこそ、全体を超越することによってこそ全体が捉えられるのではないか。全体の把握の問題は同時に超越の問題でもある。

そうであれば、前者の道にはたしかに謎を謎として語り出す喚起し論述する語りの道があるにしても、謎は理解できないものとして理解を超え出たものであれば、やはり後者の道のように何らかの超越の道でこそ、謎が、そして生の全体が、透徹した眼差しによって解明されるのではないか。二つの道において、全体の謎を巡って〈個体／全体〉の超越が争点になって来る。じっさいハイデガーは、『存在と時間』の公刊直後に、「存在一般への問いは人間の現存在における有限性への問いに基づいている」(80)として、形而上学と人間の有限性の問題へ、すなわち現存在の超越の生起として存在者全体を超える現存在の形而上学へ、視点を移行し、存在論的差異の必要性と根拠をこの超越に求めようとしたのであった。

はたして、生の全体はどちらの道で解明されるのであろうか。二つの道は現実性への道と可能性への道に分かれてますます遠ざかって行くようにも見える。しかも、いずれの道においても全体の問題は、両者が歩む道という意味での方法の問題にかかっている。それが、全体を越え出る超越あるいは超越論的な現象学の道と、部分から全体を求めて生の生動性へ入り込む生の哲学の道であった。そうであれば、本書はさらに、ディルタイとフッサールの対決に遡って二つの道の分岐点を見極める必要があるのではないか。というのも、本書はこれまで、ミッシュの第一・二論考を中心にしてミッシュとハイデガーの対決の源をハイデガーのディルタイ批判に求めてきたが、ハイデガーのディルタイ批判それ自身が、超越論的な現象学の道からの批判であれば、批判の源はフッサールに遡るからである。すなわち、ハイデガーの『存在と時間』に始まる試みが、「現存在の解釈学」(81)としてディルタイの解釈学を引き受けているように見えはするが、その内実は「現存在の現象学」(82)としてフッサールの現象学をこそ引き継いだものになろう。そうであれば、二つの道の対決は生の哲学（ディルタイ、ミッシュ）と現象学（フッサール、ハイデガー）という二つの道、二つの方法の対決になろう。本書はここで、ミッシュが第一・二論考の副題「ハイデガーとの対決」を第三論考では「ハイデガーおよびフッサールとの対決」と改め、フッサールを加えている事情について、単行本『生の哲学と現象学』『緒言』で語った言葉を思い起こす必要があろう。

「ハイデガーとの対決はディルタイとフッサールの対決へ遡及するよう指示しており、前者の対決を後者の対決に結びつけることが可能であり必要であるように思えた」(LP, III)。

本書もまた、超越、そして全体の把握という問題を観点にして、ディルタイとフッサールの対決へ、生の哲学と現象学という二つの道・方法の対決へ遡及しよう。

注

（1） Misch, LP, 5f.
（2） Misch, LP, 53ff.
（3） Misch, LP, 144.
（4） これはローディとキューネ＝ベルトラムがミッシュの論理学講義を編纂して付した表題『生の哲学を地盤にした論理学の構築』による。Vgl., Misch, LI, LII.
（5） Misch, LP, 56, 85.「解釈学的論理学」という用語のミッシュによる使用については、キューネ＝ベルトラムとローディの編纂による以下の書の編者指摘によるものである。Misch, LI, 43 Anm.50.

（6）Misch, LP, 49, 50, 66.
（7）Dilthey, GS5, CX. Misch, LP, 50, 72, 95 usw.
（8）Misch, LP, 66.
（9）Misch, LP, 88ff. なお、「意義化」は „Bedeutung“ であり、通例は「意義」と訳される。本書では、ミッシュにおいては生の諸カテゴリーが「意義づけ」によって紐帯を結び連繋していることから、動詞的意味を含ませて「意義化」と訳している。
（10）Misch, LP, 47, 66.
（11）Misch, LI, 108ff.; LP, 51f. Vgl.Fibel, 1. Auf., 57.
（12）Dilthey, GS1, 254.
（13）Dilthey, GS19, 307, 347.
（14）ミッシュは全集第五巻の「編者緒言」で、たとえば次のように語っていた。「この最後の文は、われわれが簡単に「ベルリン草稿」と名付けた『精神科学序説』続編のための構想草稿から引用している」（GS5, LIII）。今日、「ベルリン草稿」に触れることができるようになったのは、一九八二年公刊の『ディルタイ全集』第一九巻によってである。
（15）Dilthey, GS8, 80.
（16）Misch, LP, 52.
（17）Heidegger, SZ, 32.
（18）Heidegger, SZ, 35.
（19）Heidegger, SZ, 221f., 297.
（20）Heidegger, SZ, 161.

(21) Heidegger, SZ, 165.
(22) Heidegger, SZ, 296.
(23) Heidegger, SZ, 167ff.
(24) Misch, LI, 120.
(25) Misch, LI, 511f., 515.
(26) Misch, LI, 433.
(27) Misch, LI, 94.
(28) Dilthey, GS19, 361. なお、ディルタイの実在的カテゴリーと形式カテゴリーの区分に対するミッシュの批判的展開の指摘は Kühne=Bertram, 2015, 244. に負っている。ただ本書では本章冒頭で引いたディルタイの言葉に従って語りの「多様さ」に強調点を置いている。
(29) Dilthey, GS7, 208ff.
(30) Misch, GS19, 52.
(31) 基礎的論理操作については、生の連関の形成という観点から以下で触れたことがあり、詳述しない。参照されたい。また、この基礎的論理操作から、J. S. ミルが経験的探求の方法として挙げた「一致法・差異法・剰余法・付随的変化法」を連想するかもしれない。両者の連関についても、以下を参照されたい。山本、二〇一四、二八以下（第一章第二節「連関の経験 —— 観念の連合に対して」および第二節「類比による連関 —— 帰納による普遍に対して」）。
(32) Dilthey, GS5, 4f.
(33) Heidegger, SZ, 145.
(34) Heidegger, SZ, 153.

（35）Heidegger, SZ, 314ff.

（36）Heidegger, SZ, 38.

（37）Heidegger, SZ, 232, 234.

（38）Dilthey, GS5, 277, 318; GS7, 213ff.usw.

（39）Dilthey, GS5, 327, vgl.318.

（40）Dilthey, GS5, 277; GS7, 213ff.

（41）Misch, LP, 8f.

（42）Misch, LP, 72ff.

（43）Misch, LP, 130ff.

（44）ミッシュは「形成する力」に引用符を付けてディルタイから引用をしているが、出典箇所頁数はなく、ベルリン草稿などの遺稿からの引用と思われる。前掲注（14）を参照。ちなみに、ベルリン草稿には以下の類似した表現が見られる。「人間本性における、目的を形成する歴史の力の、人間本性の根源への関係」(Dilthey, GS19, 297.)。
　またミッシュがディルタイから引用する「形成する力」については、ここでは立ち入ることができず、本書第六章で再述するが、注記だけしておきたい。ミッシュは生のカテゴリーとしては意義化とともに「力」(Kraft)を重視する(LP, 158ff.)。しかしそれらのカテゴリーを二つ並記して両者が等根源的だと言っているわけではない。むしろそれらは「紐帯」をなして一つの連関を形成している。それは、彼が「思考適合性・有意義性と究め難さ」(LP, 159. 強調点は原文)という具合に「と」に、したがって両者の「関係」に重要さを喚起していることからうかがえよう。すなわち、もし「関係」が両者の「緊張」のみであれば、そこからは何も産出されないであろう。むしろ、その緊張から有意義性・価値・目的のある統一体の

「形成」へ向かわせる「力」が働いて初めて、「産出」が可能になる。

(45) Misch, LP, 143.

(46) Misch, PL, 80, 88ff.

(47) Misch, LP, 147.

(48) Misch, LP, 160.

(49) 構造連関、獲得連関、作用連関については詳述したことがあるので、出典も含めて以下を参照されたい。山本、二〇一四、六七以下(第一章第三節「現実の経験 —— 構造連関・獲得連関・作用連関」)。

(50) Dilthey, GS5, 260.

(51) Dilthey, GS7, 88. イデエル(ideel)。ディルタイはごく一般的に「精神的」という意味で用いる。本文以下で見るように、ディルタイは歴史世界の「イデエルな構築」(GS7, 88)を目指す。ここで、歴史世界が『作用連関としての精神的世界』(GS7, 152)として構築されることからも、イデエルは「精神的」となろう。したがってこの構築は、「事実性から、出来事が連関を獲得するイデエルなものへ」(ibid., 287)という道になる。本書では、「精神的世界」の「精神的(geistig)」と区別するために、またレアール(実在的)およびイデアール(理念的、イデア的)との連関を顧慮して、片仮名で表記している。

したがってまた、歴史世界を形成する作用連関等もまた「イデエル」なものとされる。たとえば次のように言われる。「さて、精神科学では歴史世界の構築が遂行される。この比喩的な表現で、わたしはイデエルな連関を表示している。それは、ある段階で働いている体験と理解にもとづいて、歴史世界についての客観的知が自身を拡張しながら現実存在を獲得して行くのである」(Dilthey, GS7, 88)。したがって、「歴史世界」あるいは「精神世界」の「構築」は「イデエルな構築」(ibid.)と言われ、そしてこの構築は、レアール(実在的)な体験と理解からイデエルな連関へ、すなわち「事実性から、出来事が連関を獲得するイデエルなものへ」という道になる。ミッシュもこの道に注目し、それをフッサールにおける「イデアール（理念的）（ideal）」なものへの道と対照させる（Misch, LP, 184,215）。詳細は第三章および第四章で扱う。

(52) Dilthey, GS5, 269ff.
(53) Dilethey, GS5, 270.
(54) Dilthey, GS5, 268.
(55) Heidegger, SZ, 38.
(56) Dilthey, GS1, 4.
(57) Dilthey, GS7, insb. 88.
(58) Dilthey, GS8, insb. 3f., 75.
(59) Dilthey, GS7, 119.
(60) Dilthey, GS7, 152ff.
(61) Misch, LP, 63.
(62) Heidegger, SZ, 52f.
(63) Dilthey, GS5, 4.
(64) Misch, LP, 142.
(65) Misch, LP, 141, 145, 158, 215.
(66) Misch, LP, 88ff.
(67) Misch, LP, 160.
(68) Dilethey, GS7, 232;Misch, LP, 55 にて引用。
(69) Misch, LP, 55.

(70) Misch, LP, 62.
(71) Heidegger, SZ, 12f.
(72) Misch, LP, 62.
(73) Misch, LP, 60f., 62.
(74) Misch, LP, 28ff. 内容見出し(2. Aufl.)による。すなわち、「存在論的な生の解釈は分析の限界を踏み越えている」。その内容は、本書以下で引用している通りである。
(75) Heidegger, SZ, 235.
(76) Heidegger, SZ, 262.
(77) Misch, LP, 30.
(78) Heidegger, SZ, 258.
(79) Heidegger, SZ, 265, 235. Vgl. 259.
(80) Heidegger, DJ11, 177; GA28, 133.
(81) Heidegger, SZ, 38.
(82) Heidegger, SZ, 37.

第三章　生の自己省察と意識の現象学的反省
――ディルタイとフッサールの対決

ミッシュはなぜ、第一・二論考における「ハイデガーとの対決」に留まらず、「ハイデガーとの対決はディルタイとフッサールの対決へ遡及するよう指示」していると考え、第三論考を起こして「ハイデガーおよびフッサールとの対決」を遂行したのであろうか。そしてこれによって、どのような新たな争点が生じて来たのであろうか。あるいは、隠れた争点が露わになって来たのであろうか。

この遡及が一九二九年のハイデガーとフッサールの新刊書を契機としているのであれば、ハイデガーのディルタイ批判が、けっきょく、それ以前に展開された「ディルタイとフッサールの対決」に現象学の道から棹さすものであったことが、その新刊書を通してミッシュに気づかれたのではないか。だからこそミッシュからすれば、対決は第一・二論考におけるハイデガーに対するディルタイ擁護では事足りず、ディルタイとフッサールの対決に遡及し、生の哲学（ディルタイからミッシュ）と現象学（フッサールからハイデガー）、この二つの道（方法論）の対決に、すなわち生の自己省察と意識の現象学的反省の対決に展開せざるをえなかったのではないか。そうであれば、ミッシュはディルタイとフッサールの対決へ遡及することによって、生の哲学と現象学という二つの道をどのように捉えようとしたのであろうか。

まず、『存在と時間』以前に遡ってディルタイとフッサールの対決を背景としたミッシュとハイデガーの関係に立ち入り（第一節）、そこからディルタイからフッサールへの批判（第二節）、そしてフッサールからディルタイへの批判（第三節）を確認して、両者の争点を浮き立たせ（第四節）、問題を形而上学の問題に（第五節）、したがって超越の問題に向けていこう（第六節）。統一的な生の全体の把握の問題は生そして世界を超越することと表裏一体になっているのである。生の哲学と現象学という二つの道（方法）の対決は超越の道を巡っている。この点に的を絞って行こう。

第一節　ハイデガー「ナトルプ報告」とミッシュ「哲学部の所見」

「ディルタイとフッサールの対決」という言い回しは、ミッシュが一九三〇年に三編の論考をまとめた『生の哲学と現象学』の「緒言」で使ったものである。つまり、ディルタイあるいはフッサールが自身でことさらに使った言い回しではない。たしかにフッサールはディルタイの世界観の哲学を批判するが、それを「対決」として言挙げしたわけではない。ディルタイの方はむしろフッサールの『論理学研究』を称賛していたのである。ここからすれば、両者の関係は「対決」というより、ディルタイはフッサールを称賛していたがフッサールはディルタイを批判していたという、どちらかというえばディルタイには分が悪い評価が定着していたのではないか。じっさい、そのような評価は、ミッシュが「ディルタイとフッサールの対決」を語る五年前、一九二五年四月一六日から五月二一日までカッセルの地で開催されたハイデガーの一〇回連続講演「ヴィルヘルム・ディルタイの研究活動と歴史的世界観を求める現代の争い」、いわゆる「カッセル講演」の道筋それ自身が描いたものであった。

ハイデガーは第一回目に「歴史的である」とはどのようなことかという問いをあげ、「私たちは、ディルタイを越え出て、しかも現象学を土台にして問わなくてはならないのです（ディルタイは『論理学研究』を画期的だと述べました(1)」と語る。そして講演は、「ディルタイの生涯と著作」（第二回目）、「ディルタイの問題設定」（第三回目）、さらに「ディルタイの問題設定の限界」（第四回目）を指摘し、かくして「現象学の本質と諸目標」（第五回目）へ進むさいにもこう語る。「私たちはディルタイの問いを反復しなければなりませんが、それをなすのは、その手段を私たちに手渡し、ディルタイの立場に対して私たちをさらに先へ進ませてくれる研究を土台にしてです。その研究が現象学です(2)」。

このようにハイデガーは、フッサールを賞賛するディルタイの言葉を使って、しかもそのディルタイの限界を超え出たものとして、フッサールの現象学を持ち上げるのである。この「カッセル講演」が行われた一九二五年は、ちょうどミッシュが百頁を越える長大な「編者緒言」を付して『ディルタイ全集』第五巻を公刊した翌年である。そしてその三年前の一九二二年の一〇・一一月、フライブルク大学でフッサールの助手を務めていたハイデガーは、マールブルク大学のニコライ・ハルトマンの、そしてゲッティンゲン大学のヘルマン・ノールの、いずれも後任人事のための哲学員外教授補充人事へ応募するために、フッサールの勧めで「アリストテレスの現象学的解釈」を仕上げる。これがマールブルク大学ではナトルプのもとに届き一位指名となる。もう一方のゲッティンゲン大学では学部長であったミッシュのもとに届き、ミッシュによって「哲学部の所見」が「一一月二日付け」で書かれ、一位指名から外れる。この就職論文がいわゆる「ナトルプ報告」と呼ばれているとおり、ハイデガーは翌年、二三年夏学期にマールブルク大学で「正教授の地位と権利を持った員外教授」に、そして冬学期から「正教授」に就いたのである。(3) かくしてハイデガーは二五年、「カッセル講演」の中でディルタイの限界を語ると同時にそれを超える現象学を讃えるのである。

このような経緯のなかで、「カッセル講演」と同年の夏学期講義の中でもハイデガーは、フッサール『論理学研究』を「現象学の基礎文献」として讃え、ディルタイが「この探求の中心的意義をいち早く認めた最初の人」としてこの書を即座に演習で使い始めた、と述べる。(4) ここで注意しておきたいのは、ハイデガーがディルタイのフッサール宛書簡に触れている点である。

「フッサール宛の書簡のなかでディルタイは、両者の仕事を、一つの山を反対側から掘削することに喩えており、両者はその掘削と貫通によって出会うのである」(GA20, 30)。

現在公刊されている両者の書簡(5)は、一九一一年六月二九日付けのディルタイからフッサールへの書簡、そして七月五・六日付けのフッサールからの返信、そして七月一〇日付けのディルタイからの書簡、さらに同年一〇月一日にディルタイが逝去した後、一〇日付けでフッサールからディルタイ夫人へ弔意を表す書簡がある。しかしそこには山の掘削の喩えは直接は見受けられないが、一致点と相違点を語る言葉、あるいは同じものを別の側面から探求しているという趣旨の言葉、これらは両者の書簡に見られる。

二五年の時点でハイデガーがこの書簡のことを知っていたという点に注目しておきたい。というのも、フッサールはミッシュに対してもこれらの書簡を知らせており、ミッシュは三〇年の第三論考の中ではじめてフッサールへの謝辞を付して引用しているからである。これに対して、ハイデガーが二五年夏学期講義で書簡について触れているのは、講義の導入部分（第一部第一節）直後の「準備的部分」最初の節（第四節）の中であり、時期としては一九二五年四月一六日から五月二一日の「カッセル講演」の頃に重なろう。したがってハイデガーは、ミッシュが第三論考で書簡のことを公にする以前にこの書簡について知っていたことになる。したがって、この書簡の一部を公にした第三論考、そしてそれに対してハイデガーがミッシュ宛書簡の中でミッシュとの「近づき」を語った時点ではもとより、二七年公刊の『存在と時間』の時点でも、ハイデガーはフッサールとディルタイが往復書簡の中で互いに一致点と相違点を確認していたことを知っていたことになろう。

そのうえでハイデガーは右に引用した言葉に続けて次のように言う。

「ディルタイはここに〔フッサールの『論理学研究』に〕、数十年来求めてきたこと、そして一八九四年の学士院論文で批判的体系的に定式化したこと、その最初の充足を見出したのである。それは生それ自身の基礎学である」(GA20, 30)。

ここで言われる「一八九四年の学士院論文」とは『心理学の理念』のことであろう。この書は公刊と同時にエビングハウスなどによって批判され、[6] その後ディルタイは沈黙を守り、一九〇〇年になって沈黙を破って『解釈学の成立』を公刊、そして一九〇五年に「精神科学の基礎づけのための研究。第一研究・心的構造連関」（以下、『第一研究』）を発表する。この中でディルタイは、フッサールの『論理学研究』を自身の『心理学の理念』と「類縁的な試み」と位置づけながら「卓越した研究」として賞賛する。[7] したがってハイデガーが右で「ディルタイはここに……最初の充足を見出した」と評したのは、ディルタイが『第一研究』の中で『論理学研究』を賞賛したことを指している。しかしそれから六年後の一九一一年にディルタイが発表した論考「世界観の類型と形而上学的体系におけるその形成」（以下、『世界観の類型』）に対して、フッサールは同年に「厳密な学としての哲学」（以下、『厳密学』）の中で批判し、これに対してディルタイはフッサールに書簡を送ったのである。

したがってハイデガーは、二五年夏学期でこの書簡に触れていたのであれば、一九〇五年のディルタイの『第一研究』から一一年の『世界観の類型』そして同年のフッサールの『厳密学』へと続く「ディルタイとフッサールの対決」と両者の書簡の内容を捉えたうえで、二五年に「カッセル講演」を行い、二七年にフッサール編集『現象学年報』に『存在と時間』を公刊し、『ディルタイ全集』第五巻の「ミッシュの「編者緒言」」によって「ディルタイの著作との対決」を展開したことになろう。かくしてハイデガーはその翌年の一九二八年、フッサールの後任としてフライブルク大学へ戻る。フッサールとディルタイの対決を背景にして「ナトルプ報告」から六年後である。

その端緒となる「ナトルプ報告」には、ミッシュも関与していた。ミッシュは当時、ゲッティンゲン大学哲学部の学部長として「ナトルプ報告」に対して「哲学部の所見」を書き次のように語る。注目したいのは、三つの対置のなかでハイデガーを見ている点である。

「……ハイデガーは歴史と、今日多く採られている生の哲学の立場の体系化の結合に着手しており、そこでは、フッサールによって論理学的にくまなく形成された解釈学的手法とディルタイによる精神史の哲学的活用を互いに補完し合いながら一緒にしている。そのためにハイデガーは、彼自身の成長に由来する、人間の生の歴史性の意義についての徹底的に根源的な意識を持ち出す。精神科学的かつ世界観的に方向づけられた生の哲学の体系的意味を認識し、論理学的に鋭く定式化する能力は、ハイデガー本来の強みとして現れている。歴史的に哲学することの正当性が今日多く議論されているが、これまで生に反対して論理学を打ち立てる側にあって、その正当性を擁護する者として、彼が見出されるのである」（DJ6, 272）。

三つの対置とは、一つは精神科学的世界観的な生の哲学と体系、一つは精神史と論理学的に形成された解釈学手法、一つは歴史的に哲学することと生に反対して論理学を打ち立てること、これらの対置である。これらの対置の一方の項（世界観的生の哲学、精神史、歴史）はディルタイのものとして時間的なものであり、もう一方の項（体系化、論理学的に形成された解釈学的手法、論理学）はフッサールの『論理学研究』によるものとして超時間的あるいは非時間的なものである。こうした対置のなかでミッシュは、ハイデガーを後者のフッサールの側に位置づけ、しかもハイデガーが「生に反対して論理学を打ち立てる側にあって」「人間の生の歴史性の意義」を持ち出し、「その正当性を擁護」し、対置を「互いに補完し合いながら一緒に」しようとしている、と高く評価しているのである。しかしその一方でミッシュは、「しかし」と続けて次のように結論づけるのである。

「しかし、ハイデガーが定式化している諸々の表現には、現象学派の概念装置全体の負荷がかけられているように、いぜんとして、なにか無理があり、その結果、彼の哲学的姿勢には、実り多く感銘を与えるとは限らない、自由にする代わりに制圧するような傾向も現れているのである」(DJ6, 272)。

ミッシュがここで「なにか無理[8]」があるとみなす「定式的表現」は、具体的に挙げられてはいないが、「ナトルプ報告」のなかで強調点を付された多くの表現にそれを見出すことができよう。たとえば、ディルタイが創始しようとした「解釈学」における「学的解釈」の「解釈」は、「ナトルプ報告」の冒頭で「視座」「視線」「視野[9]」という定式で説明し直されながら、哲学自身について以下のように語られるのである。

「哲学の問題圏は事実的生の存在に関わる。……哲学の問題全体は事実的生の存在がその時々にいかに語りかけられて解釈されるかに関わる。すなわち、哲学は事実性の存在論であると同時に、語りかけられて解釈されるものの範疇的な学的解釈、論理学である。

存在論と論理学は、事実性の問題圏の根源の統一に再び取り戻され、原理的な研究が張り出してきた部分として理解されうるのであり、その原理的な研究とは事実性の現象学的解釈学として表示されうるのである」(DJ6, 246f.)。

ハイデガーの意図は明瞭であろう。彼は存在論と論理学を事実的生の問題圏の中で根源的に統一しようとするのである。そしてこれを試みる「原理的な研究」として、「事実性の現象学的解釈学」を挙げる。「現象学的解釈学」という呼称で現象学と解釈学の統一が意図されているのであれば、彼は、現象学と解釈学を統一し、これによって存在論と論理学を統一しようとしているのである。言い換えれば、そうした統一が生じる根源へ遡及しようとしているのである。このようなハイデガーの志向は、「カッセル講演」と同じ二五年の夏学期講義の中で「存在一般の意味への問い」へ向かい[10]、そして二七年『存在と時間』の中で存在論を可能にする現象学と現存在の解釈学へと進む。

しかし志向の一貫性と明瞭さの一方で、当時興ってきた二つの潮流が「現象学的解釈学」という字義通りに統一、しかも現象学の側からする解釈学の現象学化がなされるのであろうか、そうした疑問も生じてこよう。すなわち、一方のディルタイにおいては一九〇〇年の『解釈学の成立』の中で文献解釈をモデルにして語られている体験・表現・理解は、はたしてもう一方のフッサールが一九〇二年の『論理学研究』の中で展開した現象学的な知覚の分析における視覚をモデルにしたような「視座・視線・視野」といった定式的表現で説明できるのであろうか。ミッシュはそこに「現象学学派の概念装置全体の負荷」がかかり、「なにか無理」を、そして「自由にする代わりに制圧するような傾向」を感じ取ったのであろう。

しかしその一方で、そのような表現の定式化こそ現存在の分析論から基礎存在論へ向かうさいに必須のものであり、ハイデガーの真骨頂であったのではないか。それはミッシュがハイデガーの「定式化」を批判する一方で賞賛していた「能力」でもあろう。すなわち、「精神科学的かつ世界観的に方向づけられた生の哲学の体系的意味を認識し、論理学的に鋭く定式化する能力は、ハイデガー本来の強みとして現れている」。ハイデガー自身、『存在と時間』に至って自身の「表現」をプラトンとアリストテレスに並ぶものとして次のように語る。それはミッシュの手になる「哲学部の所見」に反論しているかのようである。

> 「以下の分析のなかで表現がぎこちなく「不細工」である点について、注釈を加えてもよいであろう。すなわち、存在者について物語りながら報告するのと、存在者をその存在において捉えるのは、別のことである。後者の課題には、たいてい、語だけでなく、とりわけ「文法」が欠けている。比類のない水準の存在分析をした昔の諸探求を指摘することが許されるなら、プラトン『パルメニデス』の存在論的な節あるいはアリストテレス『形而上学』第七巻第四章を、トゥーキューディデスの物語の節と比べてみれば、彼ら哲学者からギリシャ人に要求された、前代未聞の定式化された表現を認めるであろう」(SZ, 39)。

本書はここで、個々の定式的表現に立ち入るよりも、ハイデガーの志向とミッシュの志向の根本的な違いにこそ注目したい。ハイデガーは二二年「ナトルプ報告」では、存在論と論理学の統一を、ディルタイの解釈学とフッサールの『論理学研究』に見られる現象学を統一する「現象学的解釈学」に求めるが、これは二七年『存在と時間』でも変わることなく、現象学を現存在の解釈学として展開し、存在論の可能性を現存在の分析論に求めたのであった。その一方で、二三年にマールブルク大学に職を得てからの「カッセル講演」では「ディルタイの限界」を語り、二七年『存在と時間』でもこれは変わらない。このような経緯の中でハイデガーにとって一貫しているのは、ミッシュが「哲学部の所見」の中で指摘しているように、統一が語られるのは現象学の側からの解釈学との統一、解釈学の現象学化であろう。これに対してミッシュは、ディルタイの許にあって生の哲学の側から「哲学部の所見」を書き、ディルタイの解釈学そして生の哲学の現象学化に反対しているのではないか。そうであれば、そもそも、現象学と解釈学は相容れないものであろうか、それとも、相反しながらも何らかの関係性が、あるいは統一が可能であろうか。本書にとって重要なのはこの問いであろう。ミッシュ（生の哲学に基づく論理学）とハイデガー（現存在の分析に基づく基礎存在論、現存在の形而上学）の志向を方向づけている、ディルタイ（生の哲学、解釈学）とフッサール（現象学、論理学）の対決に遡及しよう。

第二節　ディルタイからフッサールへの批判

まずハイデガーが「カッセル講演」で「ディルタイは『論理学研究』を画期的だと述べました」と

評した点から立ち入ってみよう。というのも、たしかにディルタイは『論理学研究』を賞賛するが、しかしそこにはすでに、「フッサールとディルタイの対決」が、さらには「現象学と解釈学」の相容れない道の対立が現れていると思われるからである。その論点を確認しておこう。ディルタイは一九〇五年の『第一研究』の中でおよそ次のような趣旨のことを述べる。

「知の基礎づけ」あるいは「知の理論」は、「体験された認識過程に含まれるもの」だけでなく、「現実認識・価値評価・目的設定そして規則設定」をも包含している。前者の解明は「記述的心理学についての論考」が行っており、後者の解明は「解釈学についての私の論考」が遂行している。このうち前者に「類縁的な試み」がある。それは、「知の理論の「厳密に記述する基礎づけ」を「認識の現象学」として、したがって新たな哲学的部門として創出したフッサールの卓越した探求」である（GS7, 9ff.）。

このようにディルタイはフッサールを賞賛するが、しかしそれは手放しの賞賛ではなく、自身の研究プログラムの中にフッサールの『論理学研究』を位置づけて賞賛しているのである。すなわち、フッサールの『論理学研究』は賞賛されるべき試みであるが、それと類縁的なことは、すでに一八九四年の「記述的心理学についての論考」（正確には『記述的分析的心理学についての理念』（『心理学の理念』））の中で行っていたのであり、私〔ディルタイ〕はさらにその先の「解釈学」へ進んでいるのである、と。しかも、前者の「論考」はエビングハウスによって批判され、その後ディルタイは沈黙を守っていたことからすれば、一九〇一／二年の公刊当初から耳目を集めた『論理学研究』を自身と「類縁的な試み」として「賞賛」することは、自身の心理学的試みを堅持しながらかつての批判の不当性を訴えることにもなろう。加えてディルタイの本意はさらにその先にある。それが右で言われる「解釈学」によって遂行される「現実認識・価値評価・目的設定そして規則設定」の解明である。彼は右の引用文に続けて、およそこう述べる。

　フッサールの「認識の現象学」に対して、私〔ディルタイ〕の記述的心理学には「基礎的論理操作」がある。そしてこれによる「知の客観的妥当性は」「現実認識・価値評価・目的設定および規則設定」に関わる精神科学の領域に基づいているがゆえに、「記述は、対象的把握として出現するような体験の限界を超え出なければならない……」。以下で述べる理論が現実・価値評価・目的設定・規則設定の認識における知をバランス良く包含しようとするなら、その理論は、それら様々な心的な働きが互いに結合されている〔表象・感受・意志という構造〕連関へ遡及的に関係づけられる必要がある」。かくして「知の理論の抽象的展開が心的生全体の〔構造〕連関に依存していること」を「別の側面から」解明するものが、「解釈学についての私の論考〔一九〇〇年『解釈学の成立』〕」である（GS7, 11）。

ディルタイにとって心的生の表象・感受・意志という構造連関の分析は「基礎的論理操作」によって支えられた比較を方法にして心理学的に遂行されるとともに、「別の側面から」表現を介した「解釈学」によって遂行され、これら両者の分析で「現実認識・価値評価・目的設定および規則設定」に関する「知の客観的妥当性」が、すなわち精神科学の客観的妥当性が獲得されるのである。これは彼の精神科学の基礎づけという観点から年代を追えば、まずは、「現象性の原理」による「認識論的基礎づけ[11]」として知の客観的妥当性の基礎が確保され、そして「現実・価値評価・目的設定・規則設定の認識における知」の理論は、「表象・感受・意志」という心的な構造連関の心理学的分析による「心理学的基礎づけ[12]」として、そして「別の側面から」、つまり「生・表現・理解という連関」あるいは「体験・表現・理解という連関」からなる解釈学による「精神科学」の「基礎づけ[13]」として、遂行されたのである[14]。この過程においてディルタイで問題になるのは、「知の客観的妥当性」と「基礎的論理操作」の位置づけであり、フッサールとの関係で問題になりうるのは、「記述は、対象的把握として出現するような体験の限界を超え出なければならない」という文面の真意である。

これを明らかにするために、本書はこの文面と論述の仕方が酷似した叙述を思い起こすべきであろう。それは、五年後の『歴史世界の構築』の中の文面である。そこにはフッサールの名前と『論理学研究』への言及はないものの、論の進行は『第一研究』と同じである。その進行を確認するために、そのまま引用しておこう。

「精神物理的な統一体もまた、体験と理解という二重の関係によって自分自身を熟知している。すなわち、精神物理的な統一体は、現在において自分自身を覚知し、想起において自身を過去のものとして再び見出す。しかし自身の状態を確定し把握しようと努めることによって、すなわち自分自身に注視（Aufmerksamkeit）を向けることによって、そのような自己認識の内観的方法の狭い限界が現れてくる。彼の行為、彼の確定した生の表現、その他者への影響、これらだけがその人間に自分自身がどのような人間かを教えてくれる。このようにして彼は、理解という回り道を通ってのみ自分で自分を知るようになるのである」（GS7, 86f.）。

ここでも『第一研究』と同様に、体験の認識論的心理学的分析と理解による解釈学という両面から論が進んでいる。そしてここで言われている、「自己認識の内観的方法の狭い限界」は、『第一研究』の「対象的把握として出現するような体験の限界」と同じであろう。問題はその内実である。

ディルタイ研究として周知のように、ボルノーは『歴史世界の構築』で述べられた「自己認識の内観的方法の狭い限界」を取り上げ[15]、この「限界」に面してディルタイは心理学的分析とは「別の方向」へ進み、かくして「心理学的基礎づけを解釈学的基礎づけに置き換えねばならなくなった」とみなす[16]。このディルタイ解釈は、ガダマー『真理と方法』の中で、「精神科学の心理学的基礎づけから解釈学的基礎づけへの移行[17]」あるいは「心理学的立場から解釈学的立場への移行[18]」という定式に引き継がれ、しかも『心理学の理念』へのエビングハウスの批判によって、ディルタイは心理学から解釈学へ移行したというディルタイ理解が一般的になった。しかしディルタイは、心理学的分析が「限界」に突き当たって、心理学を解釈学に「置き換え」たのであろうか。それを自身で宣言したのが、「自己認識の内観的方法の狭い限界」という文言であろうか。

むしろ、その内容と言い回しが五年前の『第一研究』と同様であれば、「自己認識の内観的方法の狭い限界」は、「対象的把握として出現するような体験の限界」と同様に、自身の心理学的分析ではなく、「注視」あるいは「反省」を方法論とする「知の理論」へ向けられた批判ではないのか。すなわち、ディルタイはフッサールの「認識の現象学」としての『論理学研究』を賞賛するが、そこには「注視」という「自己認識の内観的方法の限界」があるのに対して、自身の心理学的分析は現象性の原理における覚知による「基礎的論理操作」に基づいて「体験」を分析しているのである。前者は「対象的把握として出現するような体験」であり、後者はそうではなく直接的な生の把握であった。しかもディルタイは、「別の側面」である解釈学に基づく現実認識・価値評価・目的設定の分析も行い、両側面から知の理論の客観的妥当性を求めているのだ、と言っているのではないか。

『第一研究』と『歴史世界の構築』を重ね合わせてみよう。重要なのは、「心理学的分析」と「解釈学的分析」を対置・対立させてその「移行」あるいは「置き換え」をどのように理解するかではなく、ディルタイの言う「体験と理解という二重の関係」がどのような関係であり、「基礎的論理操作」「覚知」「想起」「注視」が「体験」においてどのような連関を形成しているのかという問題である。(19)

まず注意したいのは『歴史世界の構築』で述べられる「体験と理解の二重の関係」である。これは、生の統一体が自分自身を「熟知」する道を二つ（体験と理解）持っていることを言っている。しかしこの二つの道は、自己への別々の関係ではなく「二重の関係」である。したがって、自分自身を知る仕方として、現在における「覚知」も過去の「想起」も、体験か理解かという二者択一的な道ではなく、「二重の関係」を含んでいるのである。たとえば、いまパソコンに向かって原稿を書いていることを、原稿を書きながら、現在、そのことに気づいて（覚知して）いることは、まさしく「原稿を書いている」と表現され理解されて初めてそのような体験の覚知となる。しかも、覚知する働きには、すでに、自分は今外で遊んでいるのではなく他ならぬこの家の中にいるのだという区別や、これは昨日書いた同じ原稿の続きだと想起しながら同一化するなど、基礎的論理操作が働いている。そしてその働きが同時に表現することにおいて遂行されているのである。ディルタイにとって、このような基礎的論理操作が体験そのものの中で働き、その体験を覚知していることも、そしてそれを表現し理解することも、同じ体験の中で「二重」に生じているのである。

　これを方法論的に自覚的に遂行することが、ディルタイの言う「自己省察」であった。[20] したがって彼にとって客観的な知の「最終審」は覚知であり、また自己省察ともされたのである。[21] 生の哲学の道（方法論）は自己省察である。これはすでに精神科学の方法として『精神科学序説』（一八八二）の時期に次のように言われていた。

　「精神科学の方法。中心となるのは自己省察と理解である。もちろん自己省察が第一次的であるが、その一方で他者の理解が自己省察を制約している。それはちょうど自己意識と世界が互いに結び合って一つの連関を成しているのに似ている」(GS19, 276)。

　体験と理解が生に二重に関係しているのと同じように、自己省察と理解も生へ二重に関係して「一つの連関」を形成しているのである。しかも自己省察は非対象的把握としての覚知に基づいており、「対象的把握として出現するような体験」でもなければ「自己認識の内観的方法」でもない。したがって、体験と理解が二重の関係であるとは、体験が基礎的論理操作の働きによって何らかの特定の体験として覚知されるとともに表現され、したがって表現という形態で確定され、かくして表現を通して他ならぬその体験として理解されることを意味している。自己省察が「第一次的」であると同時に理解は自己省察を「制約」し、「一つの連関」を成しているのである。ディルタイが『歴史世界の構築』で挙げる現在の「覚知」も過去の「想起」も、「体験と理解という二重の関係」を持っているのである。

　これに対して問題となるのは「注視」である。『歴史世界の構築』の文面では、「注視」の扱いが「覚知」と「想起」とは異なる。すなわち、「自分の状態を確定し把握しようと努めることによって、すなわち自分自身に注意を向けることによって」、と言われているように、注視は「自分の状態を確定し把握しようと努める」働きとして、『第一研究』で言われる「対象的把握として出現するような体験」にほかならない。ここでは、体験を「確定」するのは、覚知と表現ではなく、注視という「対象的把握」の「体験」になる。フッサールは『論理学研究』の中で「注視（Aufmerksamkeit, Bemerken）」について次のように言う。

「……われわれが、知覚や想像や想起という仕方で直観する場合であれ、経験的また論理的数学的な形式で思考する場合であれ、いつでも、ある対象を目指す思念作用や志向作用が、すなわち、ある意識が、つまりその対象についての意識が、存在しているということを、人は見落としている。ある内容が心的連関に存在しているというだけでは、その内容はまだ思念されていないのである。思念されるには、その内容を「注視（Bemerken）」しなければならない。注意することは、その内容を目指すこととして、まさしく、ある表象作用である」（LU2/1, 165.）。

この文面は『論理学研究』を賞賛したディルタイであっても、「心的連関」という自身の心理学的分析を連想させる語とともに自身の道と現象学の道の分岐点を意識させたのではないか。というのも、フッサールはここで、「知覚や想像や想起」などには「ある対象を目指す思念作用や志向作用」が存在しており、しかも「ある内容が心的連関に存在しているというだけでは、その内容はまだ思念されていない」のであり、「思念されるにはその内容を注視しなければならない」、と言うからである。ディルタイの道は、ここで言われている「ある内容が心的連関に存在している」ことを分析する道にほかならない。そこからさらに進んで、その内容を「表象作用」という仕方で「注視」し、「感覚された内容」などを「客観」として捉える「現象学的反省[22]」を遂行するのがフッサールの道になる。この道を進んで、そこに「存在している」「ある対象を目指す思念作用や志向作用」などの「意識」の働きを分析することが、「認識の現象学」として知の理論を形成する道となる。フッサールの道は意識の働きを注視して意識内容を表象作用という仕方で客観化・対象化する現象学的反省の道である。

しかし、ディルタイから見れば、意識の働きを反省することによって知の理論を形成することは、そうした反省作用の確実性を求めてそれ自身を反省するという具合に無限遡行に陥り、反省は知の確実性の最終審になりえないのではないか。ディルタイはすでに精神科学の認識論的基礎づけ以前の時期に、フィヒテ解釈を通して、反省のアポリアに陥らないように、生の事実を生自身が対象化することなく直接的に把握する仕方として覚知を提示したのであった[23]。しかも生を対象化することは、いわば生から身を離し、この意味で生を越え出て生の〈外〉へ出ることになり、生を生自身から捉える生の哲学の道とは別の道になるのである。しかしフッサールからすれば、ディルタイは「対象についての意識が存在していること」を「見落としている人」になる。ここに両者の道の違いが現れているのである。

以上のように、ディルタイはたしかにフッサールの『論理学研究』を賞賛するが、その限界も批判しているのである。ディルタイが『第一研究』で使う「知の理論」という言い回しは、それ以前の「精神科学の基礎づけ」という言い回しからすれば唐突であり、『論理学研究』からの影響であろう。それは、ディルタイが自身の「精神科学の基礎づけ」と〈同じもの〉をフッサールの「認識の現象学」に読み取ったがゆえに賞賛し、「知の理論」という言い回しを多用したとも言えよう。しかしそれは同時に、フッサールへの批判をも含意していたのである。ディルタイの方法は、「体験」の直接的な「覚知」による「自己省察」と「回り道」としての「表現」を介した「理解」が生へ二重の関係を結んで、生を生自身から「自己省察」・「理解」する道である。これに対して、フッサールの方法は「注視」、あるいは「現象学的反省」によって体験それ自身を「対象的に把握」し、生を超え出てその〈外〉から分析する道になろう。目標は同じく知の理論であっても、そこへ至る道が異なる。本書がここで注目したいのは、これと同じ構図がミッシュとハイデガーの対決にあったという点である。同じものを求めたが、その道が異なるのである。一方の道は生の現実の〈内〉に留まり、もう一方の道は反省作用あるいは可能性や超越であれ、何らかの意味で生の現実の〈外〉へ出て〈全体〉を捉えるのである。

ディルタイからフッサールへの批判を以上のように見れば、これに応答するフッサールのディルタイ批判も、まさしく方法への批判になろう。つまり、ディルタイの批判に応えて、自身の方法の正当性を提示することによってディルタイの方法を批判するのである。方法の観点からフッサールからディルタイへの批判を見よう。

第三節　フッサールからディルタイへの批判

ディルタイが『第一研究』から六年後の没年にあたる一九一一年に『世界観の類型』を著したのに対して、フッサールは同年の『厳密学』の中でディルタイの世界観哲学を批判する。

「世界観もたしかに「理念」ではあるが、有限的なものの中にあって個々人の生の中で不断に近づいて行くことで原理的に実現される、目標という理念である。……世界観の「理念」は時代時代で異なっている」(SW, 332/333.)。

ディルタイの言う「世界観」は、「個々人の生はそれ自身から自身の世界を創っている[24]」と言われているように、「個々人の生」そして「個々人の連鎖の中で成立する一般的な生の経験」の中で生自身が作り出しているものである。それは、歴史的社会的に規定されている一定の「風俗・習慣・伝統[25]」だけでなく「宗教、芸術、哲学」なども含み、「現実の解釈」を意味し、したがって現実の意味や意義そして謎の解決がそこで語り出されているものを意味する。[26]しかもディルタイは『第一研究』の中で自身は心理学的分析だけでなく現実を「現実認識・価値評価・目的設定」の連関として捉える試みを解釈学によって行なっていると述べていた。したがってフッサールが世界観を「理念」として、しかも「目的という理念」としてまとめていることは、これに応じたものであろう。フッサールは世界観を端的に次のようにまとめる。

「世界観哲学」とは、「生と世界の謎に、相対的に最も完全とされる回答を与えるものであり、すなわち、経験や知恵、たんなる世界観や人生観によっては不完全にしか克服できない、生の理論的・価値論的・実践的な矛盾を、最善の仕方で解決し、満足のいく説明をあたえるもの」である（SW, 330/331）。

じっさい、ディルタイの『第一研究』と『世界観の類型』からすれば、フッサールの把握は正鵠を得ている。問題はここからどのような道を通って知の理論を形成するのかという点である。ディルタイはこうした世界観の形成あるいは歴史世界の形成を比較・分析しながら「事実性からイデエル〔精神的〕なものへの道[27]」を歩み、「歴史世界」あるいは「精神的世界」の「イデエル〔精神的〕な構築[28]」

を目指していた。しかもディルタイの分析では、たとえばある特定の実在の人物の像が浮かんで来るとき、そうした「イデエルな統一点となる対象に、私は実在性を帰しているのである[29]」、と言われるように、彼にとってイデエルなものは、事実性を超え出たものではなく、むしろそれを地盤にして実在性を獲得し、現実の生に作用を及ぼしうるものである。この意味でディルタイは、時間空間的に限定された生の事実から、その中で働いている現実認識や価値評価そして目的設定などの斉一的・類型的な連関の構築を目指すのである。

これに対して、フッサール自身はこうした目的という理念に留まるのではなく、「超時間的な理念」を目指しているのである。

「これに対して学の理念は、超時間的な理念である」(SW, 332/333)。

これはもちろん「レアール〔実在的〕な領域」ではなく「イデアール〔理念的〕な領域[30]」に求められる理念である。

ここから本書はさしあたり、各々が目指すイデアールなものとイデエルなものの違いを、超時間的なものと時間的なもの、したがって事実的なものを何らかの意味で超え出たものと事実的なレアールなものへ関わって実在性を持ちうるもの、という具合に特徴づけておこう。しかも双方は無縁ではなく、ディルタイが目指すものはフッサールが目指すものの通過地点になっているのである。この意味で、イデエルなものには意義がある、とフッサールはディルタイを賞賛する。

「そのような〔世界観の〕哲学に関して大きな課題が生じる。それは、形態学的な構造やその類型をその発展連関と同様に徹底的に研究するという課題であり、その本質を規定する精神的動機づけを、それが最も内的に生き続けていることを通して、歴史学的に理解するという課題である。この観点において、どれほど有意義で実に賞賛に値する仕事をなしうるか、それを示しているのが、ウィルヘルム・ディルタイの諸著作であり、とくに、最近著された世界観の類型についての論考である」(SW, 323/4.)。

しかしイデアールなものの超時間的で絶対的な普遍妥当性から見れば、世界観の理念は歴史主義と同じように相対性に陥り懐疑論に転じる、とフッサールは世界観哲学を批判する[31]。世界観哲学は厳密学への通過地点にすぎないのである。そうであれば、この批判から一四年後の一九二五年に開催されたハイデガーの「カッセル講演」は、現象学の視点からディルタイの限界を指摘してその先へ進むというフッサールの道筋をなぞったものになろう。と同時にハイデガーは、そこに新たな批判的論点を加えたのである。それが、ディルタイは存在の問いを不問に付している、という批判である。

「ディルタイは、〔歴史的存在という意味での人間存在の〕実在性を生き生きと自由に歴史的に規定しています。しかし彼は、歴史性それ自身への問い、存在の意味への問い、存在者の存在への問いを立てていません。私たちがこの問いを明瞭にすることがようやくできたのは、現象学が形成されてからです」(DJ8, 158.)。

ここでハイデガーは、存在の意味への問いは現象学によって可能になった、と言うのである。じっさい、ハイデガーがフッサールの提示した基本的区別（意識存在とそれを超越した存在）を下地にしてそれを統一する「存在一般の意味への問い」を提出したのが同じ二五年の夏学期講義であり(32)、この道筋が『存在と時間』へ至って、ディルタイの生の概念は存在論的に無差別であるという批判に通じるのであった。かくしてここに、フッサールの現象学の道から、現象学によって可能になるもう一つの道が、つまりハイデガーの基礎存在論から形而上学への道が分岐して来る。

しかしディルタイそしてミッシュから見れば、争点は、相対論的懐疑論に陥るか否かに、そしてまた存在の問いを不問に付しているか否かに、あったのであろうか。とりわけディルタイ没後にミッシュが第一・二論考においてハイデガーに対してディルタイを擁護し、その直後にハイデガーとフッサールの新刊書を契機にして「ディルタイとフッサールの対決」に「遡及」して第三論考を著したのは、相対論的懐疑論というフッサールの批判に対して、あるいはハイデガーの基礎存在論からの批判に対して、ディルタイを擁護するためであったのか。第三論考でミッシュが批判しているのは、両者の新刊書を契機としているかぎり、第一・二論考「ハイデガーとの対決」にはなかった批判であろう。したがってそれはハイデガーのディルタイ批判に対するディルタイ擁護というより、むしろ「ハイデガーおよびフッサールとの対決」として、両者が展開する同じ現象学の道そのものを、「ディルタイの方向づけ」である生の哲学の道から積極的に批判しようとしたのではないか。この観点から第三論考を見ると、そこには第一・二論考にはなかった現象学の道へのミッシュの批判が現れてくるのである。それは、フッサールの「形式論理学から超越論的論理学への反省の道程」(33)への批判であり、そしてハイデガーの「現存在の形而上学」における「現象学的還元の実存論的横滑り」[34]への批判である。ミッシュから見てハイデガーの言う「存在論的」が「超越論的」と変わらないのであれば、フッサールとハイデガーの求める学が厳密学・論理学と基礎存在論・形而上学という道の分岐はあっても、その方法はいずれも超越論的な反省・還元の道であり、同じ現象学の道になろう。

そうであれば、ミッシュは「ディルタイとフッサールの対決への遡及」によってそこに何を見出したのであろうか。ディルタイとフッサールの争点はどこにあったのであろうか。方法という道に的を絞っていこう。

第四節　ディルタイとフッサールの争点。生の流れと同一なもの

本書もまた両者の対決へ遡及して争点へ立ち入ろうとするとき、やはり、一つの疑問が生じて来る。すなわち、フッサールが『厳密学』の中でディルタイの世界観哲学を批判するさいに念頭に浮かべているのは『世界観の類型』だけであろうか。しかし、『世界観の類型』の中でディルタイはフッサールの名前を挙げて批判等しているわけではない。そうであれば、同年の『厳密学』の中でフッサールがディルタイの『世界観の類型』をとらえて批判するのはあまりに唐突ではないであろうか。

たしかに世界観を類型化する方法は比較であり、しかも比較という手法が『個性の研究』に関してヨルク伯と見解が分かれたように外的形態的／内的精神的という区分に従ったものではなく、フッ

サールが『論理学研究』で展開した現象学的反省とも異なる。しかしディルタイは『世界観の類型』の中でこうした方法論を展開しているわけではない。それが展開されるのは、これ以前の一八九六年頃と推定される『歴史意識と世界観』の中である。すなわち、その第二章「心理学的基礎づけ」では、その冒頭で「さまざまな哲学体系がその根本性格と構造に関して研究されるのは、それらを比較して宗教性・神学・芸術形態の様々な形態を招き入れることによってである」[35]として、こうした方法の心理学的基礎づけを展開する。この論考は、比較という手法を前面に押し出している点から『個性の研究』と同様であり、いずれも『心理学の理念』（一八九四）が批判されてディルタイの沈黙が始まった頃に当たり、執筆されはしたが公刊されずに遺稿となったことでも同様である。したがってフッサールがこの論考を前提にしてディルタイを批判したわけではなかろう。

そうであれば、やはり、ディルタイが一九〇五年の『第一研究』の中で「知の理論」を目指して、フッサールの『論理学研究』を賞賛しながらも暗にその限界を批判したことに対して、フッサールは、自身こそ「知の理論」を目指すものとして、ディルタイと同じように賞賛と暗黙の批判という仕方で『世界観の類型』を批判しているのではないか。そうであれば批判の対象になっているのは、たしかに表向きは、ディルタイがフッサールより先を進んでいるとした、心的分析とは「別の側面」、すなわち「解釈学」による「現実認識・価値評価・目的設定および規則設定」の解明であろう。これが具体的に展開されたのが、『世界観の類型』にほかならないからである。しかし、ディルタイのこの解明が覚知そして自己省察という方法に基礎を持つのであれば、フッサールのディルタイ批判は『世界観の類型』を介して『第一研究』に遡るのである。すなわち、フッサールの批判は、たんに世界観学の内容だけでなく、ディルタイが『第一研究』で賞賛と暗黙の批判を展開した、心理学的分析における体験の覚知・自己省察と解釈学における表現・理解に、つまり方法にまで及ぶのである。ともに知の理論を目指すが、対立の根はその方法論にある。

ディルタイの心理学・解釈学の方法が比較による自己省察・理解であったのに対して、フッサールが『厳密学』の中で目指す「純粋現象学」は、「ただ本質を研究するのみであり、けっして現実存在を研究するのではなく、いかなる「自己観察」もその「経験」に基づく判断も、純粋現象学の枠外にある」[36]とする。本書がここで注目したいのは、ここで言われる「自己観察」である。もしこれにディルタイの「自己省察」も含意されているとするなら、ディルタイの「知の理論」は、しかもその方法としての自己省察は、現実存在に関わるものとして現象学の枠外に置かれることになろう。ここでは、現実存在/本質存在という枠組みの中で自己観察が現実存在の側に振り分けられているのである。

これに対してフッサールが本質を目指し、その道として本質直観を採用しているからといって、現実存在の知覚や想起などを、そしてその研究を、まったく不要なものとしているわけではない。それは彼が世界観学も有意義な研究だとしてディルタイを称賛したのと同様である。つまり、フッサールにとってディルタイの道は通過地点としては意義があり、しかしその先にある知の理論を形成するものではないのである。これは、ディルタイがフッサールの『論理学研究』を自身と類縁した研究として賞賛し、しかし自身はその先の解釈学へ進んでいるとしたのと同様の批判の仕方であろう。フッサールは次のように言う。

「たとえば知覚の本質、想起の本質、判断の本質など、ある本質直観の基礎あるいはより良く言えば出発点は、ある知覚のある知覚、ある想起のある知覚、ある判断のある知覚などのこともあるし、また、いかなる経験でもなく、いかなる現実存在も把握していない、ただ「明晰」なだけの純然たる想像のこともある。だからといって本質把握が揺らぐわけではけっしてなく、本質把握は本質の捕捉様式として観ている把握であり、すなわち、経験とは別種の、観ることである」(SW, 316.)。

このように、純粋現象学の方法は、それが外的であれ内的であれ、また現実存在に関わるものであれそうでないものであれ、経験的な知覚や想起や想像などを「出発点」として、しかしそうした「経験とは別種の働き」によって、すなわち本質に相応しい捕捉様式としての「観ること」によって、「本質を把捉」する道である。この道程で本書が注目したいのは自身の『論理学研究』への言及である。

「直観、つまり直観的に観て意識していること、これが及んでいるところまで、これに相応した「イデア化」(わたしは『論理学研究』ではよくこう語っていたが)、つまり「本質直観」が可能である」(SW, 315/6)。

フッサールはここで、経験とは別種の直観こそが、本質の把握を可能にする働きであり、そして

『論理学研究』で語ったイデア化も、本質直観のことなのだ、と語る。『論理学研究』の中では、イデア化は心理学的経験でも内的知覚でもなく「イデア化する眼差し」として「「アプリオリ」で「イデア的」な本質事態」を観取する働き、すなわち「イデア化する現象学的本質観取[37]」の働きとして挙げられているものであった。

そうであれば、フッサールはあえて『論理学研究』に言及し、しかも本質直観が経験とは別種の働きであることを強調することによって、ディルタイに反論しているのではないか。すなわち、ディルタイがフッサールの『論理学研究』を自身の『心理学の理念』と「類縁的な試み」として賞賛しながらも「対象的把握として出現するような体験の限界」を批判したのに対して、フッサールはこれを受けて、『論理学研究』は『心理学の理念』と「類縁的な試み」ではけっしてなく、経験とは別種の本質直観による本質も目指すものであり、したがってディルタイの心理学と解釈学は経験の現実存在の経験に留まるにすぎないのだ、と。かくしてフッサールは直観について具体例を挙げながら次のように言う。

「もしわれわれがわれわれに「色」を、直観的に完全な明晰さに、完全な所与性に、もたらすなら、その所与が本質である。同じようにして、もしわれわれがわれわれに「知覚」すなわち知覚それ自体——任意の流れる知覚の諸単一体に同一なもの——を、純粋な直観において、たとえば知覚から知覚へ眼差しを向けながら所与性にもたらすなら、われわれは知覚の本質を直観しながら捉えているのである」(SW, 315/6)。

フッサールにとって本質直観は、諸知覚自身へ眼差しを向け、諸知覚の流れに対して同一なものを完全に明晰な所与性にもたらす働きである。諸知覚が経験的なものであるのに対して、そこへ向ける眼差しは、経験とは別種なものであり、この別種な働きに現出してくるのが本質である。こうした経験とは別種で、しかも経験へ向ける眼差しが、『論理学研究』で述べられた現象学的反省の眼差しである。そしてその所与となるのが、直観に同一なものとして与えられる本質である。同様の言い方をすれば、ディルタイにとっては覚知の所与が生の事実であるが、しかしこれは経験的なものに留まるのである。

このように見れば、フッサールの本質直観が位置づけられている枠組みは明瞭であろう。それは簡単には、意識の流れに対して同一なものという対置関係になろう。前者の意識の流れあるいは知覚体験の流れは時間的であり、後者は非時間的超時間的である。そして同一なもの、したがって流れないものを看取するのが直観であり、この歩みが現象学的反省の道になる。これに対してディルタイでも、分析されるのは体験の流れである。それは「体験の経過」「生の推移」と呼ばれたり、生が「不断に流れる川」に喩えられたりすることもある。(38) 本書はこれらを一括して「生の流れ」と表記するならば、生の事実として覚知によって捉えられているのが、ここで言う生の流れである。そしてディルタイが生の流れから見出そうとするのは、超時間的なものではなく、流れの中にあって流れを形態づけているものである。それが生のカテゴリーであり世界観の類型である。したがってこれは流れとともにある経験的なものである。そうであればこのかぎり、フッサールの批判はディルタイに妥当するのである。フッサールはそれを次のようにも言う。

「直観が一時的な思念を一緒に取り込むことなく純粋な直観であるかぎり、観取された本質は十全に観取されたもの、すなわち絶対的所与である。それゆえ、純粋な直観が支配する領域は、心理学者がそれをもっぱら純粋にそれだけで、つまり純粋な内在において、受け取るかぎり、「心的現象」の領域として我がものとしている全領域でもある」(SW, 315/6.)。

ここで言われる「「心的現象」の領域」こそ、ディルタイの心理学的分析が扱う領域であった。そしてディルタイは覚知によって心身的生の統一体の働きを生の事実として捉え、それを〈所与〉として分析する道が自己省察と理解であり、その仕方が、比較したり区別したり、類似性や斉一性を見出したりする基礎的論理操作であった。そしてこれによって取り出したのが、表象・感受・意志という心的生の構造連関であった。かくしてこれに基づいて歴史的社会的現実の現実認識・価値評価・目的設定を解釈学的に分析して取り出そうとしたのが、歴史世界の作用連関であり精神世界の世界観の類型である。ここでは、覚知によって直接的に把握されている、経過し流れる生の事実が分析のための〈所与〉となる。しかも、覚知それ自身も、生の流れとともにある。生の哲学はこの地点を出発地点にして、しかもここに留まり、ここに連関・構造・類型を見出そうとする。

これに対してフッサールにおいて、本質直観は、体験の流れに眼差しを向けはするが、経験とは別種の働きとして、流れのなかに同じものとしての本質を純粋に把握する働きである。したがって純粋直観は、ディルタイが扱う「「心的現象」の領域を我がものとしている全領域」を「支配」しているのである。かくしてここでは、経験的な変化するもの（時間的なもの）から同一なもの（超時間的なもの）

への道を切り開く方法が前者の全領域を支配する純粋直観に求められ、この純粋直観に与えられる本質が絶対的所与となる。ディルタイの〈所与〉は流れる生の事実であり、分析の出発点であったのに対して、フッサールの絶対的所与は同一なものであり、分析の目標地点となる。

このように、ディルタイは生の流れの中で連関と類型を見出し、フッサールは流れの中で同一なものを本質として見出す。ここには、覚知が捉え、直観が「支配する領域」は、出発点・経過点として同じだとしても、そこから目指す目標地点の違いが現れている。ディルタイの目標（連関・類型）は、流れとともに時間的可変的であり、イデエル（精神的）なものであり、フッサールの目標（本質）は、流れに対して同一なもの、イデアール（理念的）なものである。このような目標地点の違いが、伝統的な用語では「現実存在」と「本質存在」の対置として、あるいは、「経験的な認識」と「直観的に捉えられ確定された絶対的な認識[39]」の対置、あるいは「記述可能な類型」と「理念」、時間的と超時間的、これらの対置として二分法的に語り出されているのである。

かくしてこのような対置に基づいて次のような批判が生じてこよう。すなわち、フッサールの歩みの方向からすれば、ディルタイの道は変化し流れる現実存在にあり、したがって世界観の哲学が学としてどれほど「有意義で実に賞賛に値する内容」であっても、「絶対的妥当性」を持ちえないのである[40]。しかしディルタイの歩みの方向からすれば、フッサールの道は、同じ所与から出発して直観によって観取されたものがたとえ意識によって内在的に志向されて絶対的所与として現出して来るものであっても、それは生の流れの中に見出されたものではなく、現実の流れを越え出て定立されたものであり、この意味で形而上学の道になるのである。しかも生の流れの中から表出された表現を介して流れそれ自身を理解し確定する解釈学の道からすれば、意識の流れを分析しそこにイデア的本質を観取しようとする現象学的反省の道は、体験流の中で同一なものを表象的対象的に確定しているに留まり、『第一研究』で語られた「対象的把握として出現するような体験の限界」、そして『厳密学』の一年前の『歴史世界の構築』で述べられた「自己認識の内観的方法の狭い限界」という言い回しによって批判されるのである。

したがって両者の争点は、表向きは哲学の普遍妥当性をめぐった世界観学と厳密学の対立にあるが、その根は同じ領域を出発点にした方法に、つまり覚知にもとづく自己省察の道と、現象学的反省にもとづく本質直観の道の対立にある、と見ることができよう。この方法の違いが、両者の学で求められる目標地点の違い、すなわちイデエル（精神的）なものとイデアール（理念的）なものの違いとして現れて来るからである。かくしてディルタイの哲学（生の哲学、解釈学）とフッサールの哲学（厳密学、現象学）は、伝統的な区分立てからすれば、そして表面上は、現実存在と本質存在の対置、あるいは現実性と可能性の対置の中で、学の理念の普遍妥当性を巡った対決として現れて来たのではないか。それでは、ディルタイとフッサールは、互いの道をどのように見ていたのであろうか。両者の往復書簡が証言になろう。

第五節　生の背後へ向かう形而上学を巡って（往復書簡）

（一）形而上学を巡って

書簡はまず、一九一一年六月、ディルタイからフッサールへ送られるが、その発端となっているのは、同年に発表された『世界観の類型』への『厳密学』からの批判であった。フッサールがそこで世界観は相対的であり懐疑論に陥ると批判したのに対して、ディルタイは書簡のなかで、自分の哲学は相対論を超えた高次の見解であって懐疑論には陥らないと反論し、これに対してフッサールは、批判がディルタイ自身に向けられたものではないと語り、これを受けてディルタイは誤解が解けた旨を書き送る。(41) この表向きのやりとりの中で、両者は一致点を互いに確認するが、これによって却って相容れない点が際立ってくる。本書はその点に注目したい。それは、フッサールの世界観批判と、いわば表裏一体になった、ディルタイの形而上学批判である。形而上学の理解で、両者は袂を分かつのである。ディルタイは一致点と相違点を次のように書き送る。

「ごく一般的に見て普遍妥当的な知の理論が存在することは、私たちが一致している点です。さらに、そこへ至る道筋が表示記号の意味を解明する探求を通して初めて切り開かれることも、私たちが同意している点です。その探求は、まずは、知の理論が必要とする探求であり、さらには哲学のあらゆる部分にとって必須な探求です。そこからさらに進んで哲学を構築するとき、私たちの道は分かれます。私には形而上学が不可能に思えます。その形而上学とは、世界の連関を概念の連関によって妥当させて語り出そうとする企てのことです（『世界観の類型』六頁）」（HD3-6, 43）。

ディルタイはここで、「そこからさらに進んで哲学を構築するとき、私たちの道は分かれます」と語る。「そこから」の「そこ」とは、「私たちが同意している点」であり、二つ挙げられている。まず、「普遍妥当的な知の理論が存在すること」、そして「そこへ至る道筋が表示記号の意味を解明する探求を通して初めて切り開かれること」、これら二点である。これはフッサールでは『論理学研究』が、ディルタイでは『心理学の理念』と『解釈学の成立』が切り開いた道である。これに対して「私たちの道は分かれる」とされるのが、「形而上学」である。この場合、分かれ道となる形而上学とは、いわば構築物としての形而上学が両者で異なるという意味ではもちろんない。両者は同じく「普遍妥当的な知の理論」を目指しているのであり、分かれているのは「道」である。そうであれば、分かれ道となる形而上学（メタピュシカ、タ・メタ・タ・ピュシカ）とは、字義通りに自然学（タ・ピュシカ）の後（メタ）の書にして自然学を超え出る（メタ）学、日本語表記では「形而」の「上」という、形あるものを超え出て行く学、すなわち超越の道として理解できよう。しかも、超越することによって普遍妥当的な知の理論を概念形成し、それによって、翻って事実的な世界を説明するのである。すなわち、「世界の連関を概念の連関によって妥当させて語り出そうとする」のである。ディルタイから見てこれがフッサールの道であるのに対して、ディルタイはその道へは歩を進めず、そこで「道は分かれる」のである。

しかしディルタイはこれによって形而上学を自身の道とは異なるものとして拒んでいるわけではない。フッサールが『厳密学』の中でディルタイの世界観哲学を相対的であると批判しながらも、その意義を認めて自身の道の通過地点に位置づけたように、ディルタイも同じように形而上学を自身の道に取り込み、普遍妥当的な知を求める形而上学こそが相対的だと反論するのである。それは次の言葉から明瞭であろう。

私が形而上学は不可能であると言うのは、「形而上学がこれまで失敗に終わっている」からではなく、「形而上学の課題とそれを解決するためのわれわれの手段との一般的関係」からです。というのも、『世界観の類型』でも述べましたように、「形而上学的体系は世界連関を概念連関によって強制的な仕方で叙述しようと試みてきた」ものであるがゆえに、「そのような体系は宗教あるいは形而上学としての世界観を含み」、歴史的な「生の形態」に配列され、そして「生の形態は、精神が展開することを理解するなら、相対的であることが示される」からです。（HD3-6, 45）

ディルタイの趣旨は明瞭であろう。生あるいは世界の連関を、生あるいは世界を超えた概念連関で説明しようとするのが形而上学であれば、本質を求める現象学も、仮説を立てる仮説的説明的心理学も、みな形而上学である。しかも、形而上学が世界や生の謎に知をもって答えようとして普遍妥当的な知の理論を求めるものであっても、それが歴史の中で形成され、したがってそこにその時代の現実認識・価値評価・目的設定が含まれているのであれば、各々の形而上学も一つの世界観であり、相対的である。しかもその時代を形成する現実認識・価値評価・目的設定が生の構造連関（表象・感受・意志）の表出であれば、世界観としての形而上学は、その時代に生が表出された、特定の「生の形態」であり、相対的である。形而上学がたとえ絶対的な知を求めても、それ自体が相対的であるがゆえに、形而上学は不可能とならざるをえないのである。

これに対して「生を生それ自身から理解しようとする」(42)のが、生の哲学の道として、ディルタイの道であった。しかしこの道こそ相対的に見える。生自身が多様に形成され、相対的だからである。しかしディルタイの世界観学は、生のカテゴリーの探求がそうであったように、生が自身を統一的に形成する、その力動性と働きを分析して、そこに斉一的な構造・連関や類型を見出そうとする道である。そうすることによってこの道では、生の多様な形態が連関と類型を形成し、それが生に客観的に妥当していること、したがってまた、ある時代が生の連関の中で一つの類型的な形態を形成して各々の時代が作用連関として歴史を形成していること、このことをイデエルに構築することが目指されているのである。

したがってディルタイからすれば、世界観の類型の相対性を語ったからといって、類型化することが相対的懐疑論に陥っているわけではないのは、形而上学の歴史を叙述したからといってその叙述が形而上学の形成ではないのと同様である。これはちょうど、形而上学が絶対的普遍的な知を求めてもそれ自身は相対的であるという否定的な批判を自身の世界観学へ肯定的に裏返したものになろう。彼はフッサールにこう語る。

私は『世界観の類型と、形而上学体系におけるその形成』（一九一一）の序文で「世界観の相対性」について語ってはいますが、そこから私を懐疑論者だとするのは誤解です。私は「相対性の根拠づけと、相対性を克服するより高次の見解」を提示しようとしているのです。（HD3-6, 44.）

ここで言われる「高次の見解」とは、世界観の類型を分析して各々の世界観が生の形態として生に妥当することを示すことによって、世界観の「相対性の根拠づけ」と「克服」を目指す哲学、すなわち世界観の哲学を意味する。しかも従来の形而上学としての哲学が世界観として形成されてきたのであれば、それは「哲学の哲学[43]」である。このような立場からすれば、カントの超越論的哲学もフッサールの「厳密学も、歴史的に制約されて変転に服しているのであり」、そうした「歴史的制約を妥当性から全面的に分離しなければならない」のである。したがって、フッサールが「知の理念の普遍妥当性」から歴史上の宗教あるいは芸術の妥当性を導き出し、「そうした普遍妥当性と歴史上の宗教の間」に「理念と現象形態の関係」を見出そうとしても、ディルタイからすれば、「この方法は……歴史分析を活用している」ため、世界連関を叙述する概念の普遍妥当性は不可能なのである[44]。普遍妥当性を求める知の理論それ自身が歴史的に生じたものであること、この「歴史意識の形成」が、「形而上学の不可能性」を示しているのである[45]。彼は『世界観の類型[46]』の中で、「歴史意識」を「諸哲学の普遍妥当性への要求」と「矛盾」するものとして挙げているが、『歴史意識と世界観』の中ではより詳しく次のように述べていた。

「新たに出現した歴史意識、それはすなわち次のようなことの意識である。歴史とは、人間素質の遺伝的な力にかかって、さまざまな地理的・気候的・社会的に生を制約するものを通して出現してくる、人間の生の諸形態の多様さが、広まって行くことである」(GS8, 5)。

つまり、歴史は生の形態が多様に広がることであり、歴史意識がこうした多様さの意識であれば、ここからして、普遍妥当性を求めることが不可能であるのは歴史が示している、とディルタイは言うのである。生の多様さはディルタイにとって歴史の事実にほかならない。

このような歴史意識に基づくとき、ディルタイがフッサールと一致して語る「普遍妥当的な知の理論」の意味に注意すべきであろう。それは、知の理論が各々の世界観としての哲学ではなく、哲学の哲学として求められていることを意味する。当初からの道では、それは、諸々の精神科学ではなく、その「基礎づけ」を普遍妥当的な知の理論として形成することを意味する。すなわち、「私〔ディルタイ〕が目指しているのは、諸々の精神科学の普遍妥当的な基礎づけと歴史認識の客観性の叙述である[47]」。ディルタイにとって「普遍妥当的な知の理論」とはある一つの形而上学的理論ではなく、それら諸々の形而上学や哲学や世界観を生に基礎づけることのそれである。そうすることによってディルタイは、歴史認識それ自身が生へ客観的に妥当することを基礎づける理論を目指しているのである。

そうであれば、ディルタイが語る「形而上学の不可能性〔形而上学が不可能であること〕」は、もう一つ別の含意を持っていよう。これまでは、世界観の類型という観点から、形而上学は世界観であり相対的であるがゆえに絶対的知は不可能であることが意味されていた。これに加えて、世界観の類型の基礎づけが生それ自身に基づいているという観点からすれば、形而上学は生や世界を越え出て「生の背後へ遡る」(48)道になり、これは不可能であることが意味されよう。生あるものは、その背後へ、つまり時間を逆行して生の以前へ遡ることはできないのである。しかし形而上学は生の背後へ遡ろうとするのであれば、「生の道はそもそも歩まれて初めて形成される」(49)とミッシュが語った生の哲学とは、逆の方向に進むことになろう。ディルタイが形而上学を特徴づける、生の「背後」とはどのような方向なのか、いくらか立ち入ってみよう。

（二）生の背後

ディルタイは生の「背後」について次のように語る。

「生を仮象とみることは形容矛盾である。というのは、生の経過の中に、過去から生い立って未来へ入り込んで行く中に、われわれの生の作用連関と価値を形成する実在的なものがあるからである。過去、現在、そして未来を移り行く生の経過に、もし無時間的なものがあるなら、それはいわば生の前件であろう。というのは、もしそうであるなら、それは、生が全体の連関のなかで移り行くための条件になろうからである。その場合には、その前件は、われわれがまさしく体験しなかったものになろうし、それゆえただ冥界だけであろう」(GS5, 5)。

これはカント批判の文脈で語られている文面であるが、本書がこの文面で想起するのは、プラトン哲学以来の、背後世界を語る形而上学であろう。その道は「冥界」への死の訓練であり、形而上学は、生成消滅するこの現実の生を「超え出る」試みであり、その越え出たところが真の存在であれば、生は「仮象」になる。これは、ディルタイだけでなく同時代のニーチェ[50]が批判したプラトン主義であった。道に関して、ここで注目したいのは二つある。

まず、死後の「冥界」は、「生の前件」という意味で生に〈先立つ〉ものとして生の〈背後〉にあるとされている。死後は生前に等しいのである。つまり、死して冥界へ移ることは、無時間的な世界へ超えることとして、時間的な生に先んじてそれ〈以前〉へ、つまり、時間的な生を遡って生の誕生以前の「背後」へ回り込むことにほかならない。しかしこれは、愛知としての哲学が始まって以来、「生の連関全体が移り行くための条件」を求めて、生の始原（アルケー）あるいは世界の始まりへ向けて遡って行く哲学的営みそのものであった。もちろんそれは、生の時間的な移ろいの中で、経験的な条件を求めるものもあれば、超越的な条件、あるいは超越論的な条件を求める場合もある。いずれの道も、生を生から理解しようとするディルタイからすれば、生の条件を求めて生を超えて生の背後に遡る〈形而上学〉に変わりはないのである。

これはすでに一八三三年の『精神科学序説』からディルタイの一貫した考えである。すなわち、その歴史叙述の第二部「精神科学の基礎としての形而上学。その支配と没落」の中で、彼は、アリストテレスの「第一哲学」を「自然を超え出たものの学問」つまり「超越的なものの学問」として捉え、[51]近世に至っても、「ライプニッツ」の「根拠律」のように自然を「論理的連関の理論」で説明することをも「形而上学」とみなし、[52]そして「形而上学の軌道の最終地点」を、「把握する主観それ自身を対象とする認識論」と結びついた「形而上学」に求め、そのなかに「超越論的哲学」も含めるのである。[53]ディルタイはすでにこの時期から、つまりフッサールと対決する一九一一年以前の一八八〇年代からすでに、「把握する主観それ自身を対象とする認識論」をも形而上学の流れの中で考えていたのである。しかもこうした認識論を展開する「認識論者」は、ディルタイからすれば、「懐疑論者の正当な後継者」になる。つまり、形而上学は常に超越的なものの存在・知への懐疑を影のごとくに伴っているからこそ、それを解決あるいは解消しようとして主観の認識能力を分析しようとしているのであり、したがってそうした認識論者も、懐疑論に囚われているにすぎず、問題から解き放たれていないのである。しかも、主観を分析することによって「抽象化という自己解体が遂行されただけ」であり、そこで取り出される超越論的条件も、生の事実を踏み越えた、この意味で形而上学的産物にすぎないのである。[54]

次に注目したいのは、形而上学的な認識論的立場は、「主観それ自身を対象とする」と述べられている点である。これが『第一研究』で述べられた「対象的把握として出現するような体験の限界」に通じていると考えることができよう。ディルタイの道は、『精神科学序説』から晩年まで変わることがない。ディルタイにとって生を対象的に把握することは、プラトン的な超越的であれフッサール的な超越論的であれ、生を離れて生自身を眺めることとして、生を超え出てその背後に回り込む形而上学を意味しているのである。

このように見れば、ディルタイがフッサールとの一致点として語る「普遍妥当な知の理論」は、両者の道では真逆の方向に求められているのではないか。すなわち、ディルタイはそれを諸世界観の生への客観的妥当性を基礎づける生の理論に求めていたのに対して、フッサールは書簡で次のように返信する。

「アポステリオリなものにおけるあらゆる客観的妥当性は、その原理をアプリオリなものに持っている」（HD3-6, 48）。

この「アプリオリ」は、ここで「理念」あるいは「理想」とも言われ、フッサールはこうした「原理」を求めて直観によって本質を観取する道を歩む。しかもそれはアポステリオリなものにおいて妥当するものであるがゆえに、歴史的事実的なもの、したがって相対的なものに制限されないと同時に、歴史的事実的なものを先行的（アプリオリ）に条件づけているのである。フッサールの道は、経験的なものに対してアプリオリなもの、すなわち経験に先行する理念・原理・本質を捉える道になる。ディルタイから見れば、こうしたアプリオリも「前件」として生の「背後」になるのである。しかしもちろんフッサールにとっては、自身の道が生の条件を求めて超越論的に生を超える道であっても、超越的に背後世界へ遡る道ではないのである。フッサールは次のように応答する。

「思うに、貴殿が形而上学として戦っているものと、私が形而上学として容認し押し進めるものは、同じではないのです」（HD3-6, 49f.）。

フッサールの道からすれば、同じ形而上学であっても、自身が押し進める超越論的な形而上学は、自然科学や精神科学の変遷を包含する原理的な学問であり、一方では「意識に即して純粋に存在に向けられており」、他方では「したがってその認識の態度は、存在と意識の謎に満ちた本質関係に向けられている」のである。これに対してプラトンの超越的形而上学や「カントに身を寄せる物自体「形而上学」」、「純粋概念の体系から現実の科学を取り出そうとする存在論理主義的なスピノザの形而上学」は、フッサールにおいても排除されているのである(55)。

そうであれば、ディルタイから見て形而上学の道が「生の背後に遡る」道として一括りにされても、「背後」への〈先行性〉の意味の違いに応じて、いくつかの道が分岐しよう。たとえば、現象学的反省の道にある超越論的アプリオリ性の形而上学、あるいは現象の「背後」に隠れた物自体を設定する超越的物自体的な形而上学、さらにこれに魂の不滅性・輪廻が加えられた超越的な冥界の形而上学、などが挙げられよう。ディルタイが自己省察の道を歩み、どこまでも生に留まるのに対して、フッサールの『厳密学』は現象学的反省の道を歩み、生を客観化することによって超越論的に超え出て行くアプリオリ性の形而上学になろう。

かくして、ディルタイとフッサールの道の違いが際立って来るのではないか。厳密学を目指して現象学的反省の道を歩むことは、自己省察を後にして本質直観を方法とすることである。これが『厳密学』におけるフッサールのディルタイ批判の核心である。逆に自己省察に留まることは現象学的反省に背を向けることである。これが『第一研究』におけるディルタイのフッサール批判であり、両者の対決の発端であった。かくしてここで争点になるのは、生を何らかの仕方で超え出る道としての超越の問題になろう。形而上学の問題は超越の問題である。しかも生を超え、そして超えたところのイデアールなもの（理念的なもの）から生を捉え直すことは、生を全体として捉えることになろう。超越の問題は全体の把握の問題と表裏一体になっている。しかもディルタイもフッサールも形而上学を争点にして相手の道を自身の道に取り込もうとする。ディルタイはフッサールの道を形而上学という一つの「生の形態」として世界観哲学のなかに取り込む。フッサールはディルタイの道を自身の道の通過地点とする。ディルタイが書簡の中で語る「生の形態」について、フッサールは宗教を例にして次のように語る。

「それゆえ宗教の現象学的理論は、主要部分によれば、貴殿〔ディルタイ〕が再三要求していること、すなわち内的な生へ帰還すること、内的動機付けの追体験によって初めて現実に理解できるようになる「生の形態」へ帰還すること、まさしくこのことを要求しているのであり、あるいはこのことにほかならないのです。追体験と理解は、具体的な直観的意識であり、私たちはこの意識から、宗教をイデアール（理念的）な統一体として生み出すべきであり、またそうできるのです」(HD3-6, 49)。

フッサールはディルタイの「追体験と理解」を「具体的な直観的意識」とみなし、そこからさらに「イデアール（理念的）な統一体」を看取する純粋直観を目指すのである。自己省察と理解というディルタイの道からフッサールは現象学的反省を純粋直観の道として切り開こうとする。これが、流れる生から同一なイデアールな統一体への超越の道となる。しかし、そのように「すべきであり、またそうできる」のであろうか。ここが両者の道の分岐点にほかならない。分岐は自己省察に留まるか純粋直観へ進むかであり、フッサールは進むべきでありまたそうできると語り、ディルタイはそれは形而上学であり不可能だと語るのである。

そうであればミッシュは、ディルタイとフッサールの対決に遡及することによって、知の理論を求める〈同じ〉道の〈交差〉にして〈分岐〉に、そして解釈学の道を歩んでいるように見えたハイデガーも実はフッサールと同じ現象学の道にいることに気づいたのではないか。かくしてミッシュは第一・二論考でのディルタイ擁護に留まらず、第三論考を起こして、超越の道という方法を争点にしてフッサールとハイデガーを現象学の道として生の哲学の道から批判したのではないか。これに対してハイデガーは、二五年の夏学期の講義の中でディルタイとフッサールの書簡について語るとともにディルタイ批判を展開し、これを受けたミッシュの第一・二論考による『存在と時間』への批判に対して、二九年夏学期の中でディルタイをも含めてミッシュに反論するのであった。しかもこの反論の視点は、『存在と時間』における基礎存在論から形而上学へ推移していた。かくしてミッシュの第三論考では、ハイデガーの現存在の形而上学における超越概念への批判が展開されるのであった。そうであればここで、二九年におけるハイデガーの反論にいくらか立ち入ることによって、ディルタイとフッサールの対決を背景とした争点の推移を見届けておこう。というのも、そこでは、ミッシュが第一・二論考で批判した現存在から基礎存在論への道が、現象学と生の哲学の分岐点としての超越の問題として、そしてそれと一つに全体の把握の問題として、したがってディルタイとフッサールの書簡で争点となった形而上学の問題として露わになって来るからである。この点を掘り起こしておこう。

第六節　ミッシュへのハイデガーの反論（二九年夏学期講義）

ミッシュが第一・二論考を著した直後、ハイデガーは二九年夏学期講義の中でミッシュに反論する。この反論は、ハイデガーが基礎存在論から存在者論への転回によって現存在の形而上学への道を歩み始めるときのものであった。講義ではこれが「人間の有限性」と「形而上学の問題」として展開され、しかも形而上学の問題が人間の有限性の徹底化として遂行されていたのであった。かくしてハイデガーは講義のなかで「存在一般への問い」を「人間の現存在の有限性への問いに基礎づけること」を課題に挙げながらミッシュを次のように批判する。

「ここでミッシュは首尾一貫していない。すなわち、最初は、理論的な問いだ、としているが、この批判は後になってよくよく見ると放棄されている。しかし、彼は維持することのできない対置の中を堂々巡りしているのだ」（DJI1, 177. GA28, 134.）。

これは講義の流れからして唐突にも見え、また批判の真意がどこにあるのか不明にも思える。しかし問題となっているのが現存在の分析論から基礎存在論への道であれば、これは、ミッシュのハイデガー批判を受けてハイデガーも同様の批判をミッシュに返している、と読むことができよう。つまり、ミッシュが現存在の分析論から基礎存在論への道は通じていないとハイデガーを批判したのに対して、ハイデガーはこの批判的論点をそっくりミッシュ自身に適用して、ミッシュの生の哲学から論理学への道は「維持することのできない対置の中を堂々巡りしている」だけであって通じていないのだ、と批判しているのであろう。ここでハイデガーが批判する「維持することのできない対置」とはミッシュの生の哲学と論理学の対置であろう。しかもハイデガーが「理論的な問い」という文言をも挙げていることからすれば、ハイデガーはミッシュの道が非理論的な問い（生の哲学）から理論的な問い（論理学）へ向かっており、これは維持できないと批判しているのである。

　そうであればこのハイデガーの批判は、さらに、ミッシュの第一・二論考での、「生の「存在者的」力動性への存在論的理論（あるいは少なくとも、存在論の――紛れもない――理論的契機）の関係[56]」に対する批判、つまり存在論の理論が生の生動性を欠いていることへの批判をも念頭においたものであろう。すなわち、ミッシュは現存在の分析論から存在論への「存在論的理論」の道を批判するが、ミッシュ自身も生の哲学から論理学へ理論的な道を目指しているではないか、しかもミッシュは非論理的なもの（生の究め難きもの）を論理学の源に置いているがゆえに、「維持することのできない対置の中を堂々巡りしているのだ」、とハイデガーはミッシュに対して反論するのである。

　じっさい、ミッシュの生の哲学とハイデガーの存在論、さらにはミッシュの生の哲学と論理学、ここに非論理的と論理的という対置を重ね合わせれば、ミッシュのハイデガー批判はもっともであると同時に、論理学を目指すミッシュ自身も、自身の批判に絡め取られてしまっていることになろう。

ミッシュは生の哲学（非論理的）に基づいて論理学（論理的）を構築しようとするからである。ハイデガーの反論はこの点を突いている。しかもハイデガーは、反論の前段で自身の問題が、現存在の有限性への問いの徹底化にあり、これによって基礎存在論が基づけられるがゆえに、非理論的（生の究め難さ）と理論的（論理学）という「対置」の枠外にあり、ミッシュこそ「対置」の中を「堂々巡り」しているのだ、とミッシュの批判をかわそうとしているのであろう。

しかしながら、両者の道が別の道であり、「論理的」そして「論理学」で意味されていることが異なるのであれば、両者の主張は噛み合うことはなかろう。とりわけミッシュの論理学は「非理論的」なものを含んでいた。しかしそれにもかかわらず、両者の道は、ちょうどディルタイとフッサールの書簡で語られていたように、一致と同時に分岐という関係を持っているのではないか。四者ともに同じく人間の分析に基づいて哲学を構築しようとするが、その内実は異なるのであった。本節ではそれを、これまで明らかにしてきた各々の道の鍵概念の違いとして、つまり各々の道を方向づける道標の違いとして取り出せば次のようになろう。

ディルタイでは、「人間」と「哲学」の関係を表す鍵概念は「生の謎」と「精神科学の基礎づけ」であろう。これに応じてハイデガーでは、ミッシュへの反論に出てくる「有限性の徹底化」としての「存在理解の困窮」と「基礎存在論・形而上学」になろう。そしてミッシュでは、「究め難きもの」と「ロゴスとしての論理学」になろう。この場合さらに、ディルタイにおける「生の謎」は、「誕生・成長・死」として具体化されよう。これに応じて、ハイデガーの「困窮」あるいは「有限性」は、「自己の死」そして「存在者を全体において超越して無の中へ潜入していること」として具体化されよう。またミッシュの「究め難きもの」は、「無規定的なもの」になろう。いずれも、人間の生・存在と不可分にその全体の把握に関わる。すなわち、いずれも生と分離されてそれ自体で存在しているのではなく、生の謎として、死への存在として、そして規定的無規定的な骨組みとして、生・存在と分かち難くその全体を限界づけているのである。そしてここにこそ、各々の道の違いが生じてきたのである。ディルタイでは死は追・体験（理解）できない現実の謎であり、誕生・成長・死という謎に満ちた生の全体も完結することなく理解できないのであった。これに対してハイデガーでは、死はどこまでも可能性であり、死への存在は可能性への投企（理解）であり、全体も可能的全体であった。ミッシュではディルタイと同様に、全体は無規定的でありその理解も無規定的である。このように捉えると、伝統的な現実性と可能性という用語を使えば、ディルタイの現実的な概念枠組みを可能的なものへ投射したのがハイデガーの概念枠組みになっているように見える。

そこで、ディルタイとフッサールの道の分岐が現実と本質の分岐にあったことを想起すべきであろう。ディルタイは生の現実を分析するのに対して、フッサールはそこから進んで本質を、本質直観を、目指すのであった。これと同じことが、ミッシュとハイデガーの道に言えよう。ミッシュがディルタイと同様に生の現実をその深みへ遡って分析するのに対して、ハイデガーは『存在と時間』で語られていたように、(57)「現象学の本質的なもの」を「現実性よりも高みにある」「可能性として掴み取る」のであった。かくして、謎を包む生の全体は可能的全体存在として理解可能となり、謎はなく、「最極の可能性（死）」に至るまでくまなく見通しがきくようになったのである。と同時に、本書で銘記しておいたカントの二律背反に類するアポリアも解消されるのである。ディルタイとフッサールの分岐点となった現実／本質は、ミッシュとハイデガーでは現実性／可能性へ引き受けられるのである。そうであればここでもまた、現実の生・存在を可能性へ目指して超え出ることが、両者の争点となるのではないか。しかもハイデガーがこの時期、基礎存在論から形而上学へ移行して現存在の超越を語るのであれば、ディルタイを継ぐミッシュからすれば、これはまさしく形而上学としての現象学の道にほかならないことが、ディルタイとフッサールの対決に遡及することによって明瞭になったのではないか。そうであればここでは、全体を越え出る形而上学とともに、超越そして超越論的という概念がディルタイとは異なる仕方で争点になろう。ディルタイが形而上学・超越を生の背後に向かうこととして排斥したのに対して、ミッシュは「超越的なものの内在」(58)をすでに第一論考のなかで積極的に語っていたからである。

そうであればこそ、ディルタイを引き受けたミッシュが生の哲学の道で語る超越と、フッサールを引き受けたハイデガーが現象学の道で語る超越が、お互いにどのように差異化されるのか、それが争点になろう。フッサールからハイデガーの道ではそれが有限化の道として語られたのであれば、ディルタイからミッシュへの道では有限化は生が生自身の現実を全体として理解することが〈できない〉という点にこそ求められよう。そうであれば、ハイデガーの語る有限化は、この現実性の〈できない〉を可能性の〈不可能性〉へ投射したものになるのであろうか。ハイデガーの二九年講義のミッシュ批判を見てみよう。

ハイデガーは「存在」と「時間」という表記を取り上げてミッシュに反論する。

「「存在」と「時間」という表記は、ensとegoという対置を、したがってまた、ensは存在者、その存在、存在論を、egoは我、自己意識、ディルタイの言うような体験、生、人間の生、そしてその時間性として理解された時間、生の哲学を、告知している。問われるべきことは、生の哲学が人間の存在を前提にしているということであり、しかも両者をつなぐ媒介やどちらか一方の根源性の問題ではなく、存在問題と、時間性としての現存在の問題の連関、すなわち「と」にこそあるのだ」（DJH, 178f. GA28, 134f.）。

先の反論からも明らかなように、ハイデガーがここで目指す「と」とは、存在と時間の連関として、現存在の時間性の時熟の仕方、したがって現存在の有限性の徹底化を意味しており、反論の論旨としては先の反論と変わるところはない。すなわち、重要なのは現存在の有限性の徹底化であるのに、ミッシュは存在論か生の哲学か、この二者択一に拘泥しているのだ、と。ここでも問題となるのは有限性の徹底化であろう。

たしかにミッシュの見るように[59]、一方の「存在」は古代から中世に至る伝統的な形而上学（第一哲学、存在論）で問題にされ、他方の「時間」も同じく形而上学で問題にされてきたのに対して、生の哲学は、時間を生に含まれているものとして問題にしており（ディルタイ、ジンメル）、この点で存在論・形而上学と生の哲学は一線を画しているのである。しかも生は時間の謎と結びつけられ（アウグスティヌス）、さらには存在は生に取って代わられたのである（フィヒテ）。このような見解のミッシュからすれば、ハイデガーは解釈学を語って今日の方向を進んでいるように見えるが、しかし存在の問いを存在の意味への問いとして、しかも存在の問いの超越論的地平として時間を解明しようとしている以上、生の哲学を経た後であるにもかかわらず存在の問題へ逆戻りして「第一哲学の更新」を課題にしているのである。しかも解釈学を通してそれを遂行することは、新たに息吹いた新芽に古木を接いで蘇生させるようなものであり、それは可能なのか、というのがミッシュのハイデガー批判になる。

これに対して二九年講義では、現存在から基礎存在論への道が、現存在から存在者全体を超越して無・世界・存在へ至る道として捉え直されることによって、同じ形而上学であってもハイデガーの超越概念はフッサールのそれとは異なり、その違いが際立ってくるのではないか。それは一方で、事実的なものからイデアールな理念への現象学的反省の道を可能性への道として踏襲しながらも、他方では超越者としての存在へ超越するその道に有限性の核心として無が現れることによってフッサールの道とは一線を画すのである。それは『存在と時間』では、現存在の本来的な可能的全体存在へ至る道に実存の不可能性としての死への先駆が現われていたのと同様であろう。それでは、ハイデガーの超越の道に無が現れて来たことは、ディルタイからミッシュへの道と比べるなら、どのように理解すべきであろうか。それは、理解〈できない〉死が〈不可能性という可能性〉として理解に取り込まれることによって、生の全体が死から見渡すことの可能な〈可能的全体〉とされたのと同様であろうか。すなわち、無もまた、それとは端的に異なる存在者の全体を見渡すことの可能な可能的地平とされ、したがってこれと一つに出会う存在者の全体も可能的全体として捉えられているのであろうか。

そうであれば、体験〈できない〉自身の死が〈不可能性という可能性〉として将来へ投企されたように、生そして存在者に関しても〈捉えることのできない全体〉が〈可能的全体〉として投企されていることになろう。そうであれば、ディルタイでは生の全体を形成する「生殖・誕生・成長・死」という生の謎、そしてミッシュでは生の究め難きもの、これら〈理解できないもの〉が、追体験としての理解から可能性への投企としての理解へ、理解概念の変遷によって〈理解可能なもの〉になったことになろう。しかもこれは現象学を可能性の高みに捉えることによって遂行されたのである。しかしそうであればいっそう、存在者全体を超越して無の中に潜入し、存在理解を困窮としているという、有限性の徹底化、とりわけ超越は、どのように考えるべきであろうか。というのも、ディルタイそしてミッシュからすれば、カントの二律背反のように〈理解できない〉ということにこそ生の有限性があれば、これが〈理解不可能性という可能性〉へ投企されることは、有限性の徹底化というより、それを反省の眼差しで捉えることによって有限性それ自身の理解可能化を遂行していることになるのであろうか。争点になるのは各々の道で目標へ至るための方法としての、生を超える超越の道であり、そこに伏蔵されている全体の把握の問題である。ミッシュの第三論考における現象学批判に立ち入ろう。

注

（1） DJ8, 147.

（2） DJ8, 158.

（3） この間の経緯については、以下を参照。Lessing, DJ6, 1989. Farías, 1989, 103ff. なお、哲学部学部長としてのミッシュの審査報告書「哲学部の所見」からの引用は前者による。
（4）Heidegger, GA20, 30.
（5）Husserl, HD3-6, 41-53.
（6）エビングハウスも含めてディルタイ宛の書簡は『ディルタイ書簡集第二巻』に収録されている。その詳細は以下を参照。大石、二〇一五、八二以下。またエビングハウスとの論争については、伊藤、二〇〇八、一以下、を参照。
（7）Dilthey, GS7, 9.
（8）この「なにか無理」があるという文言を取り上げながら、「ゲオルク・ミッシュのハイデガー批判」を「〝世紀の論争〟を追跡する」、とした論考として以下を参照。的場、二〇〇一。
（9）DJ6, 137.
（10）ハイデガーの「存在一般の意味への問い」は、二五年夏学期の講義の中で、フッサールの意識存在と意識を超越した存在の区分に基づいて（Husserl, III-1, 159.）、次のように提示されている。「あらゆる存在区分の中で最も徹底的な区分――意識存在としての存在と、意識の内に「告知」された「超越的」存在としての存在――」「この基礎的な存在区分の獲得にさいして、区分されているものそれ自身のあり方は問われてすらいない。すなわち、意識存在のあり方が問われていないし、存在区分一般の全区分を統括するもの――存在の意味――はまったく問われていない」。かくして「現象学的に問うことは、その最も内的な道筋に従えば、それ自身、志向的なものの存在への問いに通じ、とりわけ存在一般の意味への問いに直面する」（Heidegger, GA20, 157, 158, 184）。詳細はすでに触れたことがあるので以下を参照。山本、二〇〇五、一五八－一六一（第四章四節「存在一般の意味への問い」）。
（11）Dilthey, GS1, Vorrede 1.

（12）Dilthey, GS5, 139.
（13）Dilthey, GS7, 87.
（14）詳細は、山本、二〇一四、九五以下、　を参照。
（15）Bollnow, 1955, 172, 175f.
（16）Bollnow, 1955, 212.
（17）Gadammer, 1960;1975, 211.
（18）Gadammer, 1960;1975, 214.
（19）この点については以下で詳述しており、本稿では必要な限り論点のみを提示しておく。山本、二〇一四、一一五－一六四（第二章第三節「理解の対称性／非対称性」および第四節「理解のずれ」）。
（20）Dilthey, GS19, 52.
（21）Dilthey, GS19, 57.
（22）Husserl, LU2/1, 220.
（23）この点について詳細は以下を参照。山本、二〇〇五、二〇二以下（第五章三「意識の事実と覚知」）。
（24）Dilthey, GS8, 79.
（25）Dilthey, GS8, 80.
（26）Dilthey, GS5, 378f.
（27）Dilthey, GS7, 287.
（28）Dilthey, GS7, 88.
（29）Dilthey, GS20, 348.
（30）Husserl, LU2-1, 312.

(31) Husserl, SW, 323.
(32) 前掲注（10）を参照。
(33) Misch, LP, 197ff.
(34) Misch, LP, 253ff. 内容見出し（2. Aufl.）による。
(35) Dilthey, GS8, 15. なお同論考の執筆年代については、大野、二〇〇四、による。
(36) Husserl, SW, 316.
(37) Husserl, LU2-1, 439f.
(38) Dilthey, GS7, 192, 194, 280.
(39) Husserl, SW, 316.
(40) Husserl, SW, 323/4f.
(41) Husserl, HD3-6, 41-53.
(42) Dilthey, GS5, 4.
(43) Dilthey, GS8, 206ff.
(44) Husserl, HD3-6, 46.
(45) Husserl, HD3-6, 47.
(46) Dilthey, GS8, 76.
(47) Husserl, HD3-6, 52.
(48) Dilthey, GS5, 5.
(49) Misch, LP, 28.
(50) 生ならびに意志・意欲を強調するニーチェさらにはショーペンハウアーにまで遡って「生の哲学」を広

めることは可能であろう。しかし本書では「はじめに」で述べたように、意識の現象学に対する生の哲学の道に注目しており、ディルタイ（1833-1911）と同時代のニーチェ（1844-1900）、いくらか遡ったショーペンハウアー（1788-1860）との関係については立ち入ることができない。

（51） Dilthey, GS1, 129, Anm.1.

（52） Dilthey, GS1, 387f.

（53） Dilthey, GS1, 404ff.

（54） Dilthey, GS1, 407.

（55） Husserl, HD3-6, 50f.

（56） Misch, LP, 41.『ディルタイ年報』一一号に「ゲオルク・ミッシュの批判に対するハイデガーの反論」と題してハイデガーの講義第一二節とその注解を載せたクラウディウス・シュトゥルーベは、次のように注解しているが（DJ11, 188f.）、LP, 41 からの引用は本書での解釈と異なっている。彼の注解によれば、ミッシュは、ハイデガーが生の哲学から出発して生の力動性を問題にしたにもかかわらず、そこから基礎存在論へ向かう時にアリストテレスそしてフッサールの伝統の中で純理論的な態度に頼ってしまった、と批判するが、ミッシュ自身も「存在論的理論……の、生の存在者的力動性への関係」（Misch, LP, 41）を語ることによってこの批判を弱めてしまったのだ、とハイデガーには肯定的に、ミッシュには否定的に解釈されている。ミッシュからの引用文の理解、したがってハイデガーの反論の主旨の理解も、本書とは異なる。

（57） Heidegger, SZ, 38.

（58） Misch, LP, 12.「超越的なものの内在」は、ディルタイとミッシュの間をつなぐジンメルの生の超越の影響にあり、引用符付きで用いていることからすれば、ジンメルのそれを指すと考えられよう。この点について本書では第五章でディルタイからジンメルを介したミッシュへの道として詳述する。また次を参照。

茅野、一九七七、三一三。

(59)　Misch, LP, 3ff.

第四章　生の哲学と現象学――ミッシュの現象学批判

　前章まではミッシュの第一・二論考を手掛かりにして、ミッシュとハイデガーの対決を追跡しながらディルタイとフッサールの対決に遡及し、ディルタイとフッサールの分岐点にして交差点に至った。その地点とは、フッサールの表現によれば、追体験という経験的直観によって現実を理解する生の形態を求める道か、それともこの道を経過点にしてさらに本質直観によってイデアールな統一体を看取する道へ歩を進めるか、その分岐点にして交差点であった。フッサールは後者の道へ進むべきであり、またそうできるのであると語る。一方のディルタイはこの地点に留まり、その先へ向かう道は生の背後に遡る形而上学の道であり、歴史意識の形成がそれを不可能にしたと語る。

　ミッシュはディルタイとフッサールの対決に遡ることによってこの分岐点を見届けたのであろう。そして、第一論考の副題を「ハイデガーとの対決」としていたのに対して、第三論考の副題を「ハイデガーおよびフッサールとの対決」としたのではないか。ここではたんに「フッサール」の名前が付加されたのではなく、ハイデガーの道がフッサールに由来する同じ現象学の道であることを示している。前章ではそれを、生の現実に対する本質・可能性への道として特徴づけた。ミッシュとハイデガーの対決は、ディルタイとフッサールの対決を背影にして、ハイデガーのディルタイ批判に対するディルタイ擁護から、ディルタイとミッシュが歩む生の哲学の道とフッサールとハイデガーが歩む現象学の道の対決へ展開する。争点となるのは、現実の生を超越して、現実に対してイデアールな本質的なもの、あるいは可能にするものへ至る道、超越の道である。

それでは、この対決の中でミッシュはどのような道を切り開こうとするのか。ディルタイとフッサールは互いに相手の道を自身の道へ取り込もうとした。これを背影にしてハイデガーは、解釈学を現存在の現象学へ統合・展開しようとする。それでは、ミッシュは解釈学の側から現象学をどのように見るのであろうか。そしてそこでは、生の全体の把握はどのように顕在化し、また統一的全体の形成の中で〈否定〉はどのように働いているのであろうか、これら本書の道の問題を、ミッシュによる生の哲学と現象学の対決の中から掘り起こして行こう。

まず、分岐点となる地点に立ち入って、ディルタイの言う事実的なものからイデエルなものへ、そしてフッサールが目指すイデアールなもの、この両者の違いを明確にすることによって（第一節）、二つの道の統合を緊張関係として捉えよう（第二節）。そして二つの道の循環的な進み行きの違いに着眼することによって両者の道の違いを際立たせ、本書の問題を掘り起こそう（第三節）。

第一節　分岐点にして交差点

ミッシュは第一・二論考を著した同年にフッサールとハイデガーの新刊書が公刊されたのを切っ掛けにして、ディルタイとフッサールの対決へ遡及するよう指示されていると考え、その遡及によって第三論考を著す。そうであれば、彼の視点は、第三論考で取り挙げられているその新刊書、そしてディルタイとフッサールの書簡、これらへの評価に現れていよう。ミッシュがそれをどのように描いたのか、両者の道の交差から分岐をどのように見ていたのか、この点に注目しよう。本書はそこから二つの問題を取り上げよう。一つは（以下、一）、レアール（実在的）を出発点とした二つの道の分岐、すなわちディルタイにおけるレアール（実在的）からイデエル（精神的）へ、さらにフッサールにおけるその先のイデアール（理念的）への分岐、そして（以下、二）、いわばその中間の道を切り開くミッシュにおける超越的なものの内在への分岐、もう一つは（以下、三）、ディルタイからミッシュへの道での生の統一体とフッサールの道での意識の志向的統一体の交差である。以上の三点の分岐・交差を捉えることによって、次節で、ミッシュによる生の哲学と現象学の統合の仕方へ向かおう。

一　レアール、イデエル、イデアール、超越的なもの

（一）レアール（実在的）とイデエル（精神的）

第三論考で特徴的なのは、ミッシュがディルタイとフッサールの書簡を挙げながらフッサールを前面に出すことによって両者の二つの道を描き、そこに自身の道を位置づけようとしている点である[1]。

その位置査定のための道標となるのが「超越論的論理学」である。すなわち、ディルタイは精神科学の基礎づけから生のカテゴリーの分析へ、そして解釈学による歴史世界の構築と世界観学へ進んで、超越論的哲学をも形而上学の中に含めて批判したのに対して、フッサールは厳密学としての現象学へ、そしてミッシュの第一・二論考と同じ一九二九年に公刊した『形式論理学と超越論的論理学』では形式論理学から超越論的論理学へ向かったのである。ミッシュもまた、第一・二論考の中で「超越論的論理学」を目指していることを語っていたのであった。[2] しかしミッシュは第三論考の中で、二九年のフッサールの新刊書を介してフッサールもまた自身と同じくカントを出発点にしながら〈同じ〉超越論的論理学への道を、しかもカントに留まることなくその先へ進もうとしている点においても〈同じ〉道を歩んでいることを確認しながらも、しかしフッサールと自身の超越論的論理学が根本的に〈別の〉道であること、つまりフッサールのそれは現象学的方法による道であり、自身のものはディルタイの方向づけによる生の哲学の方法による道であることを明瞭にしようとするのである。

ミッシュはその道の違いを端的に次のような鍵概念で特徴づける。

ディルタイにおいては「事実性からイデエル〔精神的〕なものへの道」であるのに対して、フッサールにおいては「厳密学のイデアール〔理念的〕な概念」への道である。(LP, 184)

ここでミッシュが挙げるフッサールの「イデアールな概念」の「イデアール」とは、フッサールが『厳密学』の中でいう「超時間的」[3]、あるいはディルタイとの書簡で語る「理念的、したがって絶対的

（「絶対的」のある種の意味において）[4]」という意味であり、したがって「イデアールな概念」は知の普遍妥当的理論を形成する概念である。これに対して、そうした知の理論はプラトン的イデアのごとき形而上学であり、そうした形而上学は不可能である、とするのがディルタイの形而上学批判であった。ここが分岐点である。すなわち、一方は「事実性からイデエルなものへの道」であり、もう一方はさらにイデアールなものへの道である。したがってイデエルなものが二つの道が交差している地点になる。それでは「イデエルなもの」とは、ディルタイ自身の哲学の中ではどのような意味で語られていたのであろうか。この点をまず明確にしておこう。

ミッシュがここでディルタイから引用している「事実性からイデエルなものへの道」という言い回しは、出典の注記がなく、ディルタイの遺稿からの引用であることが推測される。しかしこの第三論考の三年前の一九二七年に公刊された『ディルタイ全集』第七巻には遺稿『構築続編』が収められ、その中に節題として次が見出される。すなわち、「事実性からイデエルなものへの道、このイデエルなものの中で出来事は連関を獲得する[5]」。この用語は、一見、フッサールの現象学からの影響に思われはするが、しかしディルタイは、自身が賞賛したフッサール『論理学研究』より以前の一八六〇年代の最初期論理学講義の頃からこの用語をごく一般的な意味で使っている。たとえば、詩人がいくつかの事実を結びつけてある一つの詩を創るさいの「視点」を事実的なものに対する「イデエルな視点」と語ったり、あるいはそれを「普遍的な理念」と言い換えたり、したがって「事物の表象は、全体がイデエルな統一性へ関係していることをすでに含んでいる」とも言うのである[6]。

このような「イデエル」は、もとより、プラトン的なイデアに形容されるような、時間的に対する超時間的、相対的に対する絶対的、つまり「イデアール」ではなく、時間的制約を受けたものである。したがってそれがディルタイの初期講義の中では「普遍的な理念」と言い換えられていても、それは、フッサールの言うイデアールな意味ではなく、むしろ後にフッサールがディルタイの「目的という理念」を歴史的に制約された相対的なものとして批判した、「歴史世界」を形容する概念として使用されているのである。それは、どこまでも歴史的に制約され、しかしいかなる生の統一体へも客観的妥当性を持ちうるという意味での「普遍的な理念」である。したがってディルタイは、『構築続編』の前編となる一九一〇年『歴史世界の構築』の中では「理念」あるいは「イデアール」という語は使わず、「イデエル」そして「客観的」という語を使って次のように言う。

> 「いまや精神諸科学の中で歴史世界の構築が遂行される。この〈歴史世界の構築という〉比喩的表現で私が表示しているのは、イデエルな連関である。つまり、歴史世界についての客観的知は体験と理解を基礎にして次第に進展する成果の中で広まりながらイデエルな連関を成して存在しているのである」(GS7, 88)。

ディルタイが構築しようとする歴史世界はイデエルな連関である。この連関が『歴史世界の構築』では「作用連関」として提示されているのである。それは、生の外に何かをテロスとして設定するのではなく、各々の生の中で、そしてまた歴史的社会的現実の中で働いている、生に「内在的な目的論的性格」をもった「価値の産出と目的の実現」を目指した「精神的な作用連関」を、つまり「作用する力、価値、目的、意義そして意味、これらの間にある内在的関係」としての、「歴史世界の作用連関」である。(7) したがって歴史世界についての客観的知とは、表出されている個人の文書から芸術作品などの文化的所産、そして組織や国家などの機構の社会的に公的な文書、そして今日では映像などデジタル作品に至るまで、レアール（実在的）な史料を基にして、そこに表出されるイデエル（精神的）な作用連関を構築したものである。

したがって、ディルタイの言う「イデエルな連関」の「イデエル」とは、さしあたり一般的な意味で、またディルタイ自身が上記の引用の文脈で「精神世界のイデエルな構築(8)」という言い方をしていることからも、「精神的」を意味しよう。しかし「精神的」とは言っても、ヨルク伯との書簡で争点になっていたように、それは〈精神／物体〉という二分法の片割れとしての「精神」ではない。歴史世界そして精神世界は、心身的生の統一体がそうであるように、精神的であると同時に身体的物質的にも形成されている。しかしながら、それが過去の歴史世界として構築されるとき、現在的にレアールに体験されている世界とは根本的に異なる点がある。すなわち、過去の世界は過去においては心身的生の表出として心身的に体験されていたであろうが、現在からすればそれはもはや存在せず、現在の理解〈追体験〉によって構築されねばならないのである。すなわち、過去の史料などの〈表現〉に基づいて、過去の〈心身的生の統一体〉の〈体験〉が現在において理解〈追体験〉され学的に構築されねばならないのである。これがディルタイの解釈学が目指すところであった。ディルタイはこれをレアールに対してイデエルな構築という言い方をするのである。ここでは、生が現在的にレアールに体験されているようにイデエルな構築も現在的なレアールな追体験として、しかもレアールな表現に基づくことによって、たんなるフィクションや空想と異なり、レアリテート（実在性）を持ちうるのである。一八九九－一九〇三年の講義の中でディルタイは次のような分析を行っている[9]。

たとえば、私が目を開ければさまざまな「像」が現れ、目を閉じればそれらは消える。しかも「像」は光の具合や距離の取り方によっても不断に変化している。これに対して私がこれまでに会ったことのある「特定の人」というように私に現れる「対象」、たとえばいくつかの像がこれまでの経験から「あ、山本さんだ」というように「対象」を現前させることがある。この場合、対象・客観は像と異なる。すなわち、「像は客観ではなく、客観はすべての像のイデエルな一致点である[10]」。かくしてディルタイは言う。

「対象はあなたにとって個々の像より大きな実在性をもっている。イデエルな統一点である対象に、私は実在性を付与するのである」。したがって「あなたが客観に与える種類の実在性は、像の実在性から区別されているのである」（GS20, 348）。

特定の人物に関してであれ、あるいは歴史世界に関してであれ、そこで「対象」として理解され構築されている人物や歴史世界は、実在の人物や史料などのさまざまな実在的な「像」に基づき、しかもそれらの「統一点」となっているかぎり、「像より大きな」、「像の実在性から区別されている」「実在性」を持っているのである。しかしそれはまた、時間的歴史的制約の中で個々の個体や時代を超え出たものではありえない。これがディルタイの言う「イデエル」である。

ここで注目したいのは、イデエルに構築されたものの実在性は、像の実在性から区別され、またそれよりも大きい、とされている点である。像とは、たとえば刻々と移り行く視覚像であったり想起像であったりする。これはフッサールでは「実的（レエル）」と呼ばれる体験与件になろう。これに対して実在性は、現在的に現前する体験に与えられ、経過する体験像は経過とともに実在性が失われる。しかしそうした個々の実在的な像に基づいてそれらの統一点として現在の体験の中で構築された「対象」には、より大きな実在性が付与されるのである。私が付き合って（相互作用して）いるのは「山本さん」だからである。したがってまた、イデエルな構築は、生の統一体の形成がそうであったように、体験の経過のなかで不断に再構築され、また解体に晒されているのである。

ディルタイにとってこのようなレアールとイデエルの関係は、「生のカテゴリー」、そして一連の詩学論考（一八七七－一八八七）[11]を土壌にして晩年の論考『世界観の類型』（一九一一）で現れる「類型」についても、適用されるのである。詩学論と世界観学のおよそ中頃にあたる一八九五／九六年の『個性の研究』の中で次のように言われている。

「いまや次の問いが生じる。すなわち、類型、変化態、そして段階、これらについての教説はルクレスやディドロが言う意味での時間的順序を表現しているのであろうか、それとも類型と変化態の間に存在するイデエルな関係を表現しているのであろうか。そうであれば、この問いを解決するための前提もまた、私が他のところで示す予定であるが、歴史の連関の中にもあるのである」（GS5, 315）。

これは生物の進化が話題になっている文脈での一文である。すなわち、ディルタイの叙述では、「ルクレス」は「唯物論者」として「有機体が段階的に高まっていく自然の歴史」[12]を考え、「ディドロ」は「ビュフォン」や「ロビネット」とともに、何らかの「原型」の「変化」を考え、これらに対して、「ゲーテ」は「ゲーテとヘルダー」はそうではない、という流れの中の一文である。したがってディルタイとしては、「ゲーテとヘルダー」を受け継ぎながら、類型と変化態の関係は、自然史的な時間経過に従った生成関係ではなく、「イデエルな関係」であり、これが「歴史の連関の中にもある」と言いたいのである。しかもこのことは「他のところでも示す予定である」と言われる。それは、具体的には『精神科学序説』の『続編』となる、しかし実際には晩年に「歴史理性批判」として企てられた『歴史世界の構築』が考えられよう[13]。そうであれば、ここで言われる「歴史の連関」とは、『歴史世界の構築』で語られている「イデエルな連関」としての「精神的な作用連関」にほかならない。したがってここでは、イデエルな構築は時間的歴史的制約を受けてはいるが、その構築自体は時間経過に従ったものではなく、イデエルな作用連関に従った構築になる[14]。

このように、ディルタイにおいて当初より像と対象の関係で語られたイデエルなものが、比較心理学における個性研究の類型と変化態、そして解釈学における歴史世界についても語られるに至った、と見ることができよう。像と対象の関係、つまり像に基づくイデエルな対象の構築は、歴史世界の構築では史料によるイデエルな作用連関の構築になろう。いずれの構築も、〈体験・表現・理解〉という、現在に現前する生の体験・追体験として遂行されているのである。イデエルな対象がレアールな像を離れてはありえないように、イデエルな類型や歴史世界もレアールな史料を離れてはありえないのである。むしろ諸々の像が対象という一致点を形成し、諸々の史料が歴史世界を生の統一体として形成し、これによってイデエルなものに実在性が付与されているのである。このゆえに逆に、イデエルな対象を通して実在的な像が理解できるようになるのである。それは、実在した事実的なものが史料の解釈を介して理解されるのと同様であろう。このゆえにこそ、像あるいは史料の選択の仕方によって対象あるいは歴史世界の構築の仕方が変わるのであり、したがって解体と再構築に晒されているのである。そうした歴史構築を具体的な歴史記述として遂行するのが、ディルタイにとって、一定の歴史的社会的現実の中での「歴史家の眼」であり「歴史家の仕事」[15]であろう。最初期の論理学講義ではこう言われていた。「詩人はイデエルな視点のもとで諸々の事実を結びつけるのである」[16]。

以上からディルタイの言うイデエルな構築の特徴を三点ほど挙げることができよう。すなわち、第一に、イデエルな構築は実在的なものを離れては実在性を持ちえない。言い換えれば、イデエルな構築は実在的なものに制約され、したがってまた実在的なものの選択と連関づけの仕方に従って可変的であり、再構築に向けて開かれているのである。それは理解・構築が部分と全体の循環的な経過であるかぎり、生の統一的全体が未完結であり、再構築されるのと同様である。第二に、この構築は実在的な自然史的な時間経過の中での生成関係に従うのではなく、「内在的な目的論的性格」に、つまり「作用する力、価値、目的、意義そして意味、これらの間にある内在的関係」に従うのである。最後に、この関係に従って形成される歴史世界は、未完結で再構築されながらも、内在的目的論に従って統一的全体性を形成しているのである。

ミッシュは、フッサールとディルタイの道の違いに関してディルタイの遺稿から「事実性からイデエルなものへの道」を引用するとき、これら三点にフッサールとの分岐点の内実を見出し、これに応じて自身の道を見定めていった、と考えることができるのではないか。そうであれば、本書もまた、これにそって両者の道の分岐点を明らかにしながらミッシュの道を際立たせていこう。まず、第一の点から見よう。イデエルなものを制約している実在的なものを超越するのが、フッサールの厳密学が求めるイデアールなもの、超越的なものである。ミッシュはディルタイに背を向けてこれをどのように受け取るのであろうか。

（二）イデエルとイデアールの分岐

　イデエルからさらにイデアールなものを目指すのがフッサールであった。彼はそれを一つの事例として「類型」を挙げて次のように述べる。「類型」の例は、ディルタイの類型に対するフッサールの批判を暗示していよう。

> 「何らかの主題の領域の統一性について統一的規定を遂行する諸々の判断過程の中で再三再四同一化される対象的なものの一つに、その可能的なカテゴリー的諸形態（対象的な諸形態）について完全に規定された類型がある。それは、あるもの一般がもつ諸様態の類型、すなわち、「特性」、関係、事態、多性、単一、等級、順序、など、これら諸様態の類型である。われわれはそれらの様態を、或るものの、つまり形式的な基礎カテゴリー・対象の、派生形式と呼んでいるが、じっさい、それらの様態は —— 判断作用それ自身によって …… —— 基礎範疇・対象から導出さ

れている。〔派生〕形式としての性質は、単純にカテゴリー的に規定する判断の中で根源的に生じている。たとえば集合は、集める作用の中で根源的に生じており、レエルな心的与件としてではなく志向的措定の相関者として生じているのである」(HU17, 119)。

フッサールはここで、「類型」を「諸々の判断過程の中で再三再四同一化される対象的なもの」とする。それはたとえば「集合」のように「志向的措定の相関者」として「集める作用の中で根源的に生じている」、と言うのである。しかも、それは「レエルな心的与件」ではないと言う。ここからすれば、これはディルタイが先に使った用語を使えば、「対象」と「像」の関係に当たるように見える。たとえば身の回りに像として現れてくる様々な色の集合の中から「赤」という「特性」をもった色を集めようとするとき、「赤」という「様態」の類型は、それを集める中で「再三再四同一化される対象」として生じてくるのである。

このように、フッサールの言う類型は、ディルタイが像に対してイデエルに構築する対象や類型と変わりがないように思える。ディルタイにおいても、構築された「赤」は、もちろん、実的な像ではなく、イデエルな構築物であり、赤色の類型である。しかしディルタイにおいて注意したいのは、この類型は、実的な像から構築されているかぎり、実在性を与えられ、したがって個々の具体的な赤色のなかで体験され、その数やどれを赤として選ぶかという選択に応じて可変的である。したがって、類型としての赤は、たとえば「この色は赤の典型だ」という具合に「この色」として体験されるのであり、あるいは、文学作品で描かれた「人間の類型」は現実の人間の中に見出され体験されるのであり、それなしには類型は実在性を持ちえないのである。この点から、ディルタイとフッサールの分岐が生じるのではないか。

フッサールは、ディルタイ宛の書簡の中で語っていたように、このような構築という追体験を自身の出発点にしているのであった。そしてここから進んで、ディルタイが類型としての赤を構築している作用の中で、すなわちフッサールの言う「統一的規定を遂行する諸々の判断過程のなかで」、「再三再四同一化される対象的なもの」を「志向的措定の相関者」として看取しようとするのがフッサールの道である。それは、いくつかの像を比較して類似の対象を構築するだけに留まらず、そうした意識の志向的措定の中で働いている構成作用と対象を現象学的反省によって取り出して行く道であった。このかぎり、ディルタイとフッサールの分析は同じ場面を動いてはいるが、つまり出発点は同じであっても、その方法と目標地点が違うのであった。フッサールが求める「類型」は「可能的なカテゴリー的諸形態（対象的な諸形態）について完全に規定された類型」である。ディルタイでは統一的全体は時間経過の中で完結せず、そうした完全な規定性はなく、ミッシュでは無規定的規定的であった。

それでは、そうした完全な規定性はどこから獲得されるのであろうか。フッサールは「あらゆる志向的統一体」は「それを構成する諸多様体に対して」「普遍的なイデア性[17]」を持っているとして、次のように言うのである。

「……ある経験可能な各々の対象の意味には、ある種のイデア性がある。……対象的なものについての意識に対してあらゆる種類の対象的なものの「超越」は、この点（あらゆる志向的統一体のイデア性」にある」(HU17, 174)。

フッサールがここで「イデア性」と「超越」を語る地点が、ディルタイのイデエルな構築との分岐点であると同時に、ミッシュがディルタイの方向づけを歩みながらも自身の「超越論的論理学」をもってディルタイから離れ、イデアールなものを求めるフッサールに近づく地点ではないか。もちろんここでフッサールが言う「超越」は、フッサール自身も排斥する意味での、プラトンのイデア形而上学やカントの物自体形而上学における超越ではない。そうではなく、意識の志向的統一体の、多様な意識作用に対する超越である。つまり、意識の各々の判断作用の中で、その時間的に経過する心的過程を超えた超時間的なものとして措定されているものの超越性である。ディルタイからすれば、こうした超越であっても形而上学として生の背後に遡ることを意味する。

（三）超越的なものへの態度

ミッシュはこの地点でイデアールに進むフッサールとディルタイの道が分岐して行くのを見届ける。それと同時に彼は、ハイデガーとの関係がそうであったように、ディルタイの方向づけを守りながらも、「形而上学的なもの」「超越的なもの」そして「超越論的論理学」を語ることによってディルタイから離れてフッサールにも近づいて行くのではないか。たしかに、彼は第三論考の中で、ディルタイの形而上学批判を引き継ぎながらフッサールに対して、「プラトンの方向性が、絶対的な、すなわち学問的な、形而上学に対するフッサールの弁明を基礎づけながら、その弁明の中に存続している」[18]とみなして、フッサールをプラトン以来の形而上学の中に含める。それでは、その一方で、ミッシュは第三論考の中でフッサールの「超越論的論理学」そして「超越」と自身の間の位置関係をどのように見定めるのであろうか。

ミッシュが超越的なものを生の中に取り込んで行くのは、すでに『生の哲学と現象学』にも引用[19]されている自身の論考『生の哲学の理念』の一文によく現れている。この論考は一九二六年の『カント研究』に掲載されたものであり、ハイデガーの『存在と時間』公刊の一年前になる。

「心を捉えて離さない人間の生の歴史的現実、この生に固有な形而上学的な深みは、超越的に措定されたものの中で自身を表出し、そしてこの表出から再三再四新たに、おのずから知り、問い、求め、形成する、無限に鋭敏な精神の中に取り戻される」（IL, 545）[20]。

ここには、「形而上学的な深み」と「超越的に措定されたもの」という二つの表現がある。しかも前者は後者の中で表出する、とミッシュは言うのである。後者の「超越的に措定されたもの」とは、たとえばプラトンにおける善のイデアのごとく、現実の人間の生を超越したものがこの現実の世界の外に設定されたものであり、これによってたとえばイデア論という形而上学が形成されることになろう。ミッシュはこれをたんに否定しているわけではなく、こうした形而上学の形成の営みそれ自身を、「心を捉えて離さない人間の生の歴史的現実」とみなしているのである。これは、知や善の始原・根拠などを〈生の外〉に求めることが、〈生の内〉にあっては解明できない事柄を生自身が内包していることを意味している。それが「生に固有な形而上学的な深み」という表現で言われていることにほかならない。だからこそこの「深みは」、哲学の始まり以来連綿と形而上学が形成されるたびに、「再三再四新たに、無限に鋭敏な精神の中に取り戻され」、なおかつその形而上学の形成の中で「自身を表出し」ている、とミッシュは語るのである。これがディルタイの世界観の哲学を展開したものであることは、ミッシュがディルタイの生の謎を生の究め難きものとして引き受けたことから明らかであろう。ディルタイは世界観の構造について次のように言う。

「すべての世界観は生の謎を完全に解決しようと企てるのであれば、みな規則的に同じ構造を含んでいる。その構造はどれも常に一つの連関である。すなわち、ある世界像を基礎にして世界の意義と意味の諸問題に決定が下され、そこから生き方を導く理想・最高善・最上位原則が導出される、その連関である」(GS8, 82)。

そうであれば、ミッシュは形而上学的なものを積極的に語ることによって、ディルタイの世界観哲学の基礎づけを行なっていると見ることさえできよう。というのも、ミッシュはディルタイの世界観学では「生の謎」としてしか語られなかったことを「生に固有な形而上学的な深み」の「究め難きもの」として語り出し、それを意義化との緊張的産出として生の構造そのものに取り入れたからである。生のこの緊張的産出から、生の謎を一定の意義連関に従って解決しようとする世界観が形成されるのであり、形而上学も「生に固有な形而上学的な深み」から生の世界観として構築されているのである。したがって「形而上学的」という形容詞は、ディルタイも使うように、意識の「全人間的なある仕方」だけでなく「ある思考の全哲学的態度」をも表記しているのである。(21) ミッシュの言う「形而上学的」とは、「生に固有な形而上学的な深み」の中にあって、思考によっては解明できず、生の内にあっては理解できないもの、そうした「超越的なもの」への生自身の態度様式を意味しているのである。

このようにミッシュは、ディルタイから離れて「形而上学的なもの」を積極的に語り、形而上学的なもの、超越的に措定されたものを、生の哲学のなかに取り込む。この地点でミッシュの生の論理学はフッサールの超越論的論理学に近づくのである。というのも、ディルタイでは形而上学として一律に排斥されたフッサールの試み、すなわち「志向的統一体」を「普遍的なイデア性」を持ったものとして、したがって「超越」として措定することは、ミッシュから見れば、「人間の生の歴史的現実」として「形而上学的な深みがそれ自身を表出」していることになるからである。そして、フッサールをしてイデエルからイデアールへの道に踏み込ませているのは、生の究め難きものと意義化の緊張関係であり、その道は「心を捉えて離さない」生の止み難き一つの態度様式にほかならないのである。その道が現象学的反省による本質直観の道であった。

ここに、ミッシュの側から見る、ミッシュとフッサールの近さが現れて来よう。ミッシュから見れば、プラトン以来そしてフッサールの求めるイデアールなものは「生に固有な形而上学的な深み」の中で「超越的に措定されたもの」として、しかも各々の「歴史的現実」の中でプラトンでは霊魂不滅・転生輪廻という霊魂の道の中で、フッサールでは現象学的反省という道の中で、語り出されたものになろう。反省という語義からすれば、反省（Reflexion）は反射（Reflexion）として〈鏡〉を介して自身の姿を本質的に近くて遠いものとして、あるいは反転像という似て非なるものとして、自身の前へ映し出す。現実が映される〈鏡〉の中にイデアを見ようとする反省的眼差しからすれば、〈イデア〉は直観によって〈見られたもの〉となり、〈鏡〉に映されている現実は似姿としてイデアへ還元される。これはもちろん、現実からすれば、イデアこそ〈鏡〉の中の現実の写しになる。かくして反省の道は、現実の生活の中で〈鏡〉に自身を映してほかならぬ「同じ」自身を認めているように、生の哲学の道と「同じ地点」に到達するのである。ミッシュは第三論考でフッサールの用語を引きながら次のように言う。

> 「フッサールは反省を高めることによって……生の哲学の論理学の中心としてわれわれに現れてきたのと同じ地点に到達するのである。このことが、つまり反省に即した二重性……によって条件づけられている遠さと同様に本質的な近さが、純粋に術語的に刻印されている表現を集めてくるのは容易であろう。フッサールは「志向的な生」と語り、この生を「能作する生」、「構築する生」として、そして志向の構成する働きを「目的論的機能」として特徴づける……」（LP, 205）。

ミッシュとフッサールが到達した「同じ地点」、それはミッシュにとっては生の内にある〈超越的なもの〉であり、フッサールの反省の道によって目指されている〈イデアールなもの〉にほかならないのである。この「同じ地点」にあるのが、ディルタイが拒んだ〈形而上学的なもの〉にほかならない。ミッシュはこの地点を生の究め難きものとして「超越論的論理学」の中に取り込み、フッサールはそれを反省の眼差しに映し出して「超越論的論理学」を目指すのである。

両者の「同じ地点」に注目すれば、生の哲学において事実的なものからイデエルなものへの道で生の統一体の形成が問題になったように、それが反省される現象学のイデアールなものへの道においてもまた、統一体の形成が問題になろう。それが、意識の志向性におけるイデアールなものの統一体の形成の仕方の問題である。生の哲学では生の意義化と内在的目的論が問題になり、現象学では意識の構成作用と目的論的機能が問題にされるのである。ミッシュはここに「遠さと同様に本質的な近さ」を認め、生の全体の統一体の形成という観点から、フッサールの構成作用と目的論的機能に注目する。これがフッサールの新刊書を契機にディルタイとフッサールの対決に遡及することによって得られた第三論考の新たな視点であり、ディルタイのイデエルとフッサールのイデアールの分岐を特徴づける第二の点である。この点に入ろう。

二　生の内在的目的論と意識の構成作用

フッサールは次のような問いを立てる。それはさまざまな範例の自由な変更の中で構成される「形相」とその構成作用を解明するために立てられた問いである。

「問われなければならないのは、慎重で含蓄ある意味で構成する「現出」の諸様式、そしてそのつど範例となる諸対象とその変容体を経験する諸様式、これらの諸様式の中でどのようにして諸対象が総合的統一体として「対象それ自身」という様態で形態づけられるのか、これである。これはほかならず、可能的な諸経験や可能的な諸明証をすべて体系的に包み込む普遍的全体を問うことであり、言い換えれば、……可能的な斉一的諸経験の完全な総合という理念を問うことである」（HU17, 254）。

この問いで目指されているのは、ディルタイが歩む個々の経験的に与えられた像からイデエルな対象の追体験の道から、さらにその道を可能にしているイデアールなものの措定作用の中で働いている、「純粋な想像の自由と随意性の純粋な意識のなかで遂行される変容の中で、構成するものと構成されるものの、裂目なき形相的相関関係の明証性[22]」である。そのさいにフッサールは、諸対象の「総合的統一体」を、たんに個々の経験的なものの総合としてではなく、「可能的な諸経験や可能的な諸明証をすべて体系的に包み込む普遍的全体」として問う。それがイデエルなものを超越したイデアールなものへの道であり、「可能的な斉一的諸経験の完全な総合という理念を問う」道になるのである。ディルタイの像に対する対象が「イデエルな統一点」であったのに対して、フッサールのそれは可能的なものもすべて含んだ全体を形成するイデアールな統一点である。前者はあれこれの具体例に応じて可変的に構築されるのに対して、後者はそうした自由変更の中で可能的なものをもすべて含んで構成される普遍的なものとして「現出」するのである。この、個々のものを超え出た普遍的な超越的統一点が、志向的対象として意識の構成作用の目指す点として「意識の主観・極として理解されたそのつどの意識・自我に相応して変化し、しかしその自我に帰属する仕方で[23]」指定されるのである。このようなイデアールな統一体の構成と現出について、ミッシュはフッサールの用語を引用符で括りながら次のように問う。

「「私の意識生の全体をその全体性において」包括する「能作する生の統一体」はどこにあるのか」(LP, 212)。

ミッシュは、この問いに対してフッサールは二重に答えているとみなし、次のようにフッサールの見解をまとめる。すなわち、意識の多様は「同じもの」についての意識として「ともに妥当する統一形式」によって結合され、他方で対象は「同一性の極」として構築される。かくして志向性は「心的生の個々のインパルスの総合的統一体」となっているのである、と[24]。ミッシュの見解は、意識の志向性に即して志向的な統一作用の側と対象の同一性の側の双方からまとめたものである。しかし彼はこれに留まらず、こうした志向性に基づく統一体の形成をディルタイと比較してそこに「別の特徴[25]」を見出しているのである。本書はミッシュのこの視点に注目したい。それが、意識の志向的統一がノエシス的ノエマ的に構成されるさいに「目的論的構造」をもっているという指摘である。ミッシュが右でフッサールから「意識生」という用語を「生の統一体」の連関で引用しているのも、この「目的論的構造」を指摘するためである。いずれもディルタイの生の概念を表す用語でもある。もとになるフッサールの文面は次の通りである。

> 「明証性は志向性が意識生全般にかかわる普遍的なあり方であり、この明証性によって意識生は普遍的な目的論的構造を持つのである」(HU17, 168f.[143])。

ミッシュは引用符をつけて引いた「意識生」という用語について引用出典頁数を明記していないが、第三論考がフッサールの新刊行書を機縁にしていることからすれば、同書の第六〇～六三節を念頭に浮かべたものであろう。本書が右にあげたフッサールからの引用もそこからのものである。フッサールはそこで、明証性の普遍的機能を明らかにするために「意識生全般」に注目し、意識生全般が目的論的構造を備えているとともに、これが明証性に、つまり意識の志向性のある働きに基づいていることを示そうとしているのである。それが、意識の「論理的形成物を自己能与する、根源的に産出する能動性」として述べられている働きであろう。彼は次のように言う。

> 「〔所与性を〕根源的に獲得する能動性が、イデア的なものにとっての明証性である。ごく一般的に言えば、明証性とは意識のあるあり方、すなわち、場合によっては非常に複雑な段階の系列として構築され、その指向的対象性を元々の「そのもの自身」という様態で提示する、そうした意識のあり方にほかならない。明証的にする意識のこの活動性が……「根源的な構成」であり、含蓄的に言えば、論理学が対象とする類いのイデアールなものを根源的に創設する構成である」(HU17, 176[150])。

フッサールと同じく論理学の構築を目指すミッシュは、ここに、自身との「同じ地点」と同時に、現象学的反省の道との隔たりを見出したのではないか。なによりもミッシュが生の深みに見出した形而上学的な究め難きものと意義化との〈産出的緊張関係〉は、フッサールでは反省によって目指された形而上学的なイデア的なものを創設する〈能動性〉である〈根源的な構成〉として語り出されているのである。いずれも、論理学を構築する源にほかならない。しかし一方は実在的な源であり、一方はイデア的な源である。ミッシュからすれば、後者は前者が反省の道に反射されたものであり、フッサールからすれば、この自己能与的構成作用による明証的なイデア的統一体こそが、目的論的構造の意識生を成り立たせているのである。そしてロゴスとしての論理学からすれば、ロゴスの内にある生の究め難き〈形而上学的なもの〉と有意義化の〈緊張的産出〉が、反省を重ねて〈イデア的なもの〉の現出を目指す意識の〈志向的構成〉へ映し出されるのである。

フッサールがここで意識生そしてその目的論的構造を挙げたことは、ミッシュから見れば『厳密学』に続くディルタイ批判として受け取られよう。意識生とは、フッサールの『イデーン』では現象学的超越論的反省がなされる以前の「自然的態度」において表象・判断・感受・意志する「自然的生」[26]として述べられていたものであろうし、ここでは「諸対象が、……なんらかの意識の仕方で、したがって心情や意志という意識の仕方においてもまた思念されている」[27]と述べられているものである。ここで諸対象の思念に心情と意志が加えられていることは、ディルタイの生の構造連関としての表象・感受・意志を想起させるであろうし、したがってまたそうした意識生の目的論的構造ということで、意志作用による目的設定から形成される生の目的連関を想起させよう。そうであれば、フッサールとしては『厳密学』でのディルタイ批判が世界観学に一定の意義を認めながらもその相対性に対する否定的消極的な批判であったのに対して、そこからもう一歩進んで、ディルタイにおける生の連関の目的論的な統一が意識の根源的な構成作用によるイデア的統一にこそ基づいていることを肯定的積極的に提示していることになろう。

かくしてフッサールから見て意識の志向性が生の全般に及ぶのであれば、ミッシュからすれば、つまり生の緊張的産出から意識のイデア的統一点を「同じ地点」として振り返れば、おのずと次のような見解が生じて来よう。すなわち、生が目的論的に形成されているからこそ意識の志向性も「目的論的構造」を持っているのだ、しかも前者の力動性が失われたものが後者なのだ、と。ミッシュの指摘がこれである。彼は意識の構成作用における志向的意味充実に目的論的構造を見て取り、次のように語る。

「志向性を第一次的な着手地点にした結果、明証がまったく普遍的に（動物的なものに遡る）「意識生」の内在的目的にされるのである」。しかもこれは、「志向（努力）と充実の緊張にある生の力動性が解消されて解明という知性的段階へ推移した」ものである。すなわち「精神的努力が自己を透徹して見出すことが自身の目標についての明晰性になるのであり、じっさい目標そのものになるのであり、正当なものを目指す基準となる方向性に応じて、混乱、明瞭、明晰、という諸段階を進む不断の前進になるのである」(LP, 213f.)。

ミッシュのこの一文は、本書が先にフッサールから引いた「明証性とは意識のあるあり方、すなわち、場合によっては非常に複雑な段階の系列として構築される、……そうした意識のあり方にほかならない」という一文、あるいはミッシュ自身の一文「フッサールは反省を高めることによって……生の哲学の中心としてわれわれに現れてきたのと同じ地点に到達するのである」という一文を想起させる。これらからミッシュにとって現象学の道は、明証性を目標地点にして、究め難きものさえ含んだ力動的な生に反省を重ねながら、その意識の志向性そのものを目的論的に解釈して明証性に至ろうとする道、すなわち現象学的反省による本質看取という、イデアールな統一体を目標にした道になろう。しかもこの解明の道は力動性を解消して知性的段階へ至る道として、混乱から明証までの段階を形成し、明証的統一体はすべての可能的なものをも包含した生の全体を眼差しに入れることになるのである。かくして明証性が目標とされ、そこがイデア的統一体とされるとき、志向性は志向と充実の働きとなり、真理もまたその目標を「正当」な「基準」とみなし、「混乱、明瞭、明晰、という諸段階を進む不断の前進になる」のである。

このようにミッシュが第三論考で特徴づける現象学の道は、フッサールの『論理学研究』を受けてハイデガーが『存在と時間』で展開した真理論にもすでに現われていたと言えよう。すなわち、アリストテレスが真を語るあるいは偽を語ることのできる文（ロゴス、語り）を命題的文としたのを受けて、ハイデガーは「真を語る」を「発見する」と翻訳し、真・偽という伝統的な対概念に代えて発見・隠蔽あるいは不伏蔵・伏蔵という対概念を提示し、これを存在と存在者に適用したのであった。(28)たとえば、部屋に居て背にある絵について「壁にかかった絵は曲がっている」という文を語り、そして振り返って絵を見るとき、その絵は語りが発見している通りに自己を示しており、したがって「その存在者（絵）は、それ自身においてある通りに、すなわち、語りによって発見されてある通りに、つまり自同性において自己を示しているのである」、とするのであった[29]。

ここで言われる、存在者の自同性における自己指示という考えは、ハイデガー自身が参照指示しているように[30]、フッサールが『論理学研究』「第六研究」第三九節「明証と真理」で展開した見解に基づいている。すなわち、フッサールはそこで、合致・不合致としての真・偽を、意識の志向的な同一化作用として、すなわち明証としての真理の体験として捉え直すのである。ハイデガーはこれを最終的なものとみなしたわけではなく、一方ではフッサールの直観の真理を同一性として性格づけ、その一方で命題の真理を妥当性として性格づけ、その連携地点としてアリストテレスへの帰還を説く[31]。かくして、フッサールが分析した、空虚に思念されたものと有体的に与えられたものとの充実した合致としての同一性を、存在者の自同的な自己指示（現出）として捉えるとともに、アリストテレスが分析した、存在者について真を語ることのできる文の働きを発見と隠蔽と翻訳することによって、先の見解に至ったのである。存在者の自同的な現出はフッサールの明証理論から、文の働きはアリストテレスから受容し、両者を統合して不伏蔵・伏蔵としての真理論を展開したのである。

したがってここから明らかなように、ハイデガーの不伏蔵・伏蔵理論がフッサールの明証理論における志向性の意味充実・空虚に由来するのであれば、ミッシュから見て、ハイデガーの『存在と時間』が存在一般の意味を求める道は、存在者に対して伏蔵されている存在を解明する道として、明証性への道にほかならなかったのである。ミッシュは第三論考に至って、ディルタイとフッサールの書箇を取り上げる前段の序文の中で、「アリストテレスは「エンテレケイアは分離している」と教えている」として、哲学が超越している目標をエンテレケイア（完全現実態）として設定してそこから「全体を段階的に序列づける、そうした見解を排除して、われわれは哲学を刷新する出来事に迫らなければならない」と語り、「そうした見解」として「現象学」を数え、「ハイデガーおよびフッサールとの対決」を遂行するのである。[32] これが第三論考の基調となる。

　このように見れば、フッサールに対するミッシュの指摘は、ハイデガーの道もまたディルタイの方向づけではなくフッサールの方向づけにあること、しかも両者はアリストテレスが教える「エンテレケイアは分離している」という道に由来していること、これを提示していることになろう。生は「エンテレケイア」を理念として目的論的に志向することによって統一体を形成するのである。ミッシュから見れば、フッサールのイデア的統一体、そしてハイデガーの意味としての時間性が、まさしくこれに当たり、それは生から「分離」したところに「完全な現実態」として設定され、「目標（目的）」として目指される。ミッシュから見れば、意識生が目的論的構造を持っているがゆえに、その意識は明証性を目指す、いわば超越論的目的論としての志向性を持っているのである。

　そうであれば、ディルタイからミッシュの道（生の哲学）とフッサールからハイデガーの道（現象学）の分岐が際立って現れて来るのが、こうした生・意識・現存在の統一体の形成の仕方ではないか。いずれも「同じ地点」において〈同じ〉目的論的道を歩んでも、現象学が超越的目的論の道であれば、生の哲学は内在的目的論の道だからである。イデアールに対してイデエルを特徴づける第三の点、すなわち統一体の形成の仕方に立ち入ろう。

三　イデエルな統一体とイデアールな統一体

二つの道の違いは明らかであろう。フッサールにおいては、志向性の構成作用のなかで現れるイデア的統一体は、レアールなものを超越した絶対的明証性という志向性の目標地点として、現実の意識生を超越し、しかし逆に多様な意識に基準を与えるものとして統一体を形成する要の地点となっている。ハイデガーでも同様に存在一般の理念そして実存の理念は、存在論的実存論的分析を導く目標地点として先行的に投企され、そこを目指して実存の理念を十全に充たしうる現存在の一定のあり方（先駆的覚悟態）を分析し、それに即して取り出された時間性（意味）が多様なあり方の現存在の存在構造の全体的統一性の根拠とされた。理念とその意味充実が目標地点になる。これに対してディルタイのイデエルな統一体は、理念的に前提されるものではなく、それ自身、時間的経過の中で体験されるものであり、その中に個々の体験や記憶像などを部分として含んで形成され、多様な変容形態をとるのであった。その統一体の形成の仕方は、レアールなものを超越した理念あるいは意味を根拠にしたものではなく、各々の部分が生の産出的緊張関係から内在的目的論的に連関して形成される統一体である。ここでは統一体の源（根拠）は目標ではなく、始元としての出発地点である。この出発点が反省という鏡の中では反転して目標点になっているのが現象学の道であるとも言えよう。

ここでディルタイが言う「内在的合目的性」あるいは「内在的目的論」とは、「客観的合目的性」あるいは「外在的ないし相対的目的論」と対置され、心的生の構造（表象・感受・意志）が相互に連関を形成する仕方を名付けている。(33) したがってこの合目的的連関は、どこまでも「体験されている連関」にほかならない。すなわち、「心的生の連関が生の充足、衝迫の満足、そして幸福を目指して作用するものから成っているのであれば、われわれはこの連関を合目的的と呼ぶ」[34]。そうであれば、内在的目的論とは生が自身の統一体を〈それ自身から〉形成すること、したがって外在的目的論とは統一体が〈その外から〉形成されることを意味していよう。前者がフッサールの指摘する意識生の目的論的構造になろうし、しかしフッサールそしてハイデガーが求めるイデアールな理念は、ディルタイからすれば外在的目的論になろう。そこで注意したいのは、内在的目的論が、ディルタイにとって、意味あるいは意義の連関として捉えられている点である。二つの道で同じく「意味」が語られても内実は異なるのである。

「われわれは今や、目的ということで、ひとりの生の統一体、他の人物、そして最後にはある一つの事物の意義あるいは意味を表示する。……本質・意義・意味というカテゴリーによって適切に表現されるのは内在的目的論であり、本来これのみが、生の統一体を超え出て事物さえそれで解釈される、生動性を表現している」(GS19, 377)。

ディルタイでは「意義」と「意味」が部分と全体に対応した生のカテゴリーであれば、語られる文脈の違いに応じて、意志の連関では目的そして目的論的連関と語られ、統一体の部分と全体の連関では意義と意味で、したがって目的論的連関が意義連関で捉えられている、と言えよう。

このゆえに、目的論的に目的設定の変化に応じて、統一体の個々の部分と全体の意義連関が変化し、既存の統一体が個々の部分に分散されて新たに統一体が再形成され、多様な生の統一体が形成されるのである。したがってこの形成は、時間経過に従ったレアールな形成ではありえず、しかし時間の中でレアールに生成される目的・意味に従った形成、ディルタイの言うイデエルな統一体の形成である。これが、歴史世界の構築というディルタイが直面した問題であり、フッサールが目的の理念としてその相対性を批判した問題である。したがってフッサールが志向的対象として目指すのは、レアールなものを超え出た超時間的な、完全な明証性のイデアールな統一体である。しかしミッシュからすれば、明証性のゆえに意識生が目的論的構造に及ぶのではなく、逆に生が内在的目的論的に統一体を形成しているがゆえに意識の志向性も目的論的に理念的統一体を形成するのである。しかも、イデアールな統一体は超越として外在的目的論にほかならず、明証性が目標地点とされることによって、それは多様をうちに含むのではなく逆に多様を超越して多様を明証性の度合いに従って序列化するものになる。ハイデガーもこの序列化を存在論的実存論的分析論に取り入れ、フッサールの方向づけに従ったと見なされるのである。

しかしミッシュは、このようなフッサールの道をたんに否定し排斥しようとしているのではなかった。彼はむしろ、ディルタイの方向づけを批判的に摂取して「形而上学的なもの」を生の意義化思考適合化との緊張関係として生の中に取り込むことによって、フッサールの求める超越的なものの中に形而上学的なものが表出されていると見るのであった。フッサールの志向性と意味充実は、生の志向（努力）と充実の緊張的な力動性が反省的眼差しに知性的に映し出されたものとして、生の中に位置づけられるのである。したがって、プラトンのイデア論だけでなく、フッサールの厳密学も、同様に、「生に固有な形而上学的な深み」から生じてきた「歴史の現象」にほかならないのである[35]。ここから、生の哲学と現象学という二つの道の統合をミッシュはどのように見ていたかが、明らかになるのではないか。

第二節　二つの道の統一 —— 緊張関係

一　生の解釈学的論理学

　二つの道の統合は、すでにハイデガーが「ナトルプ報告」で「現象学的解釈学」として、そして『存在と時間』で「現存在の現象学」を「現存在の解釈学」として展開していた。これに対してミッシュは、これを現象学の側からする統合として批判的であったに留まり、二つの道の統合を第一・二論考で積極的肯定的に語っていたわけではない。それは第三論考になってからである。彼はそれをおよそ次のように考える。

　すなわち、両者の対立は「純粋直観的思考」による形而上学的要求（フッサール）と「現実への飢え」（ディルタイ）の対立にあるがゆえに、「統一」のためには両方から何かを「割り引いて削る」ことをしなければならない。前者からは「本質領域の絶対主義」を、後者からは「硬直した経験主義者の生・実証主義」を、それぞれ削除しなければならない。前者はフッサールを受け継いだハイデガーが行い、後者はディルタイ自身が行った。これに対して私〔ミッシュ〕の道は、三者

> の間を、つまりフッサール、ディルタイそしてハイデガーの間を縫って切り開かれる。すなわち、生の哲学は生のカテゴリーの連関を問題にするがゆえに、カントの超越論的論理学を源にして論理学を目指す。これがヘラクレイトスのロゴス解釈に基づく「内から外へ自身を拡張する論理学」であり、この点で存在論を目指すハイデガーとは異なる。しかもこれは、ディア・ロゴス的に、すなわち弁証法的に部分と部分、部分と全体を相互に歩みながら知を形成するのであり、この点で統一点から全体を基礎づけるフッサールの現象学とは異なる。むしろ、論理学はロゴスの解釈学的性格を持つのである。そしてディルタイに対しては形而上学的なものへの態度で一線を画し、それを生の内に取り込むのである。こうして、本質主義の絶対主義も生・実証主義も削ぎ落とされるのである。(LP, 194)

ミッシュの統合の仕方は、ハイデガーの存在論に対して論理学を、フッサールの現象学に対して弁証法(解釈学)を、そしてディルタイに対して形而上学的なものを、生の哲学の中に取り入れる、というものである。その統合が、「生の哲学と現象学」の対決の中で「解釈学的論理学[36]」と呼ばれたものにほかならない。この呼称は明らかに、「存在論は現象学としてのみ可能である」というハイデガーの「現象学的存在論[37]」への、したがってまた解釈学の現象学化への対抗的表示になろう。解釈学的論理学は、ハイデガーの目指す存在論・形而上学に対抗した論理学であり、フッサールの目指す超越論的論理学としての現象学に対抗した解釈学である。しかし、二つの道から何かを「割り引いて削り」、その代わりの別のものを埋め込むことが、どうして二つの道の統合になるのであろうか。

二　知の客観的妥当性と普遍妥当性

それでは、ミッシュは解釈学的論理学の道で生の哲学と現象学をどのように統合するのであろうか。フッサールにとって知の理論は時間的なものを超越したイデアールな学であった。しかしディルタイからすればこれは形而上学として不可能であり、イデエルな構築に留まった。はたして、これら二つの道を統合できるのであろうか。たしかにミッシュは、第三論考の中でフッサールの超越論的論理学を生のロゴスの道と「同じ地点」に位置づけた。しかしこれが統合を意味するのであろうか。ミッシュはこの位置づけによって「知の理論」について次のように言う。

> 「知の理論」のためには、プラトンがしたように「普遍妥当性」を目指して、ある特定の知を区分し取り出すのではなく、逆に、そうした区分が生じる前の「生の生（なま）の状態」に遡って、そこから、「究め難きものについての形而上学的な知と、たとえば理性や悟性など、有限的なものの諸関係についての普遍妥当的な確定」、この両者の連関を「ロゴスの根源的な構想」の中で解明する必要がある（LP, 192）。「ディルタイは……この両者の結合を試みずにはいなかったのであり、まさしくこれがディルタイを動かし彼の哲学の課題になったのである」（LP, 193）。

ここに言われる「両者の連関」あるいは「両者の結合」を解明する「ロゴスの根源的な構想」が、ミッシュがヘラクレイトスのロゴス解釈から獲得した解釈学的論理学であり、その源となるのが「究め難きものと意義化の産出的緊張関係」であろう。そうであればミッシュは、現象学と生の哲学の統合についても、ロゴスのこの緊張関係の中で、「知の理論」として仕上げて行くことになろう。

そこで注意したいのは、右で言われる「普遍妥当性」あるいは「普遍妥当的」という語の用法である。ミッシュはここで、「プラトン」が目指したような知の「普遍妥当性」に対して、「普遍妥当的な確定」という言い回しを使う。前者の普遍妥当性は時間的な生成消滅界を超越した超時間的なものが有限的なもの対して持つ本質的性格であろう。これに対してミッシュが言う後者の「普遍妥当的な確定」とは、「有限的なものの諸関係についての普遍妥当的な確定」である。しかもこの「確定」と「究め難きものについての形而上学的知」の「結合」は「ディルタイが試みずにはいられなかった」ことであり、ミッシュはこれを「ロゴスの根源的な構想」の中で解明しようとするのである。そうであれば二つの道の統合は、解釈学的論理学の中でこの「結合」を遂行することを意味していよう。すなわち、生を超越したプラトン的イデアが有限的なものへの普遍妥当性を持つとされたのに対して、ミッシュは、生に内在する形而上学的な究め難きものの知が有限的なものの諸連関へ普遍妥当性を持つことを解明しようとしているのである。問題はプラトン的な普遍妥当性に対するディルタイそしてミッシュ的な普遍妥当性の意味である。しかも後者では「有限的なものの諸関係についての普遍妥当的な確定」が問題になっているのである。

ディルタイが精神科学の基礎づけを晩年に歴史世界の構築として、そして哲学を世界観の類型の哲学として遂行したことは、その営みそれ自体は、歴史的で有限的で相対的である。しかしそこで分析される、各々の世界観や時代などの「有限的なものの諸関係」は、「理性や悟性など」によって意義連関に従って形成される生の連関であり、歴史の作用連関である。したがって、「究め難きものについての形而上学的な知」によって「普遍妥当的に確定」されるのは、ディルタイにおいては生の連関、歴史の作用連関であり、ミッシュにおいて歴史を惹起し意義化するカテゴリーの紐帯である。ここでは、時間的有限的な個々のものへの超時間的無限的なものの普遍的妥当性が求められているのではなく、生の連関への「究め難きものについての形而上学的な知」の「ある種の客観性が要求されているのである」(38)。ミッシュはその客観性について次のように言う。

「その客観性とは、心が掴み取られた状態の直中で「没個人的な態度」としての形而上学的な天賦の才への眼差しによって特徴づけられるような、客観性である」(LP, 193)。

ここでミッシュの言う「客観性」がどのようなものかは、彼のロゴス解釈から明らかであろう。ロゴスが「形而上学的な天賦の才」として「究め難きものについての形而上学的な知」を含み、そしてそれが意義化との緊張関係から各々の生の連関が惹起されるのであれば、この惹起はたんに個人的な態度によるのではなく、「心が掴み取られた状態の直中」での「没個人的」な歴史の連関の出来事である。そしてこの出来事への「眼差し」は、知性的な反省ではなく、ほかならぬロゴス自身の「眼差し」であるがゆえに、生の連関への客観的妥当性を持ちうるのである。つまり、生の連関、歴史の作用連関は、生自身が産出したがゆえに生に対して普遍的に妥当する。これが「ロゴスの根源的な構想」であり、生の多様さを産出する生の深み、すなわち、究め難きものと思考適合的意義化との産出的緊張関係からの「没個人的」な歴史の出来事にほかならない。多様さは相対的であっても生の深みからの産出であるかぎり生へ普遍的客観的に妥当するのである。論理学という観点から言えば、カントのカテゴリーの客観的妥当性が、カテゴリーによって客観が成立していることを演繹的に証明し、コペルニクス的転回を遂行したのに対して、ディルタイからミッシュにおける生の諸連関の、したがって生のカテゴリーの連関の客観的妥当性は、逆に、それが生の究め難きものの意義化によって形成されていることを示すことによって、その形而上学的知の普遍妥当性（客観的妥当性）を確定しようとしているのである。

そうであれば、ミッシュの言う「眼差し」はロゴス（究め難きもの）のロゴス（思考適合的意義化）への眼差し（惹起・出来）として、フッサールの現象学の反省的眼差しとは逆の方向にあると言えるのではないか。二つの道は「同じもの」を求めても、生の力動性への妥当性か、それとも理性への妥当性か、進む方向が逆になっているのではないか。フッサールは、ミッシュの見るところでは、形而上学的なものをイデアールなものとして、理性としてのロゴスによって反省の道を通って生を超越した統一点として外在的目的論的に措定することを目指すからである。したがって、生の哲学が生の緊張関係として目指す源は、多様な生の現実が歴史的に惹起されてくる源であるのに対して、現象学が目指す源は、惹起された多様なものを超えてそれらを可能にする源である。前者の現実的な源がすべての可能性を完全に包含したものとして反省的に措定されたのが、後者の理念的な源だと言えよう。かくしてフッサールからハイデガーへ至って、ハイデガーは理解概念を追体験から可能性への投企へ変容することによって生の哲学の解釈学を現象学の道の上で統一し、解釈学を現象学化したと言えよう。これに対してミッシュは、普遍妥当的な知としての形而上学は不可能であっても、形而上学的心情は普遍妥当的に生に内在して知の理論を歴史的に出来（しゅったい）させていることを示すのである。

　このように見るなら、生の哲学と現象学を統一すると言っても、やはり各々の道から他の道を自身の道の中に位置づけて取り込む仕方での統合であって、二つの道が一つになるわけではなかろう。しかしミッシュは、第三論考の冒頭で次のように語っていたのではないか。

> 「そのような運動〔『存在と時間』で働いている哲学的思考の産出的運動〕は思想家個人の頭脳の中で生じるのではなく、むしろまさしくハイデガーの著作の中で、一人の個人によって掴み取られた課題が歴史的必然性をもって出現したのである。実際ここでは、長い間準備されてきた現象学と「生の哲学」の統合が、由来とやり方がきわめて異なるこれら二つの努力の統合が、いかにして着手されるのか、このことこそが、われわれのテーマだったのである……。……異質なものの統合は歴史的な出来事としてのみ出来しうるのである」（LP, 176）。

　現象学と生の哲学の「統合」は「長い間準備されてきた」と語るこの文面は、本書の道を否応なしに八年前へ連れ戻す。それは、ゲッティンゲン大学哲学部教授後任人事を巡って候補者・ハイデガーに対してミッシュが書いた「哲学部の所見」である。ミッシュはそこで、ハイデガーが解釈学を現象学と結びつけようとしているが表現に無理がある、と所見を述べたのであった。それから八年後、「現象学と生の哲学の統合が、……いかにして着手されるのか、このことこそが、われわれのテーマだった」のであり、「統合は歴史的な出来事としてのみ出来する」、とミッシュは語るのである。

しかもここで注意したいのは、問題となっているのは「統合が、いかにして着手されるのか」という着手の仕方である。ミッシュからすれば、それは現象学の側からではない、というのが「哲学部の所見」であった。そして一九二六年の『生の哲学の理念』の中で、ミッシュは、一方ではフッサールの『厳密学としての哲学』を、他方ではディルタイの『歴史理性批判』を挙げながら、前者における純粋な思考と体系化に対して後者における歴史性の意識を対置させる[39]。この対置をヘラクレイトスのロゴス解釈に遡ることによって統合しようとしたのが、解釈学的論理学への道であったと言えよう。だからこそミッシュは、生の哲学と現象学の「異質なものの統合」は、たんに自身の道の中に相手を位置づけるだけではなく、生の深みの緊張関係から生起する「歴史的な出来事」である、と語るのである。では、それはどのような出来事であるのか。

三　二つの道の緊張関係

そこで二つの道に関して注目したいのは、ミッシュが方法論について述べている点である。いくらか長くなるが、そのまま引いておこう。ここでもミッシュは、『生の哲学の理念』と同じように、しかしより詳細に、現象学と生の哲学の方法を「現象学的方法」と「意義による歴史構想」として対置し、それぞれを次のように性格づけているのである。

「不断に、そしていつも新たに緊迫して、生の地盤に触れるならば、そこに生の真相が溢れ出て来ることは、なおも見誤ることがほとんどなく、「意義」によって歴史を構想することは、力というカテゴリーと連関して、なおもけっして汲み尽くせない哲学的射程を獲得してきた。これに対して、厳密な分析の手助けとなる現象学的方法が生の概念をその解釈学的な示唆から取り出して自己完結的な連関の中に取り入れて、負い目と運命そして一つの全体の契機としての死それ自身を現存在の根本の動きの中の特定の場所に設定できるということをやってみせるのであれば、そこには、流れ漂うものを固定しようとする、疑いもなく哲学の傾向が、つまり歴史的生の思索者には疎遠な力が、ある。しかし概念的把握にあるこの優越性は、あるものが他のものを包含できるがしかしやはり包含できていないという意味での熟慮の卓越性をいぜんとして意味しはしない。こうして、われわれが合意を目指してきたのに対して対立が発現してきたのである。しかし対立は、まさしく争いなしには生じ得ない合意を獲得するためにのみ役立つことになっていたのである」(LP, 177)。

ここでは、現象学的方法と歴史的生の思索が対置されている。前者は生を「自己完結的な連関」の中に取り入れて生の諸様相（負い目、運命、死など）をその中に場所指定し固定する「概念的把握」であり、後者は「生の地盤」に触れて「流れ漂うもの」を固定することなく、しかも流れの全体は完結していないがゆえに、「あるものが他のものを包含できるがしかしやはり包含できていない」ことを生のカテゴリー（意義と力）によって「熟慮」するのである。前者にはその「優越性」が、後者にはその「卓越性」があり、両者は対立するが、合意獲得のためにのみ役立つ対立である、とミッシュは言うのである。ここでのミッシュの関心は、「流れ漂うもの」をどのように語るかという点にあろう。

「対立」はこの点を巡って生じているからである。概念が流れ漂うものを包含し、しかしそれ自身は流れ漂うものでないのであれば、概念によって捉えられたものは、確定され固定されよう。これに対して、歴史的生の思索者にはそうした固定は疎遠だ、と言うのである。本書はその把握をさしあたり次のように理解できよう。

ミッシュからすれば、現象学的方法が生を概念的把握によって「自己完結的な連関」に取り込むがゆえに「流れ漂うものを固定」するのに対して、歴史は、そして生は、自己完結することなく全体を不断に再形成しているのであった。それを表す典型がディルタイの言う生の謎であった。そしてその把握の仕方として自己省察・理解そして生のカテゴリーが提示されるのであれば、この道は、流れ漂うものを固定することなく、したがって「あるものが他のものを包含できるがしかしやはり包含できていない」ということを含意した方法になろう。ミッシュがこうした方法によって「意義による歴史の構想」を目指すのは、「ディルタイの「意義」のカテゴリーがわれわれに道を示している」(40)からであろう。そうであれば、争点となりうるのは、ディルタイの生の謎に端を発して、生の全体を死によって限界づけて「自己完結的な連関」として捉えるのか、それとも意義のカテゴリーによって「あるものが他のものを包含できるがしかしやはり包含できていない」こととして捉えるのか、その違いになろう。この違いこそ、現象学と解釈学の二つの道の違いとして現れているのではないか。しかも注意したいのは、二つの道の違いの一方は、「包含できる」が「包含できない」という具合に、「自己完結的な連関」を「包含できる」ことの一つに数えながら、「包含できない」という〈自己完結しない連関〉との緊張関係として語り出しているのである。これはもとより、ミッシュにとって生の深みそれ自身が究め難きものを包含した〈規定的無規定的〉であることに基づいていよう。

二つの道がミッシュの視点から以上のように現れてくるのであれば、彼が目指す統合とは、たとえばハイデガーがしたように現象学の道から解釈学を現象学化するのでも、逆にディルタイの方向づけから現象学を解釈学化することでもない。あるいは、自身の道に相手の道を位置づけることでもなかろう。そうではなく、ミッシュが右で言うように二つの道の「対立」を保持し、したがって両者の違いを際立たせて、緊張関係という連関を「合意」として形成することを意味するのではないか。このことは、ミッシュがディルタイとフッサールへ遡及して両者の関係を「緊張関係」としてみていたことから言えるのではないか。すなわちミッシュは、「ディルタイとフッサール」の「関係」は「二つの異なる哲学的方向の間の対立的緊張」であり、しかもこの「関係」の「統合は、……生が対立において産出するように……把握されねばならない」、と語るのであった[41]。ここからすれば、ディルタイとフッサールの二つの道は、「生が対立において産出するように」「統合される」ことになろう。生における「対立」がミッシュにとって、意義化的思考適合的なものと究め難きものの産出的緊張関係であれば、二つの道も、そうした緊張関係になろう。

しかし、生の哲学と現象学という二つの道が思考適合的な道と究め難きものの道に割り振られるわけではない。たしかに生の深みにある緊張関係は、意義化と究め難きものの緊張関係である。しかしこの緊張から生の統一的全体が多様に産出されるとき、両者が出発点としている立ち位置は、緊張関係のどちらか一方の項ではなく、緊張関係によって歴史的社会的に産出された統一的全体的生の直中にほかならない。両者にとってそれは、一九世紀末から二〇世紀に入って第一次世界大戦、ワイマール共和政、そして世界恐慌と続く政治的経済的な混乱の中からナチ党が台頭し、第二次世界大戦へ向かう時代である。哲学的には、ヘーゲル没後、自然科学的実証主義の台頭の中で哲学の学問性が瓦解して行った時代であった。歴史的社会的現実の統一的全体がそのつど形成と同時に崩壊を繰り返しながら進んで行った時代であろう。したがって両者が置かれている処は、思考適合的なものと究め難きものの緊張関係から歴史的に拘束されて産出された、その時々の統一的生の直中以外にはないのである。そしてその直中で、ディルタイが没した後、フッサールとハイデガー、そしてミッシュ、三人の道が切り開かれたのである。フッサールは多様さを超越する普遍妥当性を持ちうる明証性を理念とする超越論的論理学を形成する道を歩み、ハイデガーはこれと同じ道を通って、しかしここから分岐して、生の特定の可能的在り方を歴史的社会的現実を導く固有で本来的な可能性として理念的に投企する道を歩み、このいずれの道にも反対するミッシュは、多様な統一体を産出する源へ後から遡及する道を歩む。人間を基礎にして哲学を形成する道は、先行的に投企する道と後から遡及する道、「二つの異なる哲学的方向」へ、〈先へ〉と〈後ろへ〉という逆の方向へ、分岐したのである。じっさい、歴史を語るとき、将来への投企と過去への遡及、これら逆へ進む二つの方向性が同時にあろう。

かくしてミッシュは歴史を遡ってヘラクレイトスへ向かい、そこにロゴスにおける究め難きものと意義化の緊張関係を見出し、この緊張関係から多様な生の統一体の歴史的な惹起を意義化と力による生のカテゴリーの連関の中で語り出そうとする。これがディルタイから歩を進めた生の哲学に基づく論理学の道であった。これに対してフッサールから歩を進めたハイデガーは、将来へ向かって自己固有の死へ先駆して良心を持とうと意欲することによって「現存在の可能的な全体存在」を、そして無への潜入によって「全体として存在するもの」を投企し、さらには「学問への意志を、国家の中で自己自身を知る民族としてのドイツ民族の、歴史的な精神的決着への意志として[42]」投企し、かくして形而上学の歴史の全体を包含してその「歴史を終末にもたらす」「別の始原」への「移行と準備[43]」を投企し、これによって、人間・存在者・学問・歴史の全体を見通そうとする。これが現象学に基づく存在論・形而上学の道であった。

二つの道をこのように特徴づけるなら、全体の捉え方自体の違いが際立ってくるのではないか。生の哲学において統一的全体は、時代そして社会、さらには個人に応じて多様であり、その各々はある特定の歴史的社会的現実の中で、究め難きものに対する思考適合的意義化により統一的全体的な一つの世界観として形成される。したがって全体は、生の謎も含めて究め難きものをその深みに含んでいるがゆえに、理解にとって完結しておらず、このゆえに理解できない疎遠なものへ開かれながら、相互に作用し合い作用連関としての現実を形成する。現実の全体は見通しのきかない理解できない全体を含んでいる。これに対してハイデガーにおいては、実存論的存在論的に根源が理念として投企され、そこから人間・存在者・歴史の全体が可能的全体として隈なく見通される。

ここからすれば、生の多様性は相対主義に、そして全体の理解不可能性は懐疑主義に陥るように見える。これがフッサールのディルタイ批判であった。しかし、これに対して、各々の全体を見渡して完結した連関の中で確定的な仕方で解釈しうるような普遍的な視点は、それ自身が一つの可能性として相対化され、形而上学が不可能であるのと同様に〈不可能な可能性〉に見える。ここでは、各々の生の統一体が多様で相対的であるということがそのまま、超時間的な理念を求める現象学への批判になっていよう。これがディルタイのフッサール批判であった。実存論的存在論的に投企されたもの（先駆的覚悟態、存在者の全体、存在の歴史、別の始元）は、生の多様性からすれば相対的な可能性の一つを普遍化根源化したものであり、多様な現実を理念的なものに還元する「現象学的還元の実存論的横滑り」になろう。これが第三論考でのミッシュのハイデガー批判である(44)。

しかもこれに、歴史的社会的現実の中で自己固有な死への先駆的覚悟態を自己固有な「本来性（固有性）」とみなす特定の「倫理的あり方」が加わると、「隈なく見通している」という「哲学的英雄主義」が生じ(45)、さらにこれが歴史的制約の中で個的固有性から民族的歴史的固有性へ先鋭化するとき、その裏返しとして非固有なものに対する排他的全体性が現実化されることになろう。これとは逆に、根源からの多様性の道がその多様性に埋没するとき、すべてが相対的に平坦化され、根源的な批判を持ちえなくなることがあろう。それはハイデガーが分析した通りである(46)。いずれの道も危険を伴い、「哲学の歴史性(47)」として歴史的社会的現実として出来するのである。しかも、理念が現実を導いても現実に〈先立つ〉かぎり現実によっては正当化されえない反面、現実が理念の不当性を反証しうるのは出来事が出来した歴史的現実によって、すなわち〈後から〉でしかないのである。

そうであれば、いずれの方向に進む道からも、現象学と生の哲学の統一化が批判的に遂行されていることになろう。それはまさしくディルタイとフッサール、そしてミッシュとハイデガーが遂行した「対決」と「決断」という仕方においてである。すなわち、普遍的な理念・原生起を看取しようとする現象学からすれば、フッサールがディルタイを批判したように、生の哲学はその相対性へ陥る危険が批判される。その一方で、生の深みから多様な生の産出へ遡る生の哲学からすれば、ミッシュがハイデガーを批判したように、現象学も普遍化への危険が批判される。二つの道の関係は、生の深みの産出的緊張関係がそうであるように、対決という緊張的連関によってのみ存立しうる関係であると言えよう。しかも二つの道の方向が逆方向であるかぎり、いずれかの道を「決断」せざるをえないのである。ミッシュがディルタイとフッサールの対決に遡及して見届けたのは、この緊張関係ではないか。ミッシュはそれを単行本第四部（第三論考）の内容見出しとして語る。「ディルタイとフッサールに発する哲学の運動の歴史体系的に分析する道で客観的に決断する試み」(48)。そしてミッシュはディルタイの方向づけた道を、しかしディルタイとは一線を画して、形而上学的なものを生に取り入れた論理学の道を進んだのであった。

以上のように二つの道は逆の方向に進みながら緊張的連関を形成している。しかし逆であるにもかかわらず二つが緊張的な連関を形成し、しかも反省を介して「同じ地点」に至るのであれば、その進み方も〈同じ〉ではないか。それが「循環」という歩みではないか。生の哲学も現象学もその方向は逆であっても循環的に進む。本書はこの点に注目しよう。特定の可能的あり方を先行的に投企してそれを形式化普遍化する場合であっても、その歩み方は、「循環」という仕方で、すなわち、生の現実的な多様性から出発して理念を投企し、その理念の現実への客観的妥当性・実存的確証を、したがって生の哲学を必要としているのである。これとは逆に、生を多様性において捉えてその源へ遡行する場合であっても、その歩み方は、部分と全体の「循環」としての「弁証法的運動」という仕方で、生を歴史的に出来した統一体の多様性として解釈するためには一九世紀後半に歴史的に惹起された現象学もその一つとして必要としているのである。つまり、二つの道は緊張関係として、その歩み方においてもう一方の道を必要としているのである。本書は二つの道の歩み方としての循環に注目しよう。

第三節　二つの道の異なる循環

循環的な道に注目するとき、あらかじめ注意しなければならないことがある。ディルタイの語る循環とハイデガーのそれは、二つの道の方向が逆であるのと同様に異なるのである。用語としても、いわゆる「解釈学的循環」(49)という、両者に共通して語られるような用語を、ディルタイもハイデガーも自身の用語として使っているわけではない。ディルタイは『解釈学の成立』の中では、部分の理解（たとえば、著作の中にある一つの語、あるいは著者の生涯、などの理解）と全体（たとえば、著作、あるいは著者が生きた時代、などの理解）に関して「循環」を「アポリア」として語り(50)、ハイデガーは『存在と時間』の中では、「現存在の実存論的な先行構造」に基づく「理解の先行構造」に関して「理解の循環」を語り、現存在は「存在論的な循環構造」を成していると語る(51)。同じ「理解の循環」であっても、前者は部分と全体の循環であり、後者は先行的投企による循環である。しかも理解概念自身が、前者では追体験であり、後者では可能性への投企である。本節ではこの二つの道の違いにこそ注目したい。

本節はまず（以下、一）、ディルタイの語る循環とハイデガーの語る循環の違いを確認し、そして（以下、二）、その歩みの方向性の違いを「生の深み」と「根源」という語を挙げて特徴づけ、最後に（以下、三）、ミッシュの歩みである弁証法へ進もう。ミッシュはディルタイの全体と部分の循環を『論理学の構築』では「理解の循環[52]」として引き受けるが、その地盤となる『生の哲学と現象学』では、「循環」を「知」の「弁証法」として受容する。そしてハイデガーが「基礎存在論」の中で同じく「理解の循環」を語ったのに対して、ミッシュは、ハイデガーのそれは現象学的還元における基礎づけとしての「根拠提示」であって解釈学の循環ではないと批判する。この違いを際立たせていこう。そしてこうした違いの中で、本書の問題である全体の把握の問題が、二つの道の緊張関係の中での、カントのアンチノミーのような一種のジレンマとして出現して来るからである。それを見届けよう。

一　部分と全体の循環（ディルタイ）と先行的投企の循環（ハイデガー）

（一）部分と全体の循環（ディルタイ）

ディルタイが解釈学の文脈で語る「循環」とは、「すべての解釈技術の困難の中心」として挙げた部分と全体の相互の前提関係である。

> 「個々の語とその結合から一冊の著作全体が理解されなければならない。しかし個々の語の十分な理解はすでに全体の理解を前提しているのである。この循環は……」(GS5, 330)。

ここで「循環」は「個々の語の十分な理解」と「全体の理解」の「前提」関係を意味する。本書は、こうした相互的前提関係を、一冊の著作を読み進んでいくときに生じる時間的な前後関係の中での条件的拘束関係としても理解できよう。全体を理解するためには語の理解は必須の条件であると同時に語を十分理解するためには全体の理解が必須の条件になり、そしてこの逆でもあり、部分と全体の理解はこうした条件関係として相互に拘束し合うのである。しかしもちろん、この拘束は、ディルタイの言う生の連関がそうであるように[53]、必然的結合ではなく、相互に作用し合うことによって初めて相互が成立する、そうした関係性を意味する。たとえば語の理解は全体の理解から必然的に帰結するのでもその逆でもなく、誤解と訂正の可能性も含みながら相互に形成し合う、そうした相互依存的な関係である。このような相互依存的で拘束し合う関係を時間的な前後関係の中で捉えることによって初めて、ディルタイの部分と全体の循環が文献だけでなく歴史にも適用されることが理解できるのではないか。

部分と全体の関係は著作を読むという時間的な経過の中で進行しているのであり、しかし同時に相互依存的な拘束し合う関係は、読書の理解の中でイデエルに形成されていく。これと同様に歴史もまた、ディルタイにとっては、時間的前後関係を基にして生の作用連関という拘束的関係性としてイデエルに構築されるのである。このゆえに部分と全体の循環は、右に引用された『解釈学の成立』では著作の理解に関して語られていたが、最晩年の遺構『構築続編』では、生のカテゴリーとしての「意義」と「意味」の関係として、「生の連関」に関しても「意義カテゴリーが、生の本質に基づく、生の諸部分の全体への関係を表示している」と語られる。かくして、部分と全体も意義と意味と同様に生のカテゴリーに数えられたのである[54]。そして「生の本質」もまた、もちろんイデア的本質ではなく、生が成長の過程で不断に連関を新たに形成していることとして、「生の成長」とともに生のカテゴリーに挙げられたのである[55]。本質・意義・意味、これらはいずれも生の統一体の形成に関わる生のカテゴリーである。

ここで注意したいのは、部分と全体、そしてレアールなものとイデエルなもの、これらの関係である。部分も全体も、理解のイデエルな構築から見れば、イデエルなものである。それは意義と意味がイデエルなものであるのと同様であろう。しかしその一方で、その構築はレアールな一冊の本に基づいてレアールな時間的な前後関係に拘束された読解を前提にして遂行される。そのかぎり、イデエルな構築はレアールな時間の前後関係に拘束され、また部分と全体の理解・構築もレアールな一冊の本あるいはその中の何頁という仕方でレアールなものに基づき、それに拘束されているのである。しかしだからといって両者が、つまりイデエルに構築された前後関係とレアールな前後関係が一致しているわけではない。これはたとえば、ある書籍の歴史的意義のイデエルな構築がレアールな参照箇所に拘束されていても、前者の構築における前後関係が後者の前後関係と一致しないのと同様である。本の全体とその部分はレアールに特定できても、その理解はそれから解き放たれて、しかしそれに拘束されて、つまりイデエルに、構築されるのである。場合によっては部分的な箇所の誤読が明らかになって全体の再解釈・再構築がなされるときさえあろう。こうした部分と全体の循環を通してイデエルな構築も実在性を持つことができるのであった。

これと同様のことが歴史に関しても言えよう。しかもディルタイはこうした循環を、歴史の連関の部分と全体だけでなく、「歴史」と「歴史に関する仕事」の局面でも語るのである。

「歴史の連関が生自身の連関であるのは、生が自然の環境を条件にして連関を生み出しているかぎりにおいてである。全体の連関に属する項が全体に関して意義を有するのは、その項が生に含まれる全体への関係を実現しているかぎりにおいてである。……われわれは諸部分から全体を構築しなければならないが、しかし、全体には何らかの契機が、すなわち意義を割り当て、部分に相応しい位置を指定するための契機が、なければならないのである。

すでに見たように、これこそが歴史に関する仕事を動かしているのであり、したがってこの仕事は、ここでは全体と部分という獲得された規定の相互依存のなかを進んで行くのである。生の何たるかは、歴史が教えてくれることになる。そして歴史は生を必要としているのである。歴史は時間の中での生の経過だからであり、したがって歴史は生の経過に内実を有しているからである。

この循環から……」(GS7, 262)。

ここに循環が二つの局面から語られているのは明らかであろう。一つは、「歴史の連関」における部分と全体の「相互依存」である。そして一つは、歴史と生の循環である。前者の「歴史の連関」が部分と全体の循環として構築されるのは、先の文献理解の場合と同様であろう。しかもここでは、「歴史は時間のなかでの生の経過」であり、「歴史は生の経過に内実を有している」のであり、逆に「生の何たるかは、歴史が教えてくれる」のであれば、歴史と生は相互依存的な循環関係になろう。

注目したいのは、右の文面では、二つの循環を一つにしているものとして「歴史に関する仕事」が挙げられている点である。その仕事というのが、「全体には何らかの契機が、すなわち意義を割り当て、部分に相応しい位置を指定するための契機が、なければならない」と言われる、「契機」を見出すことである。これは明らかに、部分が全体に対して持つ意味を規定する全体の意味であろう。「歴史家の眼[56]」はこの意味を求めて歴史の連関の部分と全体の中を進みながら、そこに「生の何たるか〔部分〕は、歴史〔全体〕が教えてくれる」ことを、そして「歴史〔全体〕が生〔部分〕を必要としている」ことを理解し、生と歴史の循環の中をも進むのである。

そうであれば、ディルタイ自身は明示的に語ってはいないが、本書はさらに次のように歩みを進めざるをえないであろう。すなわち、歴史のイデエルな構築には、歴史に関する仕事に携わる歴史家の生の連関、そして歴史家が置かれている時代もまた、全体に対する部分として、構築されるべき歴史の全体に対して循環的に関係していることになろう。しかもこれは、歴史の連関だけでなく、生の連関、さらには文献の理解についても言えるのではないか。

たとえば、「生の連関」については、ある人の生涯のある部分（たとえば、第二次大戦を体験した部分）は生涯全体の意味に関わると同時に生涯の中である意義を有しているのであり、その全体の意味と諸部分の意義連関によって生の連関と言われるものが形成される。しかもこの形成は、その時々の当人の自己理解として、あるいはその表現としての自伝として遂行されることもあれば、後世の人による史料形成として遂行されることもあろう。いずれにおいても生の連関の形成には、それを形成する人の生の営みが関わっているのである。「歴史の連関」についても、ある特定の時代の中でそれを形成しようとしている人（歴史学者）あるいは集団・組織において「多様な観点の中である一つの立場が歴史全体の連関を把握するとき[57]」、それに従って歴史全体の意味と諸部分の意義連関が構築あるいは再構築されるのである。生の連関も歴史の連関も、それを形成・構築する当の人・集団・機関の生の連関を相互依存的に、したがって時間的前後関係と拘束的相互関係に従って循環的に前提しているのである。

このように、理解そして構築という〈後から〉遂行する生の営みそれ自身に基づいて、歴史を構築する人・集団・機関の生の連関が、構築される歴史それ自身に対して相互依存的循環的に関わっている。言い換えれば、生が歴史的であり、歴史によって制約されているのであれば、生は生の背後に遡れないのと同様に歴史の背後に回り込んで、歴史の全体を構築するための超時間的超歴史的な〈眼〉を手に入れることができないのである。したがってディルタイは、先の引用に続けて次のように言う。

「もし無制約的な規範、目的、あるいは価値が存在するなら、そしてそれら無制約的なものに依って歴史の考察や把握が何らかの基準を手にするなら、この〈生と歴史の〉循環からの簡単な逃げ道が存在することになろう」(GS7, 262)。

このように、生と歴史の循環は、生の連関そして歴史の連関の形成それ自身に関わるのである。そうであれば、これは翻って、文献の理解に関して語られた循環に関しても同様であろう。「文献の理解」に関してディルタイは、「個々の語とその結合から一冊の著作全体が理解されなければならない。しかし個々の語の十分な理解はすでに全体の理解を前提しているのである」と語っていた。たとえば一冊の著作を一頁目から読み進み、つまり読むという体験が時間空間的に限定されながら著作を進み、ときには数頁前に戻って比較したりしながら、最終頁へ至ったとしよう。これによって時空的に限定された著作の全体を踏破したことになる。著作全体は諸部分の総和としてのみ成立している。このようなレアールな読書体験のなかで著作の意味が、そして部分の意義が循環的に構築されるのである。それは、時間空間的に経過してきた一頁一頁の体験、あるいは一章一章の体験として部分が積み重なりながら同時に全体がいわば拡大しながら、最後に「この著作を読んだ」という一つの体験全体を形成する。かくして一冊の著作全体の意味のイデエルな構築は、歴史の構築と同じように、こうした読者のレアールな体験と、したがって読者の生・時代、さらには「多様な観点のなかでのある一つの立場」と相互依存的に遂行されているのである。ここには、イデエルに構築される作家の生とレアールな読者の生の循環が、歴史と生の循環と同様に現れているのである(58)。

したがって、歴史の理解や著作の読解それ自身が、歴史的に制約された歴史的な出来事にほかならないのである。これをディルタイの方向づけで明示的に語り出したのが、循環におけるロゴスの相互性としてのディア・ロゴスを強調した、ミッシュの言う「弁証法」であろう。歴史の連関とその構築者の生は、現在のこの一冊の著作の読書体験のなかで「対話」として交差し、歴史の出来事として産出されるのである。「弁証法」への道は、ハイデガーの道に対してディルタイの方向づけをヘラクレイトスのロゴス解釈を介して際立たせたものでもあろう。ハイデガーの言う「循環」に立ち入っておこう。

（二）先行的投企の循環（ハイデガー）

ハイデガーが『存在と時間』の中で理解の循環を語るのは、理解が可能性への投企として「現存在の実存論的な先行構造」を持っていることに基づいていた。理解の先行的投企が、先行的に投企されたものと、それに基づいて「～として」事実的に解釈されるものとの間に循環を形成するのであった。ディルタイの理解が追体験あるいは追形成として〈後から～に従って（nach～）〉という〈後行性〉あるいは〈追従性〉であるのに対して、ハイデガーの理解は可能性の中への投企として〈予め～の先に（vor～）〉という〈先行性〉であろう。この場合、後と先は、同じ時間系列での前後ではない。ディルタイの〈後行性〉はリアルな時間系列における前後関係の〈後〉である。著作の読解も歴史世界の構築も、リアルな時間の前後関係に基づいていた。これに対してハイデガーの〈先行性〉は現実性と可能性の対置における可能的なものへの〈先駆け〉である。そしてこの先駆けが一つのあり方として実存論的に投企されたのが先駆的覚悟態であった。一方はリアルで現実的な〈後行性〉であるのに対して、もう一方はイデアールで可能的な〈先行性〉である。

そうであれば、ディルタイの方向づけからするミッシュの批判を待つまでもなく、ハイデガーの言う理解の循環がディルタイの言う理解の循環を引き受けたものでないことは明らかであろう。すなわち、ハイデガーにおけるイデアールな先行性は、部分を積み重ねながら全体を形成し、その全体から再び部分の連関を構築し直すという循環的な道ではない。全体は部分から形成されると言うより、部分に〈先行〉して「理念」として可能的に投企される「意味」になる。

「先把持、先視、先概念によって構造づけられた、投企の〈どこに向かって〉、意味とはこれであり、これから或るものが或るものとして理解可能になるのである」(SZ, 151)。

この文面から明らかなように、ハイデガーにとって投企の先行性は、人間存在の構造的な先行性、カントの用語を使ってハイデガー自身が言うように、事実的な対象認識に対する認識能力の「アプリオリな完了態」[59]としての先行性である。そしてこの先行的投企によって先視・先把持・先概念化されるのが「理念」であり「意味」である。そしてこれによって形成される全体は、ハイデガーが死の分析で使った用語「現存在の可能的全体存在」を流用すれば〈可能的全体〉である。それは、先にハイデガーの真理概念が志向性に由来していることを見たように、発見としての真理が志向性の意味充実として指向的に目指されるべきものとして先行的に投企されるイデアールな全体である。

このように先行的に投企されるものが可能的で理念的なものであれば、それは事実的なものの理解可能性を導いたとしても拘束性を持つわけではない。逆に事実的なものから自由になって、したがってこのゆえにこそ、可能的な全体を見渡して捉える、先視・先把持・先概念の投企が可能になる。これに対してディルタイの解釈学で言われた「全体」は、事実的に積み重ねられながらもイデエルに追形成された「全体」である。これは、可能的で理念的な全体に対して、現実的な全体、つまりイデエルに構築された実在的な全体である。理解概念の違いは全体の形成と把握の違いでもある。

このような違いに面して、ディルタイとフッサールの間では形而上学批判と相対主義批判が交わされたのであった。本節では二つの道の循環的歩みの観点から、そうした両者の違いが生の捉え方自体に由来していることに注意したい。すなわち、完全な明証性という理念への志向は、事実的なものも可能的なものも含めて生を何らかの仕方で超越した超時間的なものを目指し、そこから生の全体を明晰判明に捉えようとする志向であろう。全体を捉えるためには、全体を超え出て全体を見渡せる地点に立つ必要があろう。そしてこれが、理念と事実的なものとの循環的道を形成しているのである。この道を歩むこともまた、生の全体把握の困窮にして希求として、生の一つのあり方であろう。言い換えれば、生の全体は生の中にあっては理解できないものであり、生自身が理解できないものを抱え込み、したがってその把握を希求する生のあり方自身も理解できないものに取り込まれて行くのである。これがディルタイそしてミッシュでは生それ自身に内在して生を形成している謎あるいは究め難きものとして、形而上学を批判しながらも肯定的な意味で「形而上学的なもの」あるいは「超越的なもの」として語り出されたのであった。そうすることによって、どこまでもレアールなものを志向することもまた、生それ自身を捉えようとする一つの志向であろう。しかしこれは前者と異なり、ほかならぬ同じ生の内から生それ自身を捉えようとする志向であろう。そしてこれが部分と全体を後から循環的に歩む道を形成しているのである。

このように、理解における〈追従性〉と〈先行性〉の違いが、循環的に歩む道の違いに現れて来るのである。ハイデガーの循環の道が、具体的な問いとしては、存在者を超越して最も普遍的な存在を問う基礎存在論そして形而上学の道であれば、ここでは、先行的投企は普遍としての存在を理念的に、つまり「存在一般の理念」さらには「実存の理念」を投企することとして具体化された。したがってこの道は、個々のものとそれを超えた普遍というアリストテレス以来の概念枠組みの中を動いていることになろう。本書はこの伝統的な概念枠組みを簡単に〈個物／普遍〉と表記した。これはまた、〈実在的／理念的〉とも表記できよう。もちろんハイデガーは意味を問うということで伝統的存在論に対して独自の道を切り開いたが、これがフッサールの現象学によって可能になったのである。歩まれた道からすれば、それは生の哲学でも生の解釈学でもなく、現象学的存在論・形而上学であり、現象学的解釈学であったと言えよう。

これに対してディルタイの循環の道は、具体的な問いとしては、生の連関そして歴史の連関を問い求めて部分と全体を進む道であれば、ここでは、個々の生とそれによって形成される同じく生の全体という枠組みの中を動いていることになろう。本書はこれを〈個体／全体〉と表記した。これはまた、〈実在的／イデエル〉とも表記できよう。同じ循環であっても、循環の仕方は異なるのである。そうであれば、ディルタイの方向づけを進むミッシュの試みは、〈個体／全体〉の循環の中で、イデアへの志向とレアール（実在的）への志向を統合した試みとなるのではないか。というのも、ここでの超越的なものの内在は、イデアなどの超越的なものを求める止み難き形而上学的心情として生の究め難きものを示しており、したがって理解できない、この意味で超越的なものを生に内在化することによって、もう一方のレアール（実在的）への志向との緊張的産出が生の深みとして取り出されるからである。

このように見れば、ミッシュからする現象学と生の哲学の統合は、両者の対決と決断という緊張関係として遂行されるのであれば、形而上学的なイデアへの志向と生の現実への志向の関係性を、生の統一体としての〈個体／全体〉の中で解釈学がどのように語り出すのかという問題を孕んだものになろう。この問題に対してミッシュがディルタイとフッサールの双方を批判しながらも、しかし、どこまでもディルタイの方向づけで歩んだ循環の道が、生の〈個体／全体〉の循環を推し進めた「弁証法」の道であろう。しかもこの道を通って生の深みへ遡ることによって、同じ現象学の道であってもフッサールに対してはなかった、ハイデガーの現存在の解釈学への批判が展開されているのである。

二　生の深みと根源

現存在の解釈学が現象学の道の上で展開した理解の先行構造における〈先〉は、実存論的分析論によるものであり、実存的なある種の道徳的価値が付加された〈優越性・優先性〉の〈先〉ではない。また、一般に、〈先〉がすなわち〈根源〉や〈根拠〉だとは限らない。これに対して、〈先〉に〈根源〉が重ね合わさり、さらにそれが一つの人間のあり方に重ね合わされ、そして〈根源〉から〈派生〉への序列の道が語られるとき、生の深みからの多様を歩むミッシュから、フッサールに対してはなかった種類のハイデガー批判が生じるのであった。「通俗的」で「非本来的」な「頽落」したあり方に対する「根源的（本来的で全体的）」な「先駆的覚悟性」に基づいて基礎存在論を目指すのは「生の特定の倫理的あり方」を「哲学的英雄主義」に普遍化するものだ、という批判がそれであった[60]。ここでは二つの道における後からの〈追従性〉と先駆ける〈先行性〉の違いに応じて、歩む道の中での〈根源〉の位置づけが根本的に異なるのである。

ハイデガーでは「根源性」は、実存論的分析の過程で、日常性の分析だけでは現存在は非本来的で非全体的なものとしてしか分析されておらず、また関心の三つに分散した構造契機の統一性も視野に入っていないため、全体性・本来性と統一性を満たすために求められたものであった。つまり、分析を導く先行的把握と先行的眼差しを満たすものとして現存在の「全体性・本来性」と「統一性」が挙げられ、これらをもって分析は「根源的」だとされるのであった[61]。ここから『存在と時間』では根源性の内実は全体性・本来性と統一性に求められる。そしてこれによって得られたのが、先駆的覚悟態であり時間性であった。すなわち、全体的で本来的な在り方が先駆的覚悟態であり、関心の構造分節を統一する根拠が関心の意味としての時間性であった。しかしこれは、実存論的分析論の過程で日常性の分析による現存在の存在（関心）からその意味（時間性）の分析へ移行するさいに、分析の根源性を求めて実存論的に先行投企されたものである。そうであれば、これに応じて現存在の存在の全体を捉えるために死の実存論的な分析をすることは、実存論的な投企であり、それだけで、「先駆的覚悟態という、現存在が実存的に本来的で全体でありうること[62]」を実存的に証示しているわけではない。したがって、死の分析の後で「本来的な死への存在を実存論的に投企[63]」し、それが「良心の呼び声」を介して実存的に可能であることが証示されるのである。すなわち、良心の声を聞く「覚悟態は、死への本来的存在を覚悟態に固有な本来性の可能的で実存的な様態として自己のものとするのである[64]」。

したがってここでは、分析の先行的投企における〈先〉の内実に〈根源性〉が投企され、そしてそれに適合する現存在の一つのあり方が実存論的に構築され、それが先駆的覚悟態として実存的にも可能なものとして命名されているのである。分析の出発点となって「実存」と名付けられた存在、すなわち「現存在がかくかくしかじかに自身を関わらせることができ、また常に何らかの仕方で関わっている存在[65]」は、「実存の理念」として「実在性」と「区別[66]」されて先行的に投企され、それが「根源的」な分析を経て、一つの可能な実存的な様態として、すなわち先駆的覚悟態として事実的に具体化されたのである。かくして『存在と時間』の道では、現存在の存在（関心）の意味である時間性は関心の分節的構造を統一化する〈根拠〉になると同時に、さらには存在一般の理念の解明の〈根拠〉にもなるものである。ここでは〈先〉と〈根源性〉と〈根拠〉が、統一性（先行的眼差し）と本来的全体性（先行的把握）を内実として一つになっているのである。

しかしここには、二つの異なる側面が綯い交ぜにされているのではないか。ミッシュの批判もこの点に向けられているのではないか。それはすなわち、分析における理念の先行性の側面と、様々な現存在のあり方の中の一つを根源的（全体的・本来的）であると評価する側面、これら二つの面の混同、あるいは前者の後者への横滑りである。たしかに分析は分析対象の全体に及び、そして分析対象に固有（本来的）な仕方で遂行されなければならないであろう。そして『存在と時間』の道程からすれば、先駆的覚悟態は哲学の問いである存在一般の意味を問うために現存在が理念とするあり方になろう。しかしミッシュは、『存在と時間』では現存在の分析論から基礎存在論への道は通じておらず、その移行の要となる先駆的覚悟態を「哲学的英雄主義」と批判するのであった。これは、「哲学的」と「英雄主義」という二つの側面、すなわち、哲学的分析の側面と、特定の生のあり方を何らかの意味で秀でたものとする評価する側面、これらの混同を批判するものであろう。ここで本書が注目したいのは、その倫理的側面ではなく、根源の哲学的分析の側面である。

ハイデガーでは「根源」は、真理概念で明らかなように、差し当たり大抵は伏蔵されており、このゆえに理念的先行的に投企され、そして分析の過程で次第に露わになるものであった。そしてこの実存論的分析の側面の根源性が、多様な生の在り方の一つへスライドし、多様さの中に序列化・位階が形成されるのであった。これに対してディルタイそしてミッシュにとって根源は、ある特定の生のあり方に対して述べられるのではなく、生の深みとして生の多様さが出現してくる「根」あるいは「源」について述べられる語になろう。つまり、根源あるいは深みは多様なあり方の源を名指す語であり、多様なあり方に序列をつける語ではない。かくしてミッシュが歩むのは、多様さから究め難き深みへ遡ってそこからまた多様さへ至る循環としての弁証法の道である。

三　生の弁証法と現実の還元

（一）生の深みからの道

ミッシュがディルタイの方向づけを押し進めるのは、「ディルタイは彼の最も固有な意図を徹底的に十分には遂行していなかった[67]」からである。その典型として、彼はディルタイの言う循環を、「部分から全体へ、そして再び全体から部分へ帰り行く弁証法的運動[68]」として捉え直す。ディルタイの循環は「徹底的に十分に遂行」すれば「弁証法的運動」になる、とミッシュは考えるのである。彼にとって弁証法（ディアレクティケー）は、その語義に即して対・話（ディア・ロゴス）という相互的な語りが進行していく運動を含意している。しかもこの部分と全体の循環的な運動が、生の深みへ遡及し、そしてまたそこから生の多様さへ至る循環的な歩みになっているのである。これは、ハイデガーの言う循環もまた理解の構造それ自身が持つ循環と、これによって形成される基礎存在論への歩みが持つ循環と、二重に展開されているのと同様である。しかしここであらかじめ注意しておきたいのは、ハイデガーの循環の道とは異なり、ミッシュの道はこの運動によって、生の深みにある無規定的で究め難きものが徐々に規定され意義化されて行く、といったものではないという点である。

　ミッシュが生の深みを表す〈無規定的と規定的〉あるいは〈究め難きものと意義化〉は、ヘラクレイトスのロゴス解釈に基づいていた。彼はこれを『論理学の構築』の中で語と文の関係に基づいて展開する。彼はある文を、それを形成するまとまりのある諸々の語全体（意味）と部分（意義）の関係として次のように語る。

> 「諸々の語の意義自身は……流動的で多義的〔無規定的〕な単位・統一体であり、意義が規定性に至るためには、それらの単位・統一体を統括するある一つの意味が必要とされている」(LI, 488)。

　ここから、そうした意味が根拠として先行的に投企されることによって個々の語の意義が「～として」確定され、ここに循環が生じる、とするのがハイデガーの理解概念であり、これがまた実存論的存在論的分析論の循環的な進行そのものを規定しているのであった。これに対してミッシュは、そうした「イデアールな意義統一体の教説に反対して」、統一的なものの筋道は「まとまりある諸々の語を踏破することによって切り開かれる」とするのである[69]。かくして、部分の意義は全体を統　する意味から規定され、後者はまた前者を前提しているのである。無規定的と規定的もこの相互関係の中で考えられているのである。ミッシュの例を挙げてみよう。

たとえば、ある考えが突然湧き上がったとき、それが他のものとは区別されて他と取り替えできないかぎり、「ある考え」として何らかの規定されたものである。しかしそれはそれ自身の内に規定されたものをまだ何も持っていない。つまり無規定的なものである。それが規定されるためには、「ある考え」の意義が分節・表現され、そしてその意義分節が、完結した意味全体として文において表現されなければならない。そのさいに、あるまとまりを形成した個々の単語はそれ自体では互いに不連続的で多義的で無規定的であるが、意義分節によって各々の語の意義が規定されるのである。（PL, 486f.）

この例から分かるように、ミッシュの言う〈規定的／無規定的〉は、〈規定的なもの〉と〈無規定的なもの〉という具合に二つのものあるいは二つの概念があるわけではなく、あるいは感覚の多様が概念によって規定されるといったことでもなく、あるいは伏蔵されたものが徐々に明証性を増して十全に不伏蔵なものとして発見されることでもない。そうではなく、ある全体が規定的であると同時に無規定的なのである。この同時性は、全体が他のものに対して規定的ではあっても部分部分がまだ無規定的である場合もあれば、部分が規定されても全体がまだ無規定的な場合もあろう。それゆえミッシュは、「規定的・無規定的」が「逆説的な、つまり本来の、弁証法的な概念」であるとして、その運動に関して、古典的論理学の推論などで「思考」が「前提帰結関係」を「直線的」に進行するのとは違って、「理解」が「あちらへ行ったりこちらへ来たり、上へ行ったり下へ行ったり」、つまり「全体から部分へ、そして再び部分から全体へ進み行き」、「循環的」だとするのである。(70) これは先に「自己完結的な連関」を巡って、現象学的方法の概念把握の優越性に対して挙げられた、「あるものが他のものを包含できるがしかしやはり包含できない」という熟慮の卓越性が意味するものであろう。

ここで本書が注目したいのは、〈規定的無規定的〉という生の深みに見出された緊張関係が、このような「逆説的な、つまり本来的な」弁証的運動として捉えられている点である。否定的に言えば、生の深みには究め難き無規定的なものがあって、それが意義化によって明証性の段階を上げて規定されたものが露現して来るわけではない。ミッシュは次のように言う。

「まとまりある諸々の語が何ら精確でないかぎりは、依然として、思想は無規定的である。より詳細に言えば、思想は規定されているにもかかわらずそれ自身において規定されておらず、そのようになるのは、思想が濃密化して表現に仕上げられ、これによって表現が語るものから解き放されてそれ自身の中に中心点を持つことによってである。ここで遂行されている思考は無規定的なものの規定を履行しているのだ、ということを排除するために、私はこう言おう。考えは濃密になり表現に集中するのである、と」(LI, 487)。

通例、無規定的なものが言葉に規定されて行く、あるいは、薄ぼんやりしたものが完全になって行く、と誰もが考えがちである。さらには、そうした完全化の道を全体においてあらかじめ指示し導いている「統一的な方向指示」が伏蔵されながらも存在し、それが完全に姿を現わして行く、と考えがちである。たしかにこれは、特殊と普遍の関係性の中を動く古典的な「前提帰結関係」の推論にも存在しよう。「クジラ」という概念は「哺乳類」を媒概念にして「恒温動物」が述語づけられ、規定性が明瞭になって行くのである。(71) これは次のようにも言い換えられるかもしれない。すなわち、人は「クジラ」に面したとき、ちょうど目の前の「ハンマー」を使うときのように、そのあり方を先行的に把持し、先視し、先概念化し、そしてそれを分節しながら明瞭化して行くのである。これは、理念的な意味統一の先行的投企と、それに導かれ、またそれを目指した、直線的な思考の道である。そのような理解の直線的な思考に対してミッシュは、理解の循環は部分と全体の弁証法的な循環であり、ぼんやりしたものが完全に表現されるようになるのではなく、「思想が濃密化して表現に仕上げられる」、と言うのである。彼は次のように言う。

「……線があらかじめぼんやりそこにあって、次にはただ完全に引かれるだけだ、(72) というのではなく……ここですべての産出的創造にとって重要なことは、次のことである。道は歩まれて初めて切り開かれるのである。道を歩いて通るさいには道を切り開くということ、このことに掛かっているのである。これが今や、規定的なもの・無規定的なものからの意義分節として把握できるのである。

ある構想から出てくる筋道（Richtungszug）は先へ掴み入りながら全体へ向けられており、その全体はそれ自身においてすでに規定されてはいないが、しかし交換不可能な、このかぎり規定的なものとして考えられている。こうした統一的な筋道が、個々の語を踏破して自身の道を切り開き、それら個々の語から諸々の文が形成されることになる。つまりこの筋道は、それ自身において統一的に先へ掴み入り、それぞれ独立している非連続的な（それゆえ、対立的な緊張にある）統一体としての諸々の語を踏破して行くのである」（LI, 487）。

ミッシュのこの文面は、アリストテレスが『詩学』の中で展開した悲劇の全体と部分、そして悲劇の筋と統一、これらの関係を想起させる。すなわち、悲劇が一定の大きさを備え完結した一つの全体としてある行為を再現するものであれば、その筋（μῦθος：話、物語、神話、考え、劇の筋）も一定の長さを持ち、全体を記憶できるものでなければならない。しかも筋が行為を再現するものであれば、それは一つの全体として統一ある行為の再現でなければならないのである。(73) アリストテレスにとって、「全体性は統一性をもったものである」(74)。これがミッシュの文面では「ある構想」が「全体」となり、この「全体」が部分の分節に対して経験的時間的に〈先〉にあり、そしてこの全体へ向けて先へ先へと掴み入りながら各部分を分節しながら踏破して行くのである。こうして全体は部分に対して経験的時間的に〈後〉に踏破されるのである。部分と全体は相互に前提し合いながら経過しているのである。

これに従って、先の例「ある考えが突然湧き上がる」もまた、さらに次のように考えることができよう。そのとき、たしかに全体は〈先〉であるが、その考えがまったくの無からの創造でなく、それ以前の経験や考えを前提としているのであれば、そうした部分の〈後〉である。しかし「新しい考え」として、つまり以前の部分などに対して「新しい全体」として〈規定的〉であり、しかしそれ自身の部分部分はいまだ〈無規定的〉であり、この意味で全体それ自身も〈無規定的〉である。これが新たな考えの構想から出て来る筋道に従って諸々の語を踏破しながら先へ先へ部分を意義分節し規定して行くとき、これに応じて全体の意味が規定されたりあるいは再規定されたりする。したがってこの場合には、全体は〈無規定的〉である。全体が〈無規定的〉だからこそ再規定ができるのである。このようにして、以前の経験や考えに対して〈新しい考え〉が「濃密になり、表現に集中する」のである。これは歴史の中で時代を区切るのと同様であろう。ある時代を先へ先へ押し進めながら新たな時代を語るとき、同時に古い時代を全体として区切ると同時に新しい時代を全体として規定的・無規定的に分節し表現へ仕上げて行くのである。これを構築しようとしたのがディルタイの作用連関としての歴史世界であった。

このように〈規定的無規定的〉は、生の統一体としての〈部分／全体〉自身が〈規定的〉であると同時に〈無規定的〉であることを示している。しかも〈部分〉と〈全体〉は弁証法的運動として相互に規定・再規定し合い、その運動の時間的な経過の道に沿って各々は〈先〉でありまた〈後〉でもある。したがって、生の深みにある〈究め難きものと意義化〉の関係もまた、二者択一的な二つのものがあるのではなく、生の統一体としての〈個体／全体〉が〈部分／全体〉として自身のうちに持っている、規定的であると同時に無規定的であるという緊張関係にほかならない。そうであれば、これに応じて、喚起する語りと純粋に論述的な語りも、一方が〈無規定的なもの、究め難きもの〉に対応してもう一方が〈規定的なもの、意義化〉に対応するといったものではなく、いずれの語りも、〈規定的無規定的〉な〈究め難きものと意義化〉の緊張関係から語り出されているのである。

そうであれば、このような時間経過に沿った、したがって生の経過からする〈先〉と〈後〉における〈先〉と〈アプリオリな先行性〉の関係は、ミッシュの論点に従えば、次のように考えられるのではないか。すなわち、アプリオリな先行性は、〈規定的／無規定的〉緊張関係の中で、時間的経過の先行性を純粋に論証的な反省的思考に映し出して語り出したものになるのではないか。たとえば、時間的経過の中で獲得した、「パソコンを使うことができる」という能力が、「事実性」に対する「パソコンで原稿を書くことができる」という「できる」という能力が、「事実性」に対する「可能性」として語り出されたと見ることができるのではないか。それは理解概念がディルタイからハイデガーへの道で事実的な追体験としての理解から可能的な先行投企としての理解へ変容したのと同様ではないか。すなわち、すでに事実的に経験され追体験された〈先〉のものが可能性として投企されて初めて〈アプリオリな先行性〉が語られ、これによって翻って事実的なものが〈後〉から解釈されるのである。

ミッシュはすでに第一論考の中で、ハイデガーが『存在と時間』の中で「現実性よりも可能性の方がより高くにある。現象学を理解することは、ただ一つ、現象学を可能性として捉えることにある」と語った文面を捉えて、「存在できる」の「できる」に対して「存在可能性」の「可能性」という概念は、純論述的な領域を出自としている」と語る。(75) 事実的な「できる」が、事実的な遂行に先立ってそれを可能にする「可能性」として語られるのである。たとえば、理性的動物として生まれながらにあるとされる言語活動能力であれ、生の経過の中で習得したパソコン遂行能力であれ、「できる」という生の力動的な能力が、その事実的な遂行に先立ってその事実的な遂行を可能にする可能性あるいは条件として語られ、事実的な遂行の根拠にされることがあろう。現象学の道は、ミッシュから見れば、生の流れの中で事実的に遂行されている〈できる〉を、事実的な拘束から自由になった純論述的な〈可能性〉として語り、この高みの中に実在的なものを超え出たイデアールなものを求める道になろう。だからこそ、生の流れの中での追体験（理解）は可能性への投企に、部分と全体の規定的／無規定的な循環は事実的なものとイデアールな理念の間で明証性・不伏蔵性の度合いを増して行く循環に変容するのである。

（二）弁証法的運動

ミッシュは以上のような観点からハイデガーの循環に対して、生の解釈学の循環とは異なり、古代哲学がキリスト教的な生の確信と結びついた「基礎づけ」だと批判したのであった。すなわち、それはプラトンが現象界の知を先行的に基礎づけるものとしてイデアを投企したごとくであり、しかもそこには、基礎づけの根拠が根源的本来的であり、基礎づけられるものは派生的・欠如的なものであるという確信が結びついているのだ、と(76)。このような知の形成に対して、ミッシュの言う弁証法的運動は「部分から全体へ、そして再び、全体から部分へ帰り行く運動」であった。基礎づけとしての循環との違いは、「帰り行く」という点にあろう。それはミッシュが自身の知の理論における知を「知の再帰性」と特徴づけていることにも現れていよう(77)。

「帰り行く」あるいは「再帰性」とは、さしあり次のように言えよう。すなわち、それは、たんに同じ円環を繰り返し巡る円運動ではなく、また根拠づけを求めて根拠へ遡及する運動が、翻って、根拠から根拠づけられるものへ帰還するような一方向的往復運動でもない。そうではなく、部分から全体そして全体から部分へ帰り行くこと自体が時間経過の中で進行していることによって、部分も全体も不断に再形成され、両者の関係それ自身が再構築されて行く運動を意味していよう。たとえば、文献を読み進むときのように、その時間的進行に応じて、したがって読み進む分量に応じて、部分は不断に移り変わり、これに応じて全体も不断に再構築され、この再構築によって部分もまた再形成されながら、読むという行為が、したがって文献を理解するという生の営みが、経過して行くのである。時間的な経過は、生の経過であり、歴史の経過でもある。循環はこうした経過の中を進むのである。ディルタイでは「生」は「生の経過」であり、「統一的意義」をもった「最小単位（統一体）」が「体験」と表示されたのであった。[78]解釈学の〈体験・表現・理解〉それ自身が、こうした実在的な生の経過の中を部分と全体を循環させながら進むのである。

したがって、「帰り行く」そして「再帰性」は、同じ出発点への回帰ではなく、そこには経過に伴う、いわばズレが生じていよう。だからこそ循環による全体の統一体の形成は、そのつど、その経過の中で、再統一化になるのである。ここでの〈再〉は、同じものの〈再〉ではなく、経過した前ものはすでに〈ない〉がゆえに、その〈否定〉を含んだ新たな統一体の〈再形成〉を意味する。部分と全体の生の循環的経過それ自身が否定を含んでいるのである。ディルタイにとって生の経過が不断に流れる川に喩えられるのであれば、このような〈ズレ〉や〈ない〉は、流れの中にあって流れを形成するとともに流れ自身を捉えるときに生じると言えよう。

このように、循環的経過の中での〈否定〉が典型的に現れているのが、伝統的哲学の用語としては、ロゴス（話）のディア・ロゴス（対・話）としての弁証法（ディアレクティケー）であろう。対話は時間的経過の中を進みながら各々のテーゼ（肯定文）やアンチテーゼ（否定文）を総合し、ある一定の主張をそのつど再構成・再統一しながら進む。ミッシュがハイデガーの循環を基礎づけとして批判し、ディルタイの循環を弁証法的運動として展開し、しかもディルタイの解釈学を解釈学的論理学として押し進めた方向づけは、この点に求められよう。ディルタイが取り組んだ生の連関そして歴史の連関の解釈学的な構築は、そこで十分展開されていなかったことを顕在化させ、深化させれば、生の〈部分／全体〉の時間経過の中での弁証法的な再・構築に行き着くのである。

このように生の経過を強調すれば、ここでの解釈学的〈体験・表現・理解〉の最小単位としての〈体験〉は、〈見ること〉そしてその再帰性（折れ曲り）としての〈反射・反省〉をモデルにした視覚体験よりも、文献理解をモデルにした経過する〈否定〉を含んだ再帰性の体験になろう。ここでは知の理論も、知覚をモデルに意識の志向性を分析する現象学ではなく、時間経過の中での対話をモデルに文（ロゴス）を分析する論理学である。生の解釈学はこうした論理学として、歴史的古典文献理解の解釈学に始まり、それを書いた著者の、そしてその時代の、さらには歴史の、部分と全体を相互に帰り行きながら、この〈部分／全体〉の中にあって〈部分／全体〉の循環を〈先〉へ押し進めるのである。〈先〉が語られるのは、ここでは、視線が実在的な事物を超え出てその〈先〉に指向するイデアールな意味充実の統一点ではなく、実在的な時間経過の中での〈先〉である。生の経過、歴史の経過の中で過去の文献・歴史を〈後から〉理解しながら〈先へ〉伝承するのである。したがってここにあるのは、最終的な目標地点によって形成される「可能的」な「自己完結的な連関」ではなく、「あるものが他のものを包含できるがしかしやはり包含できない」という〈規定的／無規定的〉な生の連関あるいは歴史の作用連関である。こうした〈できる〉と同時に〈できない〉という逆説もまた、〈ない〉を含んだ経過のズレに由来しよう。ここでは、〈部分／全体〉は未完結であり未完了であり、

〈末〉という否定を含んで不断に経過して行くのである。問題はこの全体の把握である。

（三）現実と還元

以上のように、ディルタイそしてミッシュで展開された解釈学の循環は、流れの中で流れ自身を捉えることとして、〈部分／全体〉を弁証法的に歩むことである。したがって理解の〈先〉と〈後〉がそこに認められても、その〈先〉はアプリオリな先行性でもなければイデアールなものの先行性でもない。また、ハイデガーが語る「現存在の解釈学」はディルタイの解釈学ではなく、「ディルタイの位置をフッサールとアリストテレスの思考手段を手助けにして徹底化した[79]」ものになる。ハイデガーに対するミッシュのこのような批判がフッサールに対して向けられたものが、論理学においてイデアール（理念的）なものを求めた「形式論理学から超越論的論理学への反省の道程」としての「現象学的還元」の道に対する批判である[80]。本書もこの道に分け入ろう。現実の全体の捉え方が問題になって来るからである。

第一・二論考直後に公刊されたフッサールの新刊書は『形式論理学と超越論的論理学』、そしてハイデガーの新刊書は『形而上学とは何か』『根拠の本質について』『カントと形而上学の問題』であった。ミッシュはこれらを介して「現象学的還元」を「反省の道程」のものとして批判するのである。それを端的に言い表したのが「意味と意義を非現実化的実在化するフッサールの哲学的構想（「現象学的還元」）[81]」である。この言い回しにある「意味と意義」は、生のカテゴリーとして生を統一的全体として形成すると同時に部分の意義を分節するもの、つまり〈全体／部分〉として循環的に形成しているものであった。したがってミッシュは、現象学ではこれが現実の生を超えたイデアールなものへ〈非現実化〉され、しかもイデアールなものこそ現実を可能にするものとして〈実在化〉され、かくしてこれによって現実はイデアールなものに還元され基づけられるのであり、これが現象学的反省の道なのだ、と批判するのである。

たしかに、イデアールなものこそ真なる存在であり原存在であるとすれば、そしてそこに反省の眼を置いてこの現実を振り返れば、この現実はイデアの写しになろう。ここでは、現実は非現実化されイデアは実在化され、前者は後者に還元される。しかし現実の流れに身を置けば、実在化されたイデアは、見ること（ἰδεῖν：イディン）によって見られたもの（ἰδέα：イデア）であり、したがって、それを見ようとする〈現実の目〉がほかならぬ現実の目自身を見ようとして反省（Reflexion）するさいに折れ曲がる（reflektieren）反射地点としての〈鏡〉の中に見られたものとなる。そして鏡に写る〈反省の目〉が〈鏡の中（イデア界）〉から〈こちら側（現実界）〉を見ているのである。ここでは、先とは逆に、鏡が現実を反省の目によって見られたものとして写しているのであり、現実は鏡の中のイデアを介して見えて来るのである。かくして反省の道は現実をイデア的なものに還元する道になるのである。プラトンではそれが彼岸に存在するとされる永遠的存在・知のイデア界であり、フッサールではそれが超越論的主観性の領域である。そこは、現実の眼からすれば自身を捉えようとして折れ曲がる地点としての鏡の中の反省的眼差しの所在地であり、現実の還元先として現実が映し出されて来る領域であろう。鏡に〈同じ自分〉を写すように、現象学が反省を高めて現実を還元する地点は、ミッシュが述べたように、生の哲学と「同じ地点」にほかならない。そして反省する眼からすれば、現実の道は「非現実化的実在化」される道としてその全体が捉えられるのである。本書もこの点に的を絞って行こう。

フッサールが『形式論理学と超越論的論理学』で語る「現象学的還元」は、「自身の経験の中であらかじめ与えられている世界から、構成する最終的な生へ、みずから遡及して行くこと[82]」を意味している。ここには、経験されている世界はあらかじめ与えられている世界であること、そして、そうした世界をあらかじめ構成している最終的な生があること、したがって、還元とは、すでに構成されているものから究極的構成元へ帰り行く遡及であること、言い換えれば、現実をその構成元に還すこと、これらが一つの道として明瞭に現れている。これは本書の道から次のように捉え直してもよかろう。すなわち、還元の道は、たんに現実を理念的なものへ超え出るだけでなく、その構成元へ帰還することによって、構成可能性をも完全に含めた現実の統一的全体を把握可能にする道である。構成可能なものしか、現実に存在できないからである。

このような道の方向性はすでに『論理学研究』から一九〇七年夏学期講義『現象学の理念』において、そして一九一三年の『純粋現象学および現象学的哲学のための理念』（以下、『イデーン』）の中で展開されてきたものであった。『現象学の理念』では、「哲学はすべての自然的認識に対して新しい次元にあり、……この新しい次元には新しい方法が、根本から新しい方法が対応している」として「認識論的還元」を提示し、それを「現象学的還元」と呼び、これが「一切の超越者に関するエポケー〔εποχή 判断中止〕」であるとする[83]。ここで、「一切の超越者」とは、「もはや超越を何も示さない絶対的所与性」に対置された概念である。したがって、「心理学的事実」として客観的時間の中で

「体験する自我」に与えられて実的に内在しているものもまた、還元によって排斥されるのである。むしろ、「各々の心的体験には、現象学的還元の道によって、純粋な現象が、すなわち、自身の内在的な本質（単独化されて取り出された）を絶対的所与性として取り出す純粋現象が、対応しているのである」[84]。『厳密学』での例で言えば、個々の具体的な赤を知覚しながら、同時に普遍的な赤そのものを、普遍的な知覚そのものを、純粋に直観しているのである。フッサールがディルタイに送った書簡で言われるように、ディルタイの目指すイデエルな構築、これを出発点にしてフッサールはさらにイデアールなものを目指すのである。そして『イデーン』では、自然的態度における総定立を「括弧に入れる方法」として「現象学的エポケー」[85]によって、「現象学的還元」は「意識そのものの諸形態の本質」から「そうした諸形態のうちで自身を「告げる」だけのもの、たとえば感性的な諸現出を通して、意識に即して自身を「構成する」もの」[86]へ向かうのである。すなわち意識の志向性のノエシス・ノエマの構造へ向かうのである。

このように見れば、ディルタイを批判して「厳密学」として絶対的所与性・明証性を求めるフッサールの道に、用語は異なるがその方向性にミッシュの道と奇妙な一致点が見出されるのではないか。それは、すでに与えられているものは、何らかの形で統一体を形成あるいは構成されたものであり、二つの道が目指すのはその形成あるいは構成する働きである、という点である。フッサールでは右に見た『形式論理学と超越論的論理学』で語られた「現象学的還元」という用語がその方向性をよく現していた。それは、「自身の経験の中であらかじめ与えられている世界から、構成する最終的な生へ、みずから遡及して行くこと」であった。これに対してミッシュではそれが、無規定的規定的な生の緊張関係からの生のカテゴリーによる意義化であった。しかしこのような一致点と同時に、両者の根本的な違いが、ここに見出されるのではないか。すなわち、それは、道の進み方にある。ミッシュではそれが自身を非表象的非対象的に直接捉える覚知であり自己省察であった。これに対してフッサールでは、自己を表象的対象的に注視する反省であり本質直観であった。すなわち、「純粋に看取しながら知覚を注視する[87]」のであり、「反省的把握が私の体験に向けられると、私は絶対的なそれ自身を把握してしまっているのであり、その現実存在は原理的に否定不可能なのである[88]」。

そうであれば両者のこうした一致点と違いから、両者の関係性も見えてくるのではないか。それはミッシュが第三論考で、「フッサールは反省を高めることによって……生の哲学の中心としてわれわれに現れてきたのと同じ地点に到達[89]」したと語る、「同じ地点」という関係性である。しかも、今見てきたように、事実的な規定的無規定的な生の緊張を根源にしてそこから生の統一体が形成されるのを根源から追従的に語り出すのがミッシュの道であれば、フッサールはそのように形成されたものを反省的眼差しに映し出して逆に根源へ向かって、そこに現実を還元する道を歩む。いずれも「論理学」を目指す道である。「同じ地点」であっても、根源からと根源へ、反省（反射）を介して方向が逆になっているのである。かくして生の哲学から見れば、ミッシュの言う生のロゴスは、フッサールの反省の道では反省の鏡に超越論的論理学のロゴスとして映し出されることになろう。フッサールは現象学の「自己省察」の道を次のように言う。

「自己省察は事実から本質必然的なものへ進み、すべての「論理学的なもの」の源となる原ロゴスへ進む」(HU17, 280)。

この「原ロゴス」こそ、ミッシュから見るとき、生の深みにある産出的緊張関係にある語り（ロゴス）が厳密学の純論述的な知に還元された語り（ロゴス）にほかならない。そうであれば、現象学に対するミッシュの見方は、どのように形成されたのであろうか。これが第一・二論考でのハイデガー批判にはなかった視点であれば、本書はその経緯を次のように描くことができるのではないか。ミッシュは第一・二論考をハイデガーのディルタイ批判に対するディルタイ擁護として著わすが、その直後にフッサールの新刊書『形式論理学と超越論的論理学』に触れることによって、フッサールの論理学研究が目指す「超越論的論理学」のロゴスの内実に自身の目指す論理学との「本質的近さと遠さ」を感じ取ったのではないか。しかもディルタイとフッサールの対決に遡及することによって、そこに、両者の近さと遠さを現象学的還元の〈道〉と自身の弁証法的な〈道〉が反省を介して「同じ地点」に至っていることを見出したのではないか。言い換えれば、ミッシュは、ディルタイとフッサールの往復書簡でフッサールがディルタイの目指す地点（イデエルな構築）を自身の出発点に位置づけてその先（イデアールなもの）へ向かったのに応じて、ディルタイの道をその先（産出的緊張関係のロゴス）まで切り開いて、生の哲学の道をフッサールの原ロゴスと「同じ地点」へ至らせたのではないか。

ミッシュは自身が遡及した「ディルタイとフッサールの対決」に関して次のように言う。

「ディルタイが「素朴」に現実性のなかに突き進んだのに対して、フッサールは現象学的還元を理論一般の可能性の基礎として捉えた ……」(LP, 223)。

ここで言われる現実性に対する現象学的還元、そして先に挙げられていた事実に対する本質必然性、さらにはロゴスに対する原ロゴス、このように対置した二つの道が、第三論考のミッシュの前に現れて来たのである。かくしてミッシュは、ハイデガーに関してもその新刊書『形而上学とは何か』等を介して、ハイデガーの基礎存在論から現存在の形而上学への道もまた、ディルタイからの生の哲学およびそれに基づく解釈学の道ではなく、フッサールの現象学の道に、しかも「現象学的還元の実存論的横滑り[90]」の道にほかならないことを確信したのではないか。彼は第三論考でハイデガーについて次のように言う。

「フッサールは理論的態度の原細胞を現象学的還元に見出したが、この原細胞は形を変えてあの〔ハイデガーの〕形而上学的原生起へ取り入れられているのである ……」(LP, 240)。

ミッシュがここでフッサールについて語る「原細胞」は、フッサールが『形式論理学と超越論的論理学』の中で語った、現実の構成元としての「原ロゴス」を受けたものであろう。そしてミッシュはここに、ハイデガーの「形而上学的原生起」を見出したのである。ここで言われる「原生起」はフッサールの語る「原ロゴス」を想起させるとともに、ハイデガーの新刊書『根拠の本質について』で語られた「超越は原生起として時熟する[91]」という文から引いた語であることは明らかであろう。ハイデガーの現存在の形而上学もフッサールの現象学と同じ道を通って、存在者を全体において超越して現実を生起させるイデアールな原生起へ、存在者が存在するという現実を還元するのである。

このように見れば、生の哲学の道と現象学の道の違いに応じて、全体の把握の違いが明瞭になって来るのではないか。しかも二つの道を別々にではなく、「同じ地点」の緊張関係として捉えるなら、そこには一種のジレンマが現れて来るのではないか。というのも、いずれの道も現実の形成・構成を求めて現実を超え出るか否かで分岐するが、しかしいずれも現実の全体は把握できないからである。すなわち、生の哲学は現実の全体を捉えようとして生に形而上学的なものを内在させて現実の形成の源へ遡ったが、これによって却って生の現実の全体は理解できないものとして現れてきた。これに対して、そうした謎を含んだ現実を越え出てその構成元へ遡れば、現実は謎もなく明証的に把握可能になっても、しかしそこで捉えられているのは現実の全体ではなく、イデアールで可能的な全体である。現実に留まっても、現実を超え出ても、いずれの道へ進んでも現実の全体は解くことができない問いのままである。そうであればいっそう、現実を超え出ると同時に現実に内在する〈超越〉が、問いを解く鍵になっているのではないか。〈生の超越〉へ立ち入ることによって、そこから改めて全体の把握へ向かってみよう。

注

（1）　Misch, LP, 183f.
（2）　Misch, LP, 33.

（3）Husserl, SW, 332/3.
（4）Husserl, HD3-6, 48.
（5）Dilthey, GS7, 287.
（6）Dilthey, GS20, 102, 202. 第二章注（51）も参照。
（7）Dilthey, GS7, 153, 155.
（8）Dilthey, GS7, 188.
（9）Dilthey, GS20, 345ff.
（10）Dilthey, GS20, 348.
（11）「詩人の想像力について」（一八七八〔七〕）、「詩人の想像力と狂気」（一八八六講演）、「詩人の想像力。詩学の基礎」（一八八七）が挙げられる。詳細は以下を参照されたい。山本、二〇一四、一七五以下（第三章第一節「再現」および第二節「想像力による類比」）。
（12）Dilthey, GS5, 313.
（13）「他のところ」とは、伊藤、二〇〇八、が指摘している書、『比較心理学』と同時期に企てられた書『人間性の予見者としての詩人』と見るのが妥当であろう。ただしこの書の「出版計画は完全に頓挫することに」なり、「結果的に、『序説』第二巻のプランは実現されることなく終わる」（同、一九）のであれば、内容的には『歴史世界の構築』が考えられよう。
（14）歴史の構築について、歴史叙述が必ずしも時間順序にしたがったものでないことは、ダントの指摘するところである。たとえば「一六一八年に三〇年戦争が始まった」という歴史構築では、時間的先件が後件の必要条件、後件が先件の十分条件となり、時間的に後の出来事が先の出来事に新たな記述を与えているとして、「時間構造」と出来事の「組織化」を挙げている（Danto, 邦訳、二〇一以下）。このような言語分析的なアプローチに対してディルタイは体験分析的に「体験の内包と展開」による部分と全体の有意義な意味統一に歴史の構築を考えるが、両者の道の検討は本書の意図を超えている。

(15) Dilthey, GS7, 164, 315.
(16) Dilthey, GS20, 102.
(17) Husserl, HU17, 174.
(18) Misch, LP, 185.
(19) Misch, LP, 189f.
(20) なおミッシュ自身の引用頁数は、369頁となっている。
(21) Misch, LP, 191.
(22) Husserl, HU17, 254.
(23) Husserl, HU17, 174.
(24) Misch, LP, 212f.
(25) Misch, LP, 213.
(26) Husserl, HU3-1, 56.
(27) Husserl, HU17, 116.[98f.]
(28) Aristotle, Inter, 4, 17a1-3.
(29) Heidegger, SZ, 217f.
(30) Heidegger, SZ, 218Anm.1
(31) Heidegger, GA21, 109.
(32) Misch, LP, 177ff.

(33) 用語として「内在的合目的性」は『心理学の理念』のなかで用語規定がなされており(GS5, 207, 2015f.)、『生と認識』の中では「内在的目的論」という用語が使われている(GS19, 377)が、同義的である。なお、内在的目的論でも主観的と客観的に分かれる。前者は本文で述べるように個人の衝動等に基づいたもの、後者は客観的な「目的理念」(GS5, 189, 216)が挙げられる。ディルタイが目指す歴史的社会的現実においては、社会が規範等の客観的なものによって形成され個人の主観的な内在的目的論とは一致せず、矛盾が生じるときもあれば、社会学の形成はディルタイの生の哲学の射程には入りづらいことになろう。この点については本書では立ち入ることができない。当時のジンメル社会学との関係については、廳、2010, 2016, を参照。

(34) Dilthey, GS5, 215.

(35) Misch, LP, 190.

(36) Misch, LP, 56.

(37) Heidegger, SZ, 38.

(38) Misch, LP, 193.

(39) Misch, IL, 538.

(40) Misch, LP, 179.

(41) Misch, LP, 179.

(42) Heidegger, SU, 10.

(43) Heidegger, GA65, 411.

(44) Misch, LP, 253ff.

(45) Misch, LP, 62.

(46) Heidegger, SZ, 126ff.

(47) Misch, LP, 51.

(48) Misch, PL, VIII.

(49) 「解釈学的循環」という用語については、ガダマーが、ハイデガーの言う「理解の先行構造」そして「理解の循環」に関する文面（SZ, 153）を引用し、それをもって「解釈学的循環についてのハイデガーの記述」とする（Gadammer, WM, 250f.）などの用例が見られる。ここから、ディルタイのいう部分と全体に関する「循環」も、「あらゆる解釈術の中心的困難」として挙げられているのであれば（GS5, 330, 334）、ディルタイのものも「解釈学的循環」と呼べるであろう。しかし、本書で見るように、ハイデガーとディルタイでは、理解概念そして循環の内実が異なるため、本書では混乱を避けるために、「解釈学的循環」という用語は使わないで、以下の節表題のように、「部分と全体の循環」と「先行的理解の循環」という言い回しを使うことにする。

(50) Dilthey, GS5, 330, 334.

(51) Heidegger, SZ, 153.

(52) Misch, LI, 478ff.

(53) ディルタイの連関概念の形成と意味については、以下を参照されたい。山本、二〇一四、一以下（第一章「現実の形成」）。

(54) Dilthey, GS7, 196-9.

(55) Dilthey, GS7, 233, 243f; GS19, 374ff.

(56) Dilthey, GS7, 164.

(57) Dilthey, GS7, 262.

(58) 本書で言う「イデエルに構築される作者の生とレアールな読者の生の循環」という言い回しは、ディルタイが明示的に語り、またいわゆる読解論として展開しているわけではない。次を参照している。リクール、邦訳、二〇〇四、三分冊、三〇一以下「読解の現象学」。ここでは「含意された作者」と「現実の読者」の「相互作用」という言い回しが使われているが(三〇七)、リクール解釈学の道との関係については本書の道を超え出ている。

(59) Heidegger, SZ, 85.

(60) Misch, LP, 62.

(61) Heidegger, SZ, 233.

(62) Heidegger, SZ, 305.

(63) Heidegger, SZ, §53, 260ff.

(64) Heidegger, SZ, 305.

(65) Heidegger, SZ, 12.

(66) Heidegger, SZ, 314.

(67) Misch, LI, 480.

(68) Misch, LP, 8.

(69) Misch, LI, 487f.

(70) Misch, LI, 481, 485.

(71) Misch, LI, 481.

(72) ここで言われている「線」の例は、本書では引用を割愛しているが、引用前段で述べられている、「国家の記録文書に、署名があらかじめ薄く描き込まれていた」という例である。

(73) Aristoteles, Poet, 7; 1450b23-25, 8; 1451a30-35. 邦訳、三九、四二。ミッシュ自身は論理学講義の中でアリストテレスの『詩学』には触れていないが、『政治学』から「全体は部分より必然的に先でなければならない」(Aristoteles, Pol. A2, 1253a20-21) を引用し (Misch, LI, 460)、「この原理はロゴスの論述的性格に適用され、明らかに真理の本質的な一側面を示しうる」と語る (ibid. 461.)。ここで、全体が部分よりも「必然的に先」あるいは「自然本性的に先」である例として、アリストテレスの同書では「国家」と「家族や個人」、「全体の肉体」と「足や手」などが挙げられており (Aristoteles, ibid.)、ミッシュも「全体の肉体」と「足や手」の例を引用している (Misch, LI, 460, 472)。こうした全体の部分への〈先〉という関係は、「働きと定義」において部分が全体を必須としている場合である。この関係がロゴスの論述的文に、つまり全体的文の部分的語への関係に適用されるが、しかしこれは「真理の本質的な一側面」にすぎない。他の側面は部分の全体への関係である。それが本文で引用するように、語(部分)を踏破し、意義分節する側面、ミッシュが強調する「道は歩んで初めて切り開かれる」という側面である。

(74) Aristoteles, Met, 1023b36. 邦訳、上、二〇六。

(75) Misch, LP, 46.

(76) Misch, LP, 8f.

(77) Misch, LP, 72ff.

(78) Dilthey, GS7, 194.

(79) Misch, LI, 483.

(80) Misch, LP, 197ff., 233.

(81) Misch, LP, 194, 203.

(82) Husserl, HU17, 246.

(83) Husserl, HU2, 25, 44.
(84) Husserl, HU2, 45.
(85) Husserl, HU3, 56.
(86) Husserl, HU3, 117.
(87) Husserl, HU2, 44.
(88) Husserl, HU3, 85.
(89) Misch, LP, 205.
(90) Misch, LP, 253ff. 内容見出し（2. Aufl.）による。
(91) Heidegger, WG, 54.

第五章　生の超越と生の全体 ―― ジンメル

生の哲学と現象学は、ディルタイからミッシュへ、そしてフッサールからハイデガーへ受け継がれながら、互いに対決という仕方で交差すると同時に分岐しながらも「同じ地点」に至った。その中でディルタイの解釈学はハイデガーへ受け継がれて現象学的な解釈学へ展開してきたが、本書はこれに対して四者の道の交差点に立ち入りながら現象学的解釈学に対して生の解釈学の道を特徴づけて来た。両者の違いは、とりわけ理解概念と循環の仕方に現れ、全体の把握の仕方にまで及び、いずれの道でも全体は把握できずにジレンマに陥るように見えた。生の全体、現実の全体は捉えられるのであろうか。

本章ではこの問題について、それと一つになって現れる超越の側から立ち入ろう。そのために、ディルタイとフッサールの対決とハイデガーとミッシュの対決のちょうど中間にあって、二つの対決の背景に退いて伏蔵されたままになっているジンメルの『生の直観』を掘り起こそう。ジンメルはそこで「生の超越」を語り、それがミッシュの弁証法的運動に内含される生の流れの〈ない〉あるいは〈ズレ〉そして〈逆説〉の源になっているだけでなく、ハイデガーの超越概念の源にもなっていると考えることができるからである。それを掘り起こすことによって、現象学的解釈学に対して生の解釈学の道を切り開いて、本書が目指すリアリティの創出点へ至ることができると思われるのである。『生の直観』はジンメル最晩年の一九一八年に公刊された書であり、したがってディルタイとフッサールの対決がディルタイ没年の一一年に閉じてから七年後、そしてハイデガーが二七年に公刊した『存在と時間』の九年前に当たる。それは年代的に二つの対決の中間に位置するだけでなく、前二者の道を引き受けて後二者に受け渡す、その中継にして核心となる位置を占めているのである。すなわち、ジンメルの『生の直観』は、一方ではディルタイの歩む生の体験を「生の超越」として語り出し、もう一方ではフッサールが歩む本質直観による厳密学への道を「理念への転換」として語り出し、二つの道を視野に入れた「生の直観」を語るのである。

本書の道では生の超越に的を絞って、まず（第一・二節）、四者で語られていた超越概念を整理して、四者の位置関係を描いておこう。その上で次に（第三・四節）、ジンメルの語る生の超越がどのようなものかを四者との連関の中に位置づけて行こう。そうすることによって、最後に（第五・六節）、全体の問題へ向かおう。そして全体の把握を目指す生の哲学の解釈学を〈流れの中に線を引く解釈学〉への道として特徴づけよう。

第一節　超越と内在

ディルタイとフッサールの対決、そしてミッシュとハイデガーの対決、これらの中で超越概念が各人各様に語られてはいるが、道を隔てているのは、フッサールがディルタイ宛の書簡で語っていた言葉に集約されるのではないか。もう一度引いておこう。

「思うに、貴殿〔ディルタイ〕が形而上学として戦っているものと、私が形而上学として容認し推し進めるものは、同じではないのです」(HD3-6, 49f.)。

書簡の中で例に挙げられたカントの「物自体形而上学」、スピノザの「純粋概念から一切を導出する形而上学」、これらを否定する点で、フッサールはディルタイと同じである。しかし、「意識に即して純粋に存在に向かう」形而上学、「存在と意識の本質関係に向かう」形而上学は、フッサールでは求められたが、しかしディルタイでは排斥されたのである。

本書は前者のような形而上学を超越的形而上学、後者を超越論的形而上学と呼んでもよかろう。超越概念もこれと同様に超越的超越と超越論的超越の二つに区分できよう。そして両者の関係を明瞭にするために、フッサールがディルタイと書簡を交わす数年前の一九〇七年にゲッティンゲンで行った講義『現象学の理念』の中の超越概念を参考にしよう。ミッシュがベルリンのディルタイのもとで『自伝研究の歴史』第一巻を公刊した年である。フッサールはその講義の中で次のように言う。

「より詳しく吟味すれば、超越はもちろん二義的である。それは、認識対象が認識作用の中に実的に含まれていないということが意味されることがある。……　したがってここでは、内在は、認識体験に実的に内在していることを意味している。

あるいは別の超越がある。それは、その反対がまったく別の内在、すなわち絶対的で明晰な所与、絶対的意味での自己所与であるような超越である」(HU2, 35)。

ここでは、二つの超越概念が挙げられ、ともに内在概念と相関的に規定されている。前者の超越としては、デカルトの精神／物体という区分に応じて、コギタチオが思念したり知覚したりする事物が超越であり、コギタチオの働きやそれを構成する要素は内在である。ここでは、認識対象と実的な認識作用に超越と内在が当てはめられている。これに対して後者では、「対象的なものを思念ないし措定しているがそれ自身を直観していない明証的でない認識は、超越的であり」、「直接的に看取され把握されうるもの」を越え出ているのである。[1] つまり、前者における内在的で実的な認識の領野の中でも、それ自身直接的に観取されているものとそうでないものが区分けされるのである。これに応じて本書は、前者を広義の超越・内在、後者を狭義の超越・内在と呼んでもよかろう。この狭義の内在が、現象学が目指すものとして、「ある自我やある時間的世界の中で実在しているものではなく、純粋に内在的な観取の中で把握された絶対的な所与[2]」とも言われるのである。かくしてそれは、様々に現出する対象を「普遍化」する「本質所与性[3]」と呼ばれるのである。

このようにフッサールは、意識に内在してそれ自身が直接的に観取される絶対的な自己所与を目指し、その領野を確定するために、内在に対する超越を相関的に規定し排斥して行くのである。したがって狭義の内在からすれば、広義の内在は絶対的所与性ではない。これがフッサールのディルタイ批判にもなっていたのである。ディルタイの言う意識の事実は実的なものを含む、身心的な生の〈所与〉であり、時間的に変転する相対性を免れず、その知は絶対的普遍性を持ち得ないのである。そしてこの広義の内在と対立概念になる超越が自体存在として措定されると、ディルタイはもとよりフッサールも否定する物自体形而上学が生じる。フッサールはこうした形而上学を否定し、それとは逆方向に広義の内在からさらにそれ自身を直接的に観取しうる明証的な狭義の内在者である本質へ向かう。ここに、普遍的で絶対的なものをもとめる形而上学が、しかも意識や生を超越的に超え出るのではなく、これとは逆方向に意識に内在して意識の対象認識や対象措定をアプリオリに可能にする超越論的なものを求める超越論的形而上学が生じる。これがフッサールの道であり、ディルタイはこれさえ排斥するのであった。

したがってこのような超越概念は、内在との相関的概念として、内在的所与を越え出たものという意味になろう。言い換えれば、ここでは、超越が目指す方向性は、内在的所与を目指して進む現象学的還元と逆になる。これはフッサールの言う通りである。すなわち、「純粋に内在的なものは、ここではまず、現象学的還元によって性格づけられるのである(4)」。

このように内在へ向かう還元の方向と超越の方向が相関的に逆方向であることからすれば、ハイデガーの超越概念は、還元と超越を同じ方向に一つに重ね合わせた用法になろう。ハイデガーにおいては、現存在の超越は、事実的な存在者を全体において越え出て、存在者とは端的に他なる無を経て世界・存在へ、そして存在者が存在することの根拠へ向かう。そして、この根拠を発現させる超越の生起が「原生起」と名付けられたのであった。しかもこの原生起によって、存在論的差異が、そして現存在の形而上学が可能になるのであった。そうであれば、現存在の超越は、『存在と時間』が存在者から存在へ、そしてその意味へ向かったのと同様の方向性として、事実的な存在者から存在理解に内在する意味領域へ向かい、そして意味の現出としての時間性の時熟が、存在者が存在することに対する原生起とされていることになろう。したがってここでは、現存在の形而上学と言っても、もちろん物自体形而上学のような超越的形而上学ではない。また現存在の超越と言っても自体的なものへの超越的な超越ではない。むしろ原生起を目指す現存在の超越はフッサールの還元の方向性と同じ方向性である。そうであれば、現存在の形而上学はフッサールの現象学と同様に超越論的形而上学であり、超越も超越論的になろう。ただしフッサールの「超越論的」は対象認識に関わる「超越論的」であるのに対して、ハイデガーの超越論的は存在理解に、とりわけ存在論的差異に関わり、したがって存在論的と同義的になろう。ここからミッシュは、第三論考に至って「ハイデガーとの対決」から「ハイデガーおよびフッサールとの対決」へ改め、ハイデガーの存在論的実存論的分析を「現象学的還元の実存論的横滑り」と評し、「基礎存在論は超越論的哲学を意味しているにほかならない。ハイデガーは今や「存在論的」を「超越論的」と同義的に使う……」(5)と語るのであった。

これに対して、ミッシュ自身が、ディルタイに背を向けてハイデガーと一致して形而上学的なもの、超越的なものを積極的に語るとき、その意味はフッサールともハイデガーとも異なろう。それは、生を超越的にせよ超越論的にせよ超え出たものを求めること自体が、究め難き心の働きとして生に含まれていることを言っているのである。したがってこれは、事実的なものからそれを可能にする本質・意味へ超越論的に超えて行く還元・超越とは方向性が異なろう。ミッシュはこれとは逆方向に、ディルタイの方向づけに従って事実的な生の内に理解を超え出た形而上学的なものを見出すのである。

それでは、このように方向性が異なる超越は、内在と相関的にその概念形成と用法が異なるだけで、内実的に接点を持つことはないのであろうか。ミッシュの言う「形而上学的運動」の「形而上学」と「超越的なもの」、そしてハイデガーのいう「現存在の形而上学」と「現存在の超越」、両者はただ使い方が異なるだけであろうか。それとも両者は内実として〈同じもの〉に由来しているのであろうか。それはミッシュが、フッサールの到達した地点が自身と「同じ地点」だと語ったように、そして「形而上学」に関してディルタイに背いて「ハイデガーと一致を見出した」と語ったように、どこかで〈一致するもの〉をミッシュとハイデガーは持っているのであろうか。

これを明らかにするために、本書はフッサールが超越の二義性を語った講義『現象学の理念』の翌年の一九一八年、ジンメルが『生の直観。四つの形而上学的章』(6)の中に含まれる章「生の超越」に注目したい。しかも彼は、そこで、「〔生の超越という〕層は、論理学それ自身の形而上学的な根が初めて育まれるところである」(7)とさえ語る。本書はここに、ミッシュが形而上学に関してはディルタイに背を向け、そして生の哲学を論理学として形成しようとした源を見出すことができるのではないか。彼はジンメルの書から五年ほど後の一九二二／二三から一九三三／三四年までゲッティンゲン大学で論理学関係の講義を行い(8)、生の哲学に基づく解釈学的論理学を形成しようとする。この道は、まさしくジンメルの言葉が指針になっているのではないか。ミッシュは、ヘラクレイトスのロゴス概念に形而上学的意味を読み取り、「究め難きもの」としての形而上学的なものを根にして論理学を形成しようと試みたのであった。もう一方のハイデガーに関しては、ジンメルの「生の超越」は言葉の並びからハイデガーの「現存在の超越」を想起させる。ジンメルの『生の直観』に遡ってみよう。

第二節　ジンメルからミッシュとハイデガーへの分岐

ジンメルの書が当時の哲学状況に一つの方向づけを与えたことは、ガダマーの回想から窺える。本書は具体的内容に入る前にその影響の方向づけを明確にしておこう。ガダマーはジンメルの書の影響について次のように述べる。

「また、私は当時、ミッシュの本を読み始めました。本は一九三〇年か一九三一年に手にしました。私は即座にとても魅了されました。まず私は、そこにジンメルからの影響を見出しました。――ジンメルは、私にとってとても親しみがあり、早くから私に刺激を与えた人でした。『四つの形而上学的章』〔『生の直観』〕は、いわば、死に捧げられた思索の聖書です。それは私の最初の転轍地になりました。というのは、それは論理学の限界を踏み越えているからです。『四つの形而上学的章』はきっとミッシュも知っていました。私の世代のきわめて重要な一冊です。ハイデガーもまたジンメルの絶大な賞賛者でした。彼は、古くなった哲学者の「体系の格子」の硬直化について話しているとき、劇的な調子で私にこう言いました。ジンメルだけは例外だ、と」(DJ11, 19f.)。

ここでガダマーは、自身もまたジンメルから刺激を得てジンメルに親しんでいたからであろう、「ミッシュの本」を読んだとき魅了され、そこにジンメルからの影響を見出したのである。その本は「一九三〇年か一九三一年に手にした」と言われているので『生の哲学と現象学』であろう。これに対してハイデガーに関しては、ハイデガー自身からジンメルへの賞賛を聞いていたのである。これに続けてガダマーはミッシュとハイデガーに対して次のように述べる。注目したいのは、両者に対するガダマーの見方が異なっている点である。

> 「……人が『存在と時間』から事に取り掛かるときでさえ、これはさほど困難ではありませんでした。というのは、人はいぜんとして超越論的哲学を強力な枠組みとして見ることができたからです。私は、ミッシュにはそれがなかったことを見ましたが、ハイデガーでは反対に、形而上学の存在概念を批判して超越論的な枠取りを現実に根拠づけることが、全面的には成功していないように思えました」(DJ11, 20)。

ガダマーの回想を手引きにして、ジンメルに視座を置いてハイデガーそしてミッシュ、彼ら三者の関係を描けば次のようになろう。まず、ジンメルから見れば、ジンメルの『生の直観』がガダマーの世代の重要な一冊としてハイデガーとミッシュに影響を与えたことは確かであろう。両者自身、重要な箇所でジンメルに言及しているからである。ハイデガーは『存在と時間』の死の分析のさいに注記して、「ジンメルは死の現象を生の規定の中に表明的に引き入れたが、生物学的問題系と存在論的実存論的問題系を明瞭に区分していなかった」としてジンメルの『生の直観』を参照指示している(9)。時間性そして死を生の中で考えることは、当時、ジンメルからの影響であったと言えよう。しかしジンメルに対して生物学的問題と存在論的実存論的問題の未区分を批判することは、ディルタイの生の概念に対して存在論的存在者的無差別性を批判したのと同様であろう。この批判は、現象学の道からの批判、すなわち現実性と可能性・本質の区別からの批判として理解できよう。これに対して現象学の道にいるハイデガーを批判するミッシュは、生の哲学を前面に押し出した『生の哲学と現象学』の中で、「今日の生の哲学」では「時間は生に含まれている」として、ディルタイとジンメルを挙げるのであった(10)。ハイデガーもミッシュも、道は違っても、死や時間を生の中で考えることをジンメルから受け継いでいるのである。

次に、ハイデガーから見れば、ジンメルは「体系の格子」に捕らわれて硬直した哲学者ではなく、またミッシュの「超越論的哲学の理念」は自身の「存在論の解体」と同じものであったように、ハイデガーは両者への近さを語る。しかしガダマーから見れば、ミッシュはジンメル同様に当時の超越論的哲学という枠組みをもっていなかったが、ハイデガーは形而上学の存在概念を批判することを通して超越論的な枠取りを根拠づけようとしていたが完全に成功したとは思えないとするのであった。

ここで、ハイデガーの試みに対するガダマーの見方は、遡ればミッシュのハイデガー批判に通じていると言えよう。いずれも、ハイデガーの存在論・形而上学の道に超越論的な枠取りを認めるとともに、その根拠づけが成功しているとは言えない、と見ているからである。ガダマーの回想は、ミッシュのハイデガー批判と軌を一にしている。しかもガダマーはそうした超越論的枠取りはミッシュにはなかったと言うのである。そうであれば、ハイデガーからすれば、ミッシュ宛の書簡で自身の存在論の解体がミッシュの「超越論的論理学の理念」と一致する旨を語ってはいたが、しかしミッシュからすれば趣は異なろう。というのも、ミッシュのそれは「超越論的」という用語を使ってはいたが、それは「存在論的」という意味ではなく、カントを出発点にしてカントの理性批判を拡張して形而上学的な究め難き生を基礎とした論理学を目指したものであったからである。

かくしてミッシュから見れば、ミッシュの論理学は、伝統的形而上学に対する批判から超越論的な枠取りを根拠づけようとするハイデガーからは遠のき、むしろ「体系の格子」の哲学者の「例外」であるジンメルの考えに、すなわち「論理学それ自身の形而上学的な根が初めて育まれる」「生の超越」という考えに近づく。かくしてミッシュは、ディルタイの方向づけの中で、しかし形而上学に関してはジンメルに方向づけられ、自身の哲学を論理学として形成していったことになろう。これに対してハイデガーは、「形而上学的な根」を語るジンメルを賞賛し、そこにミッシュとの一致点を見出しはしたが、しかしどこまでもフッサールの現象学の方向づけで超越論的枠組みの中でそれを根拠づけようとしたことになろう。

以上のような、ジンメル、ミッシュ、そしてハイデガーの三者の関係は、中心点をジンメルからミッシュ自身に移して見るとき、また別の様相を呈する。マチアス・ユングは内実と形式という伝統的な対概念を使って、ミッシュをディルタイとハイデガーのちょうど中間に位置づける。すなわち、ミッシュから見れば、ディルタイが生の流れに距離を取ることなく身を委ねすぎてしまったのに対して、ハイデガーは構造と具体的現実化の区別を絶対化しすぎて形而上学の事実的な展開を偽って普遍化するという失敗を犯し、かくしてミッシュは両者を媒介する位置を占めて「形式と内実の結合」[11]をしたのであり、したがって解釈学的プロセスの普遍的構造的局面と内容的具体的局面の「内的関係」を洞察したのだ、と[12]。

しかもユングの考えでは、ミッシュが洞察した具体と構造の内的関係は、ディルタイとハイデガーの立場には欠けているのである。すなわち、ディルタイでは、「生の流れに距離を取ること」が生の表現に留まるだけで、「偶然的なものを越えて高まること」としては把握されておらず、またハイデガーでは、それが「現存在の原初的な現実」とされるだけで、「具体的な表現行為によって初めて現実化される現存在の可能性」としては把握されていないのに対して、ミッシュは、「知による人間の自己解放は、同時に人間的可能的な確定を意味する。すなわち、人間は生の中で自己を越えて存立しうるのである[13]」と述べていることから、「一種の内在的超越」の立場にある、とユングは見るのである[14]。

ユングによる三者の布置は明瞭であろう。古代より自然を越える「超越」によって第一哲学としての形而上学が成立し、それが歴史の中で具体的に変遷してきたのに対して、ディルタイはその変遷を生の表現として理解するのみで、それを「越えて高まる」可能性を持っていない。ハイデガーは逆にその変遷を可能にする「原初的な現実」（原生起）へ向かってしまった。これら両者に対してミッシュは、生の中について生を越えるものを生自身の中に見出しているのである。それがユングの言う「一種の内在的超越」である。

このような三者の関係は本書の道に二つに示唆を与える。一つは、ユングが言う「一種の内在的超越」とは、「生の中で自己を超える」と言われているように、ジンメルの「生の超越」と同時にミッシュがすでに第一論考で引用符付で語る「超越的なものの内在(15)」を示唆しよう。ガダマーの見解と同様に、ミッシュの道はディルタイの方向づけの中で超越に関してはジンメルに方向づけられているのである。もう一つは、ミッシュにおける形式と内実の結合に対してハイデガーが普遍的構造的側面を分析したとユングが見ていることは、ミッシュの言う生の〈究め難きものと意義化の産出的緊張関係〉が可能性へ投企されて普遍化形式化されたものがハイデガーの実存論的概念になっていることを示唆しよう。これはミッシュから見たとき、ミッシュとフッサールの関係が「フッサールは反省を高めて……生の哲学の論理学の中心としてわれわれに現れたのと同じ地点に到達した」という関係であったように、ミッシュとハイデガーの関係もまた、現実とその普遍化形式化、多様なあり方とその中の理念的原現実化、つまりフッサールとの関係と同じく現実と非現実化的実在化の関係になろう。

以上の二つの示唆を本書の道にとっての方向づけとして、ジンメルの「生の超越」へ立ち入ろう。そこがミッシュとハイデガーの共通の内実の根とも言えるからである。本書もまたそこに遡って、そしてそこから、ミッシュの「超越的なものの内在」そしてハイデガーの現存在の超越を改めて捉え直してみよう。両者のその分岐が、これまで本書が見てきたところからすれば、生の全体を限界づける死を、生の〈中から〉捉えるか、それとも生を〈越え出て〉捉えるか、この分岐になろう。そして分岐した道が、ミッシュでは現実の道であり、ハイデガーでは可能的超越論的な道であった。それでは、ジンメルは生の超越を、そして死を、どのように捉えていたのであろうか。

第三節　生の超越（ジンメル）

一　生の限界と自己超越

ジンメルはディルタイと同様に「生の統一体」を語り、また「成長・生殖」そして「死」についても語る。しかしディルタイと異なりジンメルに特徴的なのは、生の全体的な統一体の形成を、逆説的な働きを強調しながら捉えている点である。それが「自己超越の働き」あるいは「自己超越の過程」である[16]。たとえば次のように語られる。

「統一体としての生の働きは、限界づけられていることと限界を踏み越えていることを含んでいる」(LA, 4)。

この文面から即座に、ミッシュが生の深みを捉えた表現が想起されよう。すなわち、「規定的と無規定的」、「究め難きものと思考適合的意義化」、そして「あるものが他のものを包含できるがしかしやはり包含できない」という「弁証法」、などである。ミッシュの言う生の緊張関係そして弁証法は、ディルタイの方向づけでジンメルに由来しながらヘラクレイトスのロゴス解釈を通して論理学へ仕上げられていったと見ることができよう。

ここでジンメルの言う「限界づけられていることと限界を踏み越えていること」が、彼の言う「自己超越」であり「生の超越」である。ここで特徴的なのは「限界」という概念が使われている点であろう。これに応じて限界の「こちら側」と「あちら側」という表現が使われ、したがって「限界を踏み越えていること」とは、あちら側にいることを意味する。しかし「それにもかかわらず、生は限界を固守し限界のこちら側に立つ」[17]のである。このような自己超越の働きが、生が生それ自身を「それ自身において統一する機能」とされている[18]。生はこちら側からあちら側へ限界を越えながらも限界のこちら側に限界づけられていることによって統一体を形成しているのである。生の自己超越のこの逆説的な働きは、限界それ自身が逆説的な二つの規定を持っていることに由来しよう。

> 「限界の存立が世界の中でのわれわれの立ち位置に連動するさいに、限界は無制約的であり、しかし限界は原理的に変更され、乗り越えられ、包み込まれるがゆえに、いかなる限界も無制約的ではない」(LA, 2)。

ジンメルはここで「限界」は「われわれの立ち位置」と「連動」すると言う。ここでは、限界はそれ自身は限界づけられず制約されたものではなく、つまり無制約的であり、しかし生の自己超越という制約とともに制約され移り変わり、つまり無制約的ではないのである。超越する（限界を超えてあちら側に立つ）ことによって限界（あちら側とこちら側の境）は変動し、かつてあちら側であったところがこちら側になり、これに応じてあちら側もまた新たに移り変わって行くのである。そうであれば、生の自己超越は生から生への超越と言えよう。これに対して、これまで見て来た超越的な超越においては、たとえば此岸と彼岸は死と誕生によって限界づけられ、此岸にいる限りその限界は超えることのできない溝のごときものである。しかしジンメルは限界を人間の生の中に見出すことによって、逆説的に、生がその限界を超え出ることができることに、生の本質を見出そうとしているのである。それが生の自己超越である。

そうであれば、ここでは、超越は超越的超越のように溝のごときものを飛び越えて目標点に到達することでも、また超越論的超越のように超越と内在が相関的に推移して絶対的な意味根拠を目指して行くことでもなく、生の中に生きて生自身の中の限界を先へ先へ押しやり続けることを意味していよう。それは、無規定的で曖昧とした「諸限界を、無際限に外へ押しやること[19]」を意味する。本書は超越的超越と超越論的超越に対して、こうした限界の押しやりをジンメルの生の自己超越の特徴として銘記しておこう。これはジンメルが挙げるごく日常的な例によく現われている[20]。

たとえば、視覚的に近くは明瞭に見えても遠くは曖昧でよく見えないことはよく体験される。しかもその境界は曖昧であり、無規定的で制約されていない。しかも人は移動することによって、あるいは望遠鏡を使うことによって、曖昧な境界線をより遠くの外へ押しやることができるのである。

この例から分かるように、現実の生は、視覚的によく見える近く（こちら側）と曖昧な遠く（あちら側）を、あるいは心情的に親密なものと疎遠なものを、あるいは意志的には思い通りになることとならないことを、いずれの側をも、そうしたものとしてこちら側から見ているのであり、感受・意志しているのである。つまり、明瞭に見える近くも、よく見えない遠くも、あるいは親密なものも疎遠なものも、いずれも、こちら側から見ている視覚の中に、あるいはこちら側の心情や意志の中に、つまり現実の生に内在しているのである。そして身体的な移動によって、あるいは気持ちの変化によって、こちら側とあちら側の限界は無規定的で曖昧に変動し、しかし両側を制約して規定的である。

そうであれば、生の自己超越は、限界を超えるという超越の働きと同時に、限界を外へ押しやることによって超越者（あちら側）を生の中に取り込んで行く働き、これら二つの意味を含んでいよう。生の統一体は、この二つの働きによって形成されるのである。とりわけ、後者の働きが、既存の統一体を再形成する働きになろう。この場合に明瞭になるように、再形成は不断に、限界を外へ押しやることによって、既存の〈こちら側〉の生統一体に、これまで疎遠で見えなかった〈あちら側〉を、意義化的思考適合的に統合して行くのである。これが生の再形成であろう。したがって、再形成は、同時に、生が自己超越しながら限界をも新たに創ることを意味する。ジンメルは次のように語る。

「考えることのできないような、ある世界所与を考えることができる――これこそ、精神的

> な生が自己自身を乗り超えることであり、個々の限界だけでなく自身の限界一般を突破すること、すなわちあちら側に至ることであり、自己超越の働きである —— この自己超越の働きは —— 現実的な限界であれたんに可能的な限界であれ —— 内在的な限界というものを自身の手で初めて設けるのである」(LA, 7)。

ジンメルの趣旨は明瞭であろう。それは、「考えることのできないものを考えることができる」という表現に込められている。人は本を読んで内容を理解する、あるいは何かを知る、さらには見たり聞いたり視覚や聴覚の働きであれ、遠くに〈見ることができるもの〉を確定することによって初めてその〈あちら側〉の〈見ることができないもの〉を確定するという仕方で〈あちら側〉を見ているのである。したがってジンメルは、「内在的な限界というものを自身の手で初めて設けるのである」と語る。この意味で、生の超越者は生の内在者である。言い換えれば、超越者が生に内在して超越という生の働きそのものを形成することによって、生は限界を確定しながら生の全体的統一体を形成しうるのである。したがって「統一体としての生の働きは、限界づけられていることと限界を踏み越えていることを含んでいる[21]」ように、生という概念は、〈限界づけられたもの〉だけでなく〈限界を踏み越えているもの〉もまたともに含んでいるのである。そしてこの〈踏み越え〉が、生の超越として生の再形成にほかならない。

　そうであれば、再形成はたんに他者の理解や過去の歴史の理解の再形成だけでなく、それは同時に自己自身の生の再形成でもあろう。ディルタイが生のカテゴリーとして語る「成長」の「獲得連関」

こそ、そうした再形成にほかならないのではないか。すなわち、ある個人が成長の過程で初めての人物と職をともにしたり新しい環境の中で過ごしたりしながら新たな相互連関を獲得して自己を成長させて行くことは、ジンメルの言う限界を押しやりながら進む生の自己超越による、生の統一体の不断の再形成になろう。生の統一的全体それ自身が、限界を内に含んで変容し、成長の再形成として不断に変わって行くのである。

このように見れば、ジンメルが生の自己超越を語る眼目は、伝統的に語られてきた超越概念を、ディルタイが分析した生に即して生の中で、しかも生の中から、語ろうとしたことにあった、と言えるのではないか。生の超越も生の限界も、どこまでも生の内側から語ろうとしているのである。つまり、それを語り出す「立ち位置」は生の〈内〉にある。否定的に語れば、超越的であれ超越論的であれ、何らかの仕方で生を超越して生の全体を見渡しうる地点、この意味で生の〈外〉にある地点は、目標としてであれ設定されてはいないのである。

これはもちろん、ディルタイが生の背後に遡って生の全体の外に立つことを排斥したのと同様であろう。しかしジンメルはそれに留まらない。ディルタイが生の謎を謎のままとして謎の〈こちら側〉に目を向けたのに対して、彼は謎を見究めようとして謎に向かって〈あちら側〉へ歩を進め続け、それを自己超越として超越を積極的に語った、と言えよう。そしてこの歩みがミッシュへ至って、規定的無規定的な緊張関係として語り出されたのである。そうであれば、ディルタイからミッシュへ受け継がれた生の解釈学が、体験の経過として流れる生の解釈学であれば、両者を繋いでこの解釈学の地盤となる生の概念を掘り起こしたのがジンメルの生の超越ではないか。というのも、彼の生の自己超越においては、生の統一的全体を確定する限界は、生の自己超越とともに推移し、それ自身、制約的無制約的（規定的無規定的）に経過する〈限界線〉として、まさしく〈流れの中に引かれる線〉だからである。ここでは〈線〉も生の自己超越とともに、したがって体験の経過とともに流れるのである。この点に的を絞っていこう。

二　体験の経過と生の限界

ジンメルの超越概念の特徴は、以上のように、超越的超越や超越論的超越と違って、超越と限界を生自身の内側から捉え、これに応じてその限界が超越とともに推移して行くことにあろう。しかもこの推移は、生自身が自己超越としてこちら側からあちら側へ「諸限界を無際限に外へ押しやる」ことによるのであった。内側から外側へ押しやるという、生の限界に連動した生のこの動きは、どのような働きであろうか。この点から立ち入ろう。というのも、ディルタイの生の分析では、超越が語られなかったのと同様に生の限界のこの動きは、まさしく謎とされていたからである。しかも、こちら側とあちら側が意義化と究め難きものに対応するのであれば、ジンメルの言う「諸限界を外へ押しやる」働きは、ミッシュでは両者の「産出的緊張関係」に、「あるものが他のものを包含できるがしかしやはり包含できていない」という弁証法的運動に、したがって現象学的な解釈学とは別の解釈学の核心部分に当たると思われるからである。生の全体を限界づける生の謎という限界線はどのようになっているのであろうか。

ジンメルは「諸限界を無際限に外へ押しやる」という表現と同様の表現をいくつか使っている。すなわち、「入り込んで生きる」、「敷居のない直接的な自己伸展」、あるいは「外へ掴み込む」などが挙げられよう[22]。しかも生の超越が生の本質とされたように、こうした動きもまた生の本質とされるのである。すなわち、「外へ掴みこむことは……生それ自身の本質である」[23]。これらの動きは、言葉の上からすれば、ハイデガーの言う「自己に先駆ける」や「自己を脱する」[24]と類似してはいるが、それらは存在者からそれとは区別された世界へ「乗り越える」[25]道を示していたのに対して、ここでは、自身の内からその限界を外へ押しやる道であり、したがって、推移する生の「流れ」と連動した動きとして語られているのである。

現象学の道が反省の道として〈鏡の反射〉に喩えられるなら、生の哲学の道では生が〈川の流れ〉に喩えられることは、ディルタイそしてミッシュにおいて語られていたことであった。ディルタイにとって「生」は「生の推移」とも言われているように、「生の最小単位」である「体験は、時間の中での経過である」とされ、この「経過」が「実在性に満ちた」「現在の不断の前進」という「時間の体験」とされたのであった[26]。このような「推移」あるいは「経過」が川の流れに喩えられていた。ジンメルでも同様に、生は「休みなくさらに先へ流れ続けること」であり、「主体的に生きられた生は……時間的に伸長する実在的なものである」とされるのである[27]。ここでジンメルに特徴的なのは、「さらに先へ」とか「伸長」という表現にも現れているように、時間的な生の働きそれ自身もまた、限界を先へ押しやる自己超越と統一から考えられているという点である。端的には、「現在」についても次のように語られる。

「現在は絶対に広がりのない瞬機を超え出るものではない」(LA, 8) が、しかし「実在的で現在的な生の活動範囲が、かつて体験されたものにまで遡及する。…… そのような瞬間に、われわれは瞬間を超え出て過去の中に入り込んで生きているのである」(LA, 9f.)。

生は現在に限界づけられ、これを超え出ることはできないが、しかし、これを超え出て生きている、と言うのである。ここでもまた、生の超越における限界のもつ、逆説的な関係性が現れている。これは過去だけでなく未来に関しても同様である。すなわち、「決定的なのは、現在的な意志――そして感情と思考――が、直接、未来の中に入り込んで生きているということである」[28]。

このように生は現在の瞬機を越え出ることはできないが、それを越え出て過去と未来へ入り込んで生きている。このゆえに、「生の現在は、生が現在を超越することにある」[29]、とさえ言われるのである。つまり、生の現在はそれ自身の限界を自己超越して過去そして未来と統一して生の統一的全体を形成しているのである。ここでは、現在が自身の生きている〈こちら側〉であり、疎遠な〈あちら側〉は過去と未来であり、しかも現在それ自身が超えることのできない〈限界〉としてあり、この〈限界〉を〈あちら側〉へ押しやってそこへ入り込んで生きているのである。かくして生の本質は次のように言われる。

「現下の生がその外に出て現下ではないものへ掴み込むこと、しかもそれが現下であるということを形成するように外へ掴み込むことは、生に後から付け加えられたことではなく、生が生殖と成長と精神的過程で遂行していることであり」、これが「生の本質」である。「自身の実在性を現在という瞬機に制限して過去と未来を非実在的なものにしてしまわない、……したがって自身の過去が現実に現在の中に入り込んで存在し、現在が現実に未来に出て存在する、そのような現実存在のあり方」、「これをわれわれは生と名付けている」のである（LA, 12）。

ここで「生の本質」と言われるもの、「生」と「名付け」られているもの、それは、本書が生を生として特記するものとして挙げた、ディルタイの生動性、そしてミッシュの力動性で言われているものに当たろう。しかも生のこうした現実存在のあり方が、ジンメルでは、生の本質だと言われるのである。かくしてディルタイで語られた生の生動性は、生の推移あるいは体験の経過という観点から、ジンメルでは生それ自身が現在という限界を超えて過去や未来へ掴み込むこととしての自己超越に求められ、これを受けてミッシュでは規定的無規定的な生の力動性へ至ったと言えよう。ジンメルでは生の自己超越が、より限定して言えば〈限界〉の逆説的な規定（無制約的かつ制約的）が、生の生動性・力動性の源になっているのである。体験の経過する現在が、それ自身、越え出ることのできない、しかし越え出ることのできる、限界にほかならないのである。

ここで注意したいのは、越え出る先の未来が目的設定的に捉えられているのではなく、過去と同様に外へ掴み込むこととして捉えられている点である。ジンメルにとって、目的設定によっては、「各々の現在の生が意義づけている、未来のうちへの敷居のない直接的な自己伸展が、覆われてしまうのである」(30)。ここでは、目的の設定ということで現在と未来の間に溝を作って分離することが含意されていよう。これに対して超越は溝を飛び越えることではなく、「現在の生」の「意義づけ」にしたがって限界を押しやることである。このゆえに、目的設定はそれを覆ってしまう、とジンメルは言うのである。しかしもちろん、人は現在の生の意義づけを未来へ自己伸展するだけでなく、ときにはそれを覆って飛び越えたり、あるいはそれと矛盾さえする目的が否応なく他者（他人や集団、そして社会の組織・機関さらには国家）から設定され、その社会の中で生きている。ここにディルタイの言う内在的目的論と外在的目的論の区分が生じよう。

ディルタイでは自然科学における機械論的因果律に対して生においては目的論が唱えられ、この目的論は内在的目的論と外在的目的論に区分され、前者が生の構造連関に基づいた生の目的連関を意味していた。それは、生が感受（価値評価）に応じて意志的に目的を設定し対象を表象しながら統一的全体を形成することを意味している。これに対して、ディルタイが批判する意味で生を超越した目的を生に設定するような外在的目的論は、生の背後に遡る形而上学に等しいのである。したがってジンメルが批判する「現在と未来の間に溝を作って分離」するような目的設定は、ディルタイでは外在的目的論に当たろう。そうであれば、ジンメルはディルタイの生の連関としての内在的目的論的な生の意義づけを自己超越として展開し、しかもそれを生の流れに即して限界を〈こちら側〉から〈あちら側〉へ押しやることとして逆説的に捉えることによってこそ統一体が形成されていることを提示しているのである。

かくしてこの捉え直しによって、ディルタイではただ謎としてだけ語られていたことがジンメルで明示的に〈あちら側〉と〈こちら側〉の〈限界〉として語られることになり、ミッシュへ受け継がれたのではないか。その中心となるのが、生の現在それ自身が限界であることの逆説（制約的であり制約的）であり、これを受けた生の弁証法的運動に含まれていた〈ない〉という〈否定〉ではないか。

三　限界と〈ない〉

生は、現在という限界を越え出ることができないと同時に越え出ることができる、この相反する力動的な自己超越として、現在だけでなく過去と未来に渡る生の統一体を形成する。しかも現在という限界が推移しているのであれば、このような生の推移の中での自己超越には、生の全体的統一と解体そして再形成が、したがって生に内在する〈ない〉が、語り出されているのではないか。ジンメルは統一体について次のように言う。

> 「直接生きられた生は、形作られていることと、その向こう側へ超えること、すなわち形作られた状態を越え出て向こう側へ流れることとの、まさしく統一体であり、それは個々の瞬間にその都度の現下の形の破砕として現れるのである」（LA, 23）。

未来の中へ自身を伸展して生の統一体を形成することは、「現下の形の破砕」として現れるのである。生の超越には、ここでもまた、形作られた状態とその破砕という、二つの相反する働きが逆説的に含まれている。

ジンメルがここで表記している「形作ること」は、たとえば形式と内容の対置の中で内容を捨象して形式化あるいは普遍化するようなことではなく、ディルタイで言えば心身的な生の「形態化」あるいは「形成化」、そしてミッシュでは「意義化」に当たろう。しかもジンメルに特徴的なのは、生のこうした流れの中での統一化の働きに、〈ない〉という否定の働きを明示的に見出していることにある。彼は次のように言う。

「さて、過去はもはやなく未来はまだないのであれば、実在性はただ現在にのみ丸ごと張り付いている。そうであれば、実在性はけっして時間的なものではない。時間概念が現在の内容に適用できるのは、現在の内容が現在として所有している無時間性が〈もはやない〉あるいは〈まだない〉に、それゆえいずれの場合でも〈ない〉になってしまっているときだけである」(LA, 8)。

この文面には、生が越え出ることのできない現在という限界の中で過去と未来へ自己超越して行くことが、〈実在性〉と〈ない〉の対照から語られている。これはちょうど、「人は同じ川に二度と入ることができるし、また入ることができない」[31]というヘラクレイトスの言葉を反転させて「人は不断に新しい川に入ることができる」と語っているようである。流れは、その直中に身を置けば、〈ある〉と同時に〈ない〉のである。これと同様に、生が不断に〈ある〉現在の中で現在を越え出ることができないのであれば、生の〈実在性〉は現在にだけ与えられている。しかし川の流れのように現在は過去へ流れ去って〈もはやない〉と同時に〈まだない〉未来が流れて来てしまっている。つまり、現在は〈ない〉になってしまって過去と未来が現在の内容を満たしているのである。流れを流れとして感受するのは、こうした

〈あり〉かつ〈ない〉という動きであろう。かくして現在は〈ある〉がゆえに実在的であり、しかし現在は〈ない〉がゆえに過去・未来という時間的な内容を持つ。すなわち、生の実在性は幅のない無時間的な現在という限界を超えて幅をもった過去・未来の時間に及ぶのである。

したがってここでは、現在の体験それ自身が超えることのできない〈限界〉として〈ある〉こと、それと同時にこの限界を生の流れの中で未来・過去という〈ない〉へ向けて押しやっていること、このことが、不断に流れる現在の体験の中で過去・未来へ入りこんで生きることであり、すなわち生の自己超越にほかならないのである。ここでは、実在に充ちた現在は不断に外へ押しやられて〈ない〉がゆえにこそ、時間は〈実在する〉のである。ここでは、川（生）とともに線（限界）も流れているがゆえに、生は止むことなく「生の流れの連続性」(32)を保持しているのである。流れの中で限界を外へ押しやり、外へ掴み込むことが、生きるということである。それはたとえば、気に入った本を読み進むことであり、あるいは晩のおかずを考えながらスーパーの中を歩き回ってレジでお金を払うことであり、罵声が身体の奥に沈み込んで行くことであり、生活がその時々、現在の〈ある〉と〈ない〉の流れの中で、すなわち自己超越として成り立っているのである。これに対して現在が外へ押しやられないとき、すなわち生が超越できないときは、現在が〈限界〉に満たされ時間が〈実在しない〉とき、すなわち流れが止み死ぬときである。

このように、ジンメルはディルタイの謎を限界として捉え、しかも限界を外へ押しやることに生の本質を見出し、生の統一だけでなくその破砕をも現在という限界の〈ない〉から考えたと言えよう。しかしこれはもちろん、ジンメルがディルタイとは別の道を歩んだというより、ディルタイでは明示的に語られなかったことを語りながら歩みを進めたこととして理解できよう。というのも、ジンメルの言う生の自己超越を形成する「外へ押しやる」あるいは「敷居のない直接的な自己伸展」は、ディルタイの体験概念に含意されてはいたが明瞭には展開されなかった「伸展と内包[33]」を、〈限界〉と〈ない〉へ向けて掘り下げたものであると見ることができるからである。

そこで本書が注目したいのは、ディルタイの言う「伸展と内包」もまた、「限界」を問題にしている点である。ディルタイはまず次のように問う。

たとえばある人物の死を経験し、悲しみ、それを他の人に表したり、何がしか死に関して意を決したり等々、これらの諸経過が互いに結びついて「ある体験の統一体」が形成されるとき、この体験を他の体験に対して「限界づけること」は何に基づいているのであろうか。(GS6, 316.)

この問いに対してディルタイは、体験は自然の事物と異なり量ではなく質的に規定された実在性によって規定されているとする。それが「構造連関」であり、その成分としての「現前」であり、その「力」である。彼は次のようにいう。

「体験を形成している、質的に規定された実在的なものは、構造連関である。……その構造連関の一つの成分として過去に帰せられるもの、それを表示するのが〈現前〉という語である。それは力として現在の中にまで達して経験され、したがってそれは現在の中に取り入れられる限りわれわれの体験作用のなかで現在に固有に関係している。……体験は現前や質的に規定された実在性によって規定されている」（GS6, 315f.）。

ここで言われる構造連関とは、心理学的分析によって取り出された、心的生を形成する感受・意志・表象という連関であろう。そしてこの構造連関が生の体験の実在性を質的に規定している、と言うのである。ディルタイの挙げる例では、知人の死にあったときの悲しみを何度か思い起こしたり、あるいはある絵画を展示館に何回か足を運んで見たとき、過去の感受的・意志的・表象的な体験は現在の中に現前して現在の感受・意志・表象へ力として作用し、したがって過去の体験と現在の体験が統一的に形成され、悲しみがよりいっそう深くなったり、絵画の像がより明瞭に蘇ったりする。かくしてディルタイはこれを簡潔に「伸展」と「内包」という用語で言い表すのである。

「体験は展開され（伸展）、そして展開されたものは一緒にされるのである（内包）」（GS6, 316）。

すなわち、「現前」は過去の体験の現在への現前として過去は現在に内包され、現在の体験はこの内包によって再統一され、伸展されるのである。このように過去の現前が現在的体験に作用を及ぼしてそれを再統一していくがゆえに、現前は作用を及ぼす「力」として体験されるのである。それは、もはや存在し〈ない〉過去であっても作用を及ぼす、〈現実的〉で〈実在性〉に満ちた体験である。かくして現前の力は「形成する力」として生を全体的な統一体として形成し、他の体験から限界づけるのである。

そうであればこの限界づけは、「知人の死にあった体験」として言語的に固定され、また統一体として確定されても、体験が進むに従って伸展と内包を繰り返し、したがって流れ行くことになろう。かくしてここから、ジンメルの生の自己超越における「外へ押しやること」あるいは「敷居のない直接的な自己伸展」、そして現在の〈限界〉と〈ない〉が明示的に語られたと見ることができよう。その源となって両者に共通なものとしてミッシュへ受け継がれたことが、生を経過・推移あるいは流れとして捉えること、しかもそれを流れの中から語り出そうとしていることであろう。これが、超越論的な現象学的解釈学に対して生の解釈学の方向づけになろう。

かくしてここに、生の全体を可能的にではなく現実的に捉える道が見えて来るのではないか。というのも、ここでは、統一的全体の限界づけは、外から見られているのではなく、中にあってこちら側からあちら側へ押しやられているからである。しかも限界が移り変わるかぎり、ミッシュの弁証法的把握のように、全体は把握できるがしかし把握できないのである。それが把握できないのは、生が未完結だからではない。ここでは、外部の固定された視点から全体を見渡したり、あるいは未完結とみなしたりするのではなく、流れの中で全体の限界づけにいわば触れ、こちら側とあちら側を感受・意志・表象しているのである。このゆえに生は限界づけられた全体を捉えることができ、しかし同時に限界それ自身が〈ない〉となって流れるがゆえに限界のない全体は捉えることができないのである。二つの道が語り出される立ち位置の違いを際立たせて行こう。

第四節　ディルタイからジンメルを介したミッシュとハイデガー

それでは、以上のようなジンメルの生の超越をミッシュはどのように捉えていたのであろうか。そしてハイデガーの現存在の超越との親近性は、道が違うとは言え、あるのだろうか。ディルタイからジンメルを介してミッシュとハイデガーに分岐していく二つの解釈学の道を描いてみよう。そうすることによって、生の哲学と形而上学という二つの道の分岐を視点にして超越・全体の問題を捉え直してみよう。

ミッシュはディルタイからの引用を挙げながらジンメルの「生の超越」に言及する。あらかじめその文脈を押さえておこう。その引用とは、「今日の人間の位置」に関するものである。

「歴史の世界観は、自然科学も哲学もいまだ切断していない最後の鎖から、人間の精神を解放する救い主である（VII, 290.V, 9）」（LP, 27）。

ここで言われる「最後の鎖」とは、「解き難くみえる対立」、すなわち、「宗教であれ、理想であれ、哲学体系であれ、各々の歴史現象の有限性、したがって事物の連関に関する人間による各々の把握の仕方の相対性」と「普遍妥当な認識を目指す、思考の欲求と哲学の努力」の対立を言う(34)。人間の精神はこの対立に鎖で繋がれてきたのに対して、ディルタイの「歴史の世界観」がその鎖から解放してくれる、と言うのである。その歴史の世界観を形成するのが「各々の歴史現象の有限性……についての歴史意識」である。したがってディルタイは、「歴史意識が、人間の解放への最後の一歩である[35]」と語るのである。

ディルタイのこの考えは、世界観哲学への道を形成していた。したがってディルタイは、ここでは、歴史の有限性か認識の普遍妥当性かという二者択一的な対立の一方の側に与するのではなく、「歴史の世界観」によって対立から解放することを目指すのである。これがディルタイのフッサール宛の手紙に述べられていたことにほかならない。すなわち、「私（ディルタイ）が目指しているのは、諸々の精神科学の普遍妥当的な基礎づけと歴史認識の客観性の叙述です[36]」。これが彼の世界観哲学であった。

これに対してミッシュは、ディルタイの考えを受け継ぎながらも、ディルタイの言う「最後の鎖」を「哲学が絶対的始原のために固執してきた超越的措定」として受け取り[37]、それを排斥することによって、「人間の生を哲学の主題にしてきた意志だけが、われわれの時代に生まれ、それによって獲得されたことが哲学の本質から産出されたのである。それがすなわち、……人間精神の解放である[38]」とみなすのである。ミッシュとすれば、超越的措定の排斥によって人間精神の解放が生じるのであり、これが、ミッシュの時代の人間の歴史的位置づけであると同時に生の哲学の歴史的位置づけになるのである。

このようにディルタイからミッシュは、自身の生きている時代を、歴史意識によって超越的措定が排斥され、したがって人間が超越者から解放され、人間の生を主題にする意志だけが生まれた時代、つまり形而上学に対抗した生の哲学の時代として位置づける。ジンメルの「生の超越」は、このような生の哲学の道に位置づけられる。すなわち、ミッシュは、ジンメルが「最後の鎖」を断ち切って一歩を踏み出した哲学者として高く評価する。

「人間の精神は次のようにして完全に自分の意志を押し通すのである。すなわち、「超越的なものの内在」は、哲学の始原で根源的な形而上学的知を活動させて哲学的思想の内在とともに絶対的に無窮なものの周りを回りながら生の中に入り込んだのであり（Fibel, 31ff）[39]、そして「生の超越」（ジンメル）の中に再び取り戻されるのである」（LP, 27）。

ここでは「超越的なものの内在」について、「哲学の始原」と「生の超越（ジンメル）」が述べられている。前者はこれまで見てきたようにヘラクレイトスのロゴス概念に含まれるものである。したがってもう一方のジンメルについては、「超越的なものの内在」が「再び取り戻される」、とされているのである。ミッシュは、ヘラクレイトスで歴史的に出来（しゅったい）したものが、ディルタイではなく、ジンメルで「再び」出来した、と言うのである。この点で、ミッシュはディルタイの方向づけの中にありながらも、〈形而上学的なもの〉への関わりという点ではディルタイと一線を画し、むしろジンメルの生の超越を介して初めて、究め難きものと思考適合的なものの緊張関係を生の深みに語り出し、生の哲学を世界観の哲学ではなくロゴスの論理学として展開することができたと言えよう。

これに対してハイデガーの道は、ジンメルを高く称賛していたとはいえ、したがってまた生の超越に言葉の上で現存在の超越を読み込むことができるようには見えるが、やはり現象学の道でのことであったのではないか。しかしその一方で、彼の現存在の形而上学への道を切り開いたのは、まさしく現存在の超越としての生の超越ではなかったのか。

そこでミッシュの視点から見ると、ハイデガーに関してミッシュは、第三論考の中で形而上学という点でディルタイよりもハイデガーに一致点を見たと語っているにもかかわらず、第一論考の中ではハイデガーの言う「端的な超越者」である「存在」についてジンメルを思わせる用語を使いながら語り、そして第三論考の中では「現存在の超越」についてジンメルと比較しながら語る。前者の第一論考から見ておこう。

「…… 存在への問いは、根源的で再三再四新たにされるべき、哲学の始原の運動の中へ、私を移し置く。そこでは、人間の生の内に備わっているもの、と同時にそれ自身を超え出て外へ突き進む形而上学的な関与、これらが確実に発現して来るのである。それはすなわち、「超越的なものの内在」である。ただし、問うて答える、この運動で問題になっていることが、適切に、あるいはまた何の偏見もなく、「存在」という語で表示されるのか否か、これは熟慮すべきかもしれない。しかしハイデガーは、われわれが彼にそれを求めたようにはけっして問わず、また要求しない。彼の説明は純理論的な態度で行われているのだ」(LP, 12)。

これは、ハイデガーの『存在と時間』で存在が存在者的には身近だが存在論的には遠いとして存在への問いを立てねばならないと語られていたことに対して、ミッシュが第一論考で述べた文である。

たしかに超越者としての「存在」が身近ではあっても遠いというハイデガーの語り方は、超越的なものの内在という超越性（遠さ）と内在性（近さ）を示唆し、したがってまたジンメルの生の超越を暗示する。ミッシュ自身、右の引用では、「それ自身を超え出て外へ突き進む形而上学的な関与」や引用符をつけた「超越的なものの内在」といった表現でジンメルを示唆していよう。しかしミッシュは、それが「端的な超越者」としての「存在」という表現では言い表されておらず、むしろハイデガーの説明は純理論的な態度でなされている、と一線を画すのである。たしかにハイデガーの言う遠さと近さ、伏蔵と露開、この対照は、先にも見たように、存在と存在者の区別に基づき、しかもフッサールにおける意識の志向的意味充実から超越論的な「純理論的な態度」として説明できるものであった。

このように、ミッシュは第一論考の時点ですでにジンメルの視点を持っており、ハイデガーの言う存在概念のなかにジンメルの影響を読み取りながらも、それとは一線を画して自身の哲学を生の哲学として展開しようとしているのである。しかもこれは、ハイデガーの基礎存在論との対決を経由して、第三論考ではハイデガーの現存在の形而上学との対決の中で具体化されて行ったと読むことができるのではないか。かくして第三論考では、ジンメルの名前を明示しながらハイデガーの「現存在の超越」についておよそ次のように語る。

ハイデガーは「原生起」を「現存在の超越」と名付けるが、超越概念のこの使用法は、「通例の、いわゆる素朴形而上学的な意味」に依拠したものではない。「素朴形而上学的意味」では、たとえばジンメルの「生の超越」がある。「ジンメルは「生の超越」を、「完全に第一次的なカテゴリー」として、すなわち、有限性と制限性をわれわれから取り去ることができる、自己自身の外への乗り超えとして、打ち立てるのである」。これに対して「ハイデガーの使用法は、再利用的用法、つまり、志向性理論（志向的対象の超越についてのフッサールの教説）によってすでに規定されている使用法、あるいはその理論へ向けて投企された使用法」である。（LP, 235.）

ジンメルの用法は、すでに見たように、視覚であれ理解や考えるという仕方であれ、生が有限的で制限されている、その限界を「取り去り」、その「向こう側」へ乗り越えて行くことであった。「外へ摑み込む」あるいは「自己伸展」という彼の言葉がこれをよく表していた。ミッシュはこれを「素朴形而上学的意味」と表示する。これに対してハイデガーの現存在の超越の超越概念はこれと異なり、フッサールの志向性理論によって規定された「再利用的用法」だとミッシュは言うのである。たしかにフッサールの超越概念によれば、自然的態度によって存在するとみなしている事物などの総体は意識を超えた超越者になり、フッサールの目指す道はそれとは逆方向に、つまりその存在の総定立を括弧に入れて、超越的でない内在的な意識の志向性の分析へ向かい、絶対的に明証的なものの現出を求める道であった。この道が、ハイデガーでは、自然的態度で存在定立されている存在者の全体を超越して、存在者ではないもの（無・世界・存在）を目指してそれを分析することによって存在の現出を求める道に再利用されていると見ることもできよう。ここでは超越的存在の超越論的解釈学は、現存在が存在者の全体を現象学的に括弧に入れるという仕方で超越し、この意味で現存在の形而上学として遂行されているのである。

これに対してミッシュは、右の文面で、ハイデガー批判とともにジンメルの超越概念を「素朴形而上学的意味」だと評することによって、自身の道を示唆しているのではないか。それが、ジンメルが『生の直観』第一章「生の超越」の末尾で語った、「形而上学的根」から育つ「論理学」、すなわちミッシュ自身の「解釈学的論理学」ではないか。ハイデガーの現存在の超越が「自然的態度」の存在者（生）を超越（エポケー）して存在者（生）では〈ない〉もの（無・世界・存在）を目指すのに対して、ジンメルの生の超越は生から〈まだない／もはやない〉生への超越、つまり「素朴」な生の連続性の中での自己超越である。超越の方向性あるいは目指すものがまったく異なるのである。この違いに面してミッシュは、後者の素朴さをヘラクレイトスのロゴス解釈に基づいた「弁証法的」な「論理学」として哲学的に展開したと言えよう。ここに、ディルタイからジンメルを起点にして解釈学が現象学的解釈学の道と生の哲学の解釈学の道へ分岐する地点がある。

しかしハイデガーの解釈学において、現存在が世界内存在として存在者を超えて諸可能性へ向けて目的設定的に投企する「自身のために Um-willen」は、プラトンのイデアの中のイデアである善のイデアを性格づける「οὗ ἕνεκα（フー・ヘネカ、そのために）」から引かれており、したがって超越が伝統的な、ミッシュの言う「素朴」な形而上学の文脈で語られているのではないか。ハイデガーは次のように語る。

「超越は、プラトンの「実体の彼岸（ἐπέκεινα τῆς οὐσίας）」（Respubl, VI, 509B）の中にことさら語り出された。しかし善（ἀγαθόν）は現存在の超越として解釈できるのであろうか」。「善（ἀγαθόν）の本質は、そのために（οὗ ἕνεκα）として自己自身を支配していることにある――それは、そのために（umwillen von …）として可能性そのものの源泉である」（WG, 40f.）。

ここで言われる「そのために」は、『存在と時間』では[40]、周り世界の道具の「何のために」が最終的に行き着く地点であると同時に、道具の「何のために」へ向かう出発点となるもの、すなわち「現存在自身のある可能性のために」であった。現存在は「そのために」を投企することによって、ある世界を開示するのであった。右の『根拠の本質について』からの文面では、それが「現存在の超越」として語られているのである。超越は存在者を全体において越え出て世界へ向かうことであり、「そのためにの投企」は「そのためにの乗り越え[41]」にほかならない。ここでは、解釈学的理解それ自身がイデア的なものを目指した現象学的本質直観のように事実的なものを乗り越える超越となっているのである。しかもハイデガーは、「現存在の超越が、歴史的想起を新たにすることによってよりいっそう信頼に足るものとなるはずである[42]」という意図で、右のようにプラトンの善のイデアを引いてくるのである。超越的なもの、形而上学的なもの、その「歴史的想起」として、ミッシュがヘラクレイトスのロゴスに遡ったのに対して、ハイデガーはプラトンの「実体の彼岸」へ帰還するのである。

このようにハイデガーは自身の超越の裏付けをプラトンに求める一方で「実体の彼岸」を「可能性[43]」として受け取り直しているのである。

「そして何と言っても、可能的なものが現実的なものよりも高次であるがゆえに、善の能力（

τοῦ ἀγαθοῦ ἕξις）こそが可能性の本質源泉（μειζόνως τιμητέον）である（Respubl, VI, 509A）」（WG, 41）。

ここでは「善の能力」が「可能性の本質源泉」であることの理由が、「可能的なものが現実的なものよりも高次である」という点に求められている。これは『存在と時間』の中で、「現実性より高次に立っているのが可能性である。現象学の理解はひとえに、現象学を可能性として掴み取ることにある[44]」と語っていたことに呼応する。そうであれば、本書はここに現存在の超越の特徴を見出すことができよう。すなわちここでの超越には、現実性への可能性（イデア）の普遍妥当的条件を求めて現実性を超え出て特定のあり方を理念化（イデア化）すること（現実の可能化）、そしてそこから翻ってその理念を現実化すること（可能性の現実化）、この両側面が融合しているのである。これまでの超越概念と比べれば、ここには、プラトンにおける諸イデアの中での善のイデアの超越性、そしてカントの超越論的条件の超越論的超越性、両者が現象学の道で、しかも可能性と現実性という対概念によって融合されていると言えよう。しかも超越的形而上学における此岸と彼岸もまた、ジンメルを介して超越における〈こちら側〉の存在者と〈あちら側〉の存在の存在論的差異として、可能性への投企としての理解の中で融合されているのである。しかも一つの特定の可能的在り方が理念化されて理念（可能性）と事実的なもの（現実性）の循環の中を進むのである。

しかしもちろん、ハイデガーの解釈学は、プラトン的彼岸を目標として進むわけではない。むしろ逆方向に、つまり現象学的還元が超越的超越を排除して内在へ向かうのと同じ方向へ、しかも現実性から可能性へ向かうのである。かくして現存在の超越は、現象学的還元の内在的方向に進みながらも、プラトンに訴えることによって「信頼に足るもの」として伝統的形而上学の道に位置づけられているのである。

以上のように見れば、ハイデガーの言う現存在の超越は、ジンメルの生の超越とは根本的に異なろう。むしろプラトン的な超越的形而上学に由来し、しかしそれを可能性／現実性という枠組によって意識の領野へ移転させた現象学の超越論的な形而上学の超越であろう。しかもハイデガーではこれが存在と存在者の区別、したがって両者の溝ともなる無によって形成されているのである。これに対してジンメルでは、生の超越は生の限界を押し広げることとしてこちら側とあちら側は連続的に「生の連続性」の中にあり、ミッシュの解釈学も生の中を弁証法的に歩む解釈学になる。したがって、ジンメルの生の超越それ自身が生の〈経過〉として〈ない〉を含んでいるのに対して、ハイデガーでは存在者から世界・存在へ超え出るさいに両者の間に存在者ではない無が差し挟まれているのであり、したがって存在論的差異が押しやることのできない壁のごとくに横たわっているのである。そうであれば、二つの道において、生を捉える視点、そしてそこで捉えられている生のあり方は、根本的に異なるであろう。その違いを、超越と全体という観点から、したがって形而上学という観点から、いくつかに類型化してみよう。

第五節　形而上学と全体

本節ではこれまで明らかにしてきた五人の道、すなわち、ディルタイとフッサール、そしてジンメルを介したミッシュとハイデガー、これらの道で展開された形而上学と超越概念を簡単に整理しておこう。そしてそれに応じて全体がどのように捉えられているのか、これまでの鍵概念を使って類型化しながら各々を際立たせておこう。

（一）超越的形而上学

まず、超越が現世の生そのものを彼岸へ向けて超え出ることとして、そしてこの意味で形而上学が語られることがあろう。これはハイデガーが指摘するプラトンの善のイデアに見られる。そこでは、超越のこちら側とあちら側は、こちら側から見て死を挟んで、そしてあちら側から見て誕生を挟んで、断絶している。したがって超越は、この断絶を飛び越えることとして生〈以後〉への超越にして生〈以前〉への超越であった。そしてこの現世の生は誕生から死で区切られ、しかも現世も彼岸もいずれの側も現実に存在している、とみなされているのである。だからこそ、超越はこの世界で有意味に語られるのである。こうした超越を先に特記したように超越的超越、そしてこれによって成り立つ形而上学を超越的形而上学と呼ぼう。

ディルタイが形而上学を批判するとき、まず、この形而上学が挙げられる。それは生を生から理解するのではなく、生の〈背後〉に遡るからであった。本節では改めて、ディルタイが「思考は生の背後に遡ることができない」[45]と言う〈背後〉の意味を超越概念に見出すことができよう。それはまず、プラトンの洞窟の比喩[46]で語られているように、洞窟に囚われた人々の空間的な意味での〈背後〉にあるイデア界の哲学的意味である。しかしまた、時間的に死の〈後〉の形而上学的世界のイデアが、真の存在と知として、現世の生における流れ去る存在と知を誕生の〈以前〉から規定している限り、生の〈後〉にある彼岸へ超越することは、同時に、生がこれまで歩んできたその〈以前〉という意味での〈背後〉へ遡ることに等しいのである。現世からすればイデア界は時間経過的に死の〈後〉のあちら側の世界であり、しかし現在の体験からすればまだ無い〈先〉にある。あちら側が現在の〈後〉にして〈先〉になるのは、生はその存在と知が生の〈以前〉から規定されているからにほかならない。ここでは時間経過的な生の〈後〉と生の〈前〉、つまり〈死後〉と〈生前〉、そして現在を起点にして語られる〈この先〉と〈以前〉、これらはみな〈同じもの〉を意味しているのである。かくして、「もし、過去・現在・未来を経過する生の背後に無時間的なものがあるなら、それこそ生の前件になろう[47]」と、ディルタイは言うのであった。

ここに奇妙な逆説が生じているのではないか。超越的形而上学では、超越が〈死後〉というこの生の〈後〉の彼岸へ移ることは同時に、この生の〈先〉へ向かい、この生の〈前〉という〈背後〉へ遡ることである。ここでは、この世界は彼岸と此岸を区別する死と誕生によって限界づけられ、その中での成長が全体となる。しかも此岸も彼岸も現実に存在しているとみなされるのであれば、両世界を包含した全体は、不死なる魂によって現実に経験されているのである。しかし、いずれの世界の全体も、現在の体験を視点にすれば、把握不可能になろう。この世界の全体については、死はいまだ体験されていないからである。此岸と彼岸を包含した全体については、全体を語ること自体が不条理に陥る。ここでは、全体は彼岸の世界（永遠性）と死・誕生に限界づけられた此岸の世界（有限性）の統一だからであり、これは不可能だからである。ここに、奇妙な逆説的表現が生じているのである。すなわち、ここでは〈以前〉と〈以後〉は〈同じもの〉であり、これが両世界全体の真相なのである。本書ではこれを超越的逆説（パラドックス）あるいは超越的形而上学の逆説と呼んでおこう。

（二）物自体形而上学

このような逆説的不条理を此岸の世界の認識能力を批判することによって際立たせたのがカントの二律背反であるとも言えよう。世界の始まり、つまり世界の限界づけは、存在するのかしないのか、この問いに対して肯定的であれ否定的であれ主張することはいずれも背反した帰結を、つまり主張の否定を帰結させるのであった。これは理性的存在者の悟性判断を超えているのである。それは魂が不死であることによって初めて超越的形而上学において有意味に理解できるのに対して、有限的魂には理解できない逆説的矛盾としてしか現れないのである。つまり、全体は、したがってその限界は、捉えることができないのである。それにもかかわらずカントは形而上学的なものへの止みがたき心情から主客の相対性を免れた物自体的なもの、すなわち魂の不死性そして最高にして完全な存在者の存在を要請することによって、悟性概念（カテゴリー）の構成に対して理性概念（イデー、理念）の統制による全体把握を無限の終局点に設定するのであった。

本書はこれをディルタイとフッサールの書簡に従って物自体形而上学と呼ぼう。そしてここでの全体の把握は、悟性概念によって現実化されるのではなく、理念概念によって要請されているのである。したがって、現実のこの世界の中に生きているかぎり、知りうるのは主観に相対的な客観であって、世界の始まりから終わりまでに至る物自体界の全体は把握できないのである。これはパラドックスという点からすれば、超越的形而上学の逆説的矛盾は認識批判によって生じないよう回避されている、と見ることもできよう。

（三）超越論的形而上学

これに対して、主客の相対性を免れた物自体的なものを無限の彼方に要請するのではなく、まったく逆に、この主観的意識の内へ向かって、しかもカントの超越論的論理学からさらに超越論的主観性の領野に現出する絶対的所与の明証性を目指したのが、フッサールの超越論的現象学であった。本書はこれを、ディルタイとフッサールの書簡をもとに、イデアールなものを求める超越論的形而上学と名付けた。イデアールなものはもちろん語としてプラトンのイデアそしてカントのイデーと同類であっても、内実としては超越的に求められるのでも物自体的に求められるのでもなく、超越論的に求められているのである。

しかしここで注意したいのは「超越者」の概念である。超越的形而上学からすれば、超越者は、この世界から見て、時間的相対的なこの世界を永遠的絶対的なものへ超え出ているものとしての〈超越しているもの〉である。これに対してフッサールが認識論的還元を遂行するさいに、「認識論的還元の遂行。あらゆる超越者の排斥[48]」を目指していたのであれば、ここでの超越者は、超越的形而上学とは意味が異なるであろう。フッサールでは、超越が内在と相関的に使われ、超時間的な絶対的な所与としての内在者を目指して超越者を排斥するのであれば、時間的相対的なものは「超越者」になるのである。しかも内在者を目指すことが「超越論的」という意味での〈超越すること〉であれば、超越者は超越論的に〈超越されるもの〉である。かくして超越的な〈超越者（イデア）〉は反省の眼差しに超越論的な〈内在者（イデアールなもの）〉として映し出されるのである。

したがってここでは、時間的な現実の生の統一的全体は、自然的な態度による存在者全体の総定立として括弧に入れられて超越論的主観性へ還元され、意識の志向性によるイデアールな統一的全体の構成元の分析によって把握されるのである。この場合もちろん、イデアールな分析は、超越的形而上学や物自体形而上学のイデア・理念の分析とは異なる。後者は限界を超えた〈先〉にあるイデア・理念であり、前者は、まさしく内在的に限界づける〈先〉だからである。カントの言う経験に先立って経験を可能にするアプリオリとしての〈先〉である。それはちょうど、此岸と彼岸を限界づける〈死〉と〈誕生〉が、いずれもこの生の〈先〉という意味を持ってこの世界の全体を可能にするものとして意識に内在化されたごとくであろう。

したがってここでもまた、奇妙な逆説的な表現が生じて来る。すなわち、ここでは超越はこの世界のむこう側へ向かうのではなく、逆転してこちら側へ、しかもその内側へ向かうことによって、もとこちら側からあちら側に超越しているものとしての超越的な超越者が、逆転して、超越されるものになるのである。そして超越論的に絶対的な所与にまで超越して行けば、時間的に変化する実的な内在者も含めて現実の世界全体が、超越されるものとしての超越者になるのである。〈超越しているもの〉が〈超越されるもの〉であり、これが超越論的な、世界全体の真相なのである。もともと〈先〉なるものが〈後〉なるものになり、超越的逆説が超越論的に内在化された、とも言えよう。本書はこれを超越論的逆説あるいは超越論的形而上学の逆説と呼ぼう。

(四)可能的形而上学

これに対して、同じく現象学の道を歩むハイデガーでは、こうした表現上の超越論的逆説は生じていない。むしろ、現象学を可能性の高みへ持ち上げることによって、したがって全体を可能的全体として捉えることによって、ちょうどアリストテレスが無限分割のアポリアを現実性と可能性の区別によって回避したように、超越論的逆説を回避しているように見える。

ゼノンが運動を否定するために出したパラドックス、たとえば「移動している矢は止まっている」というパラドックスに対して、アリストテレスは「時間は、他のどんな大きさも不可分割的なものから成るのではないように、不可分割的な今から成るのではない」(49)と主張することによって解決しようとする。これは、無限分割について無限の存在を現実には否定し、可能的には認めること、この区分による。無限を可能的には認めておかないと、「時間はある初めや終わりを持つことになり、大きさは大きさに分割されないことになる」(50)からである。したがって、ここからすれば、世界の始まりを線引して分割すると、現実的にはカントの二律背反に陥るが、可能的にはパラドックスは生じないのである。物自体界は現象界(フェノメナ)に対する可想界(ヌーメナ)として無限の果ての可能的世界になろう。かくして生の全体に関して、ハイデガーはパラドックスに陥ることなく「可能的全体存在」を語る。

このようにパラドックスの回避という観点から見ることができるとすれば、ハイデガーの超越概念の用法は、一方でフッサールの超越論的超越の概念を超越的形而上学の超越概念に差し戻しながらも、その一方で、それを現実的にではなく、フッサールの超越論的な内在を理念の可能性への投企の道として押し進めたものになろう。かくして、存在（超越しているもの）は理解されているものとして存在論的（超越論的）内在者となり、しかも理解はそれを可能にする先行的投企の行き先（存在の意味、根拠）へ向かう（超越する）のである。ここで超越によって目指されている地点は、基礎存在論の道あるいは形而上学の道では、現実を超越してそれを可能にするものとしての「脱自的時間性の根源的な時熟様態[51]」あるいは超越の「原生起」であり、いずれも現実が還元される〈根源〉であった。ここでは、〈根源〉は超越論的な内在者から超越的な超越者（存在）へ、語の用法が戻され、プラトンに裏打ちされた伝統的形而上学の道に位置づけられるのである。

このように見れば、ここで捉えられる全体は、生の全体が可能性としての死に区切られた可能的全体存在であったように、存在者の全体も可能的無に区切られた可能的全体である。しかも存在者の全体には歴史も含まれるのであれば、歴史も同様に始原と終末が確定され、したがって同時に、終末を確定するために別の始原が先行的準備的に投企されるのであった。それは別の始原である以上、ギリシアのアナクシマンドロスに始まり露開と同時に伏蔵する存在にして存在者を表すギリシャ語の存在（ὄν）に由来する存在の歴史に対して、物を表す古高ドイツ語の物（ding）が、天と地、神的なものと死すべきもの、これら四方域を集め（thing）、そうした四方域が伏蔵なく輝きあう世界である[52]。ここに、この世界・歴史の全体が完結する。しかしこの全体の完結が現実の歴史の中でいつ起こるかは、自己の死と同様に規定されておらず、可能的全体として規定されているだけである。

ここでは、超越は存在者全体を超越して存在・根拠へ向かい、超越されるものは存在者全体であり、超越しているものは存在・根拠であり、逆説的な言い方は回避された。しかし超越の遂行者として、可能性へ投企する現存在が加わり、形而上学は現存在の形而上学となった。本書ではこの道を可能的形而上学と呼んでもよかろう。

(五) 形而上学の超越

以上のように超越を整理すると、超越的であれ超越論的であれ、あるいは可能的であれ、超越は全体の把握と表裏一体になっている。しかも超越的形而上学と超越論的形而上学のように、全体を現実のものとして語ろうとすると逆説的な表現が生じてくるのである。それを回避しようとするのであれば、物自体形而上学のように認識批判という仕方で現実の存在者の側にではなく、認識の側に限界線を引くか、それとも可能的形而上学のように現実から可能世界へ飛翔して可能的に線を引くか、いずれかであった。そうであれば、現実の生に留まる生の哲学は、生が未完結であり、生を限界づけるものが体験できないかぎり、全体の把握はできないのではないか。ディルタイのようにそれを謎として語るだけなのであろうか。それともジンメルからミッシュへの道のように、生の流れの中で限界に触れながら全体を捉えているのであろうか。そうであれば、ここでは逆説はどのように現れているのであろうか。

第六節　生の哲学と全体の把握

形而上学が自然を超えた学であれば、その超越は翻って自然の全体の把握を目指している。しかも超越の仕方に応じて全体の把握の仕方が、逆説の生じ方が、あるいは回避の仕方が、異なっていた。フッサールの超越論的形而上学も、ハイデガーの可能的形而上学も、全体の把握が求められてはいるが、その仕方は前者では内在的に後者では可能的に遂行され、しかも前者では逆説的な表現が現れ、後者ではそれが回避されていたのである。それではいずれの形而上学をも拒むことは、それと引き換えに、生の全体の把握を謎のままにしておかざるをえないのであろうか。

一　生の本質としての逆説

たしかにディルタイは、全体の把握のときに現れて来る生の謎を理解の限界とみなして、いわばそれとは逆方向に、限界を後ろ手にして、理解できるものを目指して進んだと言えよう。しかし、ジンメル、そしてジンメルを介したミッシュへの道は、ディルタイでは排斥された超越を語ることによって、理解の限界へ向けて方向転換し、謎を生の概念に積極的肯定的に取り込んで行った。それが超越的なものの内在であり、ジンメルのこちら側とむこう側、ミッシュの究め難きもの、これらにほかならない。しかもここで注目したいのは、いずれも限界を生の中に取り込むことによって、ディルタイではなかった、そしてハイデガーでは回避された、逆説的な表現が生じる点である。ジンメルは言う。

「われわれはわれわれの本質を逆説で表現できる。すなわち、われわれはいかなる方向にも限界を持っており、われわれはいかなる方向にも限界を持っていないのである」(LA, 3)。「限界それ自身が限界のこちら側とあちら側に関与しているように、生の統一的働きは、限界づけられていることと限界を踏み越えることを含んでおり、これがまさしく統一体として考えられるのであれば、一つの論理的矛盾を意味するように思われることに対しては、無頓着である」(LA, 4)。

逆説は生の統一的働きにとって本質的であり、しかも生はそうした論理的矛盾には無頓着である、とジンメルは言うのである。これはミッシュでも同様であろう。究め難きものと思考適合的なものの緊張、したがって弁証法的運動、ここから生の統一体が形成されるかぎり、論理的矛盾を含んでいるのである。しかし論理的矛盾が、アリストテレスの矛盾律で言われているように、「同じものが同じものに、同じようにかつ同時に、帰属しかつ帰属しないことはできない」[53]のであれば、生の統一的働きはこれにはたしかに無頓着であろう。ジンメルが言う「無頓着」は、生が非論理的で非合理的だという意味ではなく、生の本質には論理的矛盾は無い、という意味であろう。というのも、生は経過し流れているがゆえに、「同じ観点でかつ同時に」ということはありえないからである。生の流れの中では〈同じ〉流れには二度と入れ〈ない〉がゆえに矛盾を起こしようもなく、頓着の要は無いのである。

そうであれば、このような生の本質から生じる逆説的表現を積極的に語ることによって、生の全体を捉える道が切り開かれているのではないか。それが、ディルタイがまさしく「アポリア」として提示した部分／全体の循環であり、それを引き受けたミッシュの〈ない〉を含んだ弁証法的運動ではないか。いずれも「同じ観点でかつ同時に」語れば逆説的であるが、体験の経過を表現しているかぎり生の真実を言い当てているのである。しかしもちろん、生の全体を限界づける線は、可能的形而上学のような可能的線ではなく、現実的な線引きである。ディルタイが試み、ミッシュが引き受けたのは、生の深みから流れの中に線を引くことであった。ジンメルのこちら側とあちら側を分ける限界が諸限界として生の超越（限界の踏み越え）によって不断に経過して行くのも、生の現実の流れの中での線引（限界づけ）だからにほかならない。

ここから、生の哲学に固有な全体の把握の仕方が、したがって生の哲学に固有な解釈学が、現れて来るのではないか。そうであれば、ここで改めて注意したいのは、ジンメルからミッシュで語られる超越概念である。それは、超越的、超越論的、そして可能的ではなく、生の現実の経過を表しているのではないか。そうであれば、そこから生じる逆説的表現に対しても、流れる生の本質の表現として、回避するのではなく積極的に「無頓着」でなければならないのではないか。

二　生の全体の逆説的統一

ジンメルで語られる生の超越は限界という概念とともに使われ、言い回しだけからすると、超越的形而上学と同様の形而上学に見える。生の超越は生の限界を踏み越えてあちら側に行くことだからである。しかし生の超越は、たしかに「自己自身を踏み越えること」ではあるが、生の全体を踏み越えてあちら側へ行くのではない。むしろ生のそのつどの諸限界を踏み越えてあちら側へ行くことによって、こちら側とあちら側で生の全体を統一的に形成しているのであった。「人間が自己自身を超克するとは、瞬間が人間に差し込む諸限界を人間が越え出て外へ掴み込むことを意味する」のであった。したがってここでは、逆説は、生の全体の中で、こちら側とあちら側の統一的働きの中で生じているのである。これに対して、超越的形而上学では、こちら側とあちら側は生の中ではなく、現実の生と生以後／以前に割り振られ、ここから逆説的な表現が生じたのであった。

このように、生の全体の中でこちら側とあちら側が、したがって内側と外側が形成されることは、超越論的形而上学に近づくようにも見える。超越論的形而上学でも、内在と超越は相関的に変動し、しかも逆説的表現が生じたからである。しかしもちろん、その違いは明らかであろう。超越論的形而上学では、超越者を排斥して内在的なものへ向かうことは、意識に内在して本質直観に現前してくるイデアールなものに向かった。これに対して、生の超越は、実在的なものの中での超越であり、内側と外側も、意識的なものと身体的なものではなく、心身的な生の統一体の中での諸限界の内側と外側である。したがってここでは、超越的なものの内在も、超越論的可能的なもののイデア的理念的な内在ではなく、諸限界とそのあちら側の究め難きものなどが生の統一体の現実を形成していることを意味する。そしてこのゆえに逆説的な表現が生じたのであった。そうであれば、このような生の全体の統一はいわば逆説的統一であり、したがって生の超越は生の逆説的統一の形成として生の逆説を生み出しているのである。

そうであれば生の統一的全体の把握についても、ディルタイの言うように部分／全体のアポリアの通りに生を生それ自身から理解すること、したがってジンメルの言うように生の本質としての逆説の通りに語ること、さらにはミッシュの弁証法的運動に追従して語ること、これが生全体の把握に通じるのではないか。それが、時間経過の中で進んで行く弁証法的運動としての生の部分／全体の語りであろう。

たしかに、超越的にせよ超越論的にせよ生の全体を捉えようとすると生を越え出なければならず、なおかつ逆説を回避するためには可能的全体を語らなければならず、現実の生の中に留まるかぎり生の全体は捉えられないように見える。ディルタイでは生の全体を捉えようとすると謎が出現し、ジンメルではむこう側が現れ、またミッシュでは究め難きものが生そのもの中に取り入れられ、そのため生の全体は規定できず不断に無規定的であった。しかしその一方で、無規定的規定的なものから喚起され、そしてそれを喚起し論述する語りは、無規定的なものをも含んだ生の現実的な全体を語り出していることになろう。そこで求められる全体が、自己完結的な連関であるかぎり、それはまさしく可能的全体としてしか捉えられないであろう。これに対して生の現実が生の経過として流れ行くものであれば、その流れの中に限界線を引いて〈全体〉が流れるままに、したがって限界線もまた流れて〈完結していない〉という〈否定〉を含んで〈経過〉するままに、全体を捉えることができると同時にできないという語り方が、ジンメルの逆説的表現であり、ミッシュの弁証法的語りにほかならないのである。

そうであれば、ここに至って、本書の道は先にジレンマとして述べた事態から解き放たれるのではないか。というのも、ジレンマが成り立つのは、把握されるべき〈全体〉が、暗に、〈完結し固定した全体〉とされていたように思われるからである。そうであれば、形容矛盾ともなる〈完結していない全体〉という〈ない〉を含んだ〈経過する全体〉をそのままで捉える道こそが、限界を超え出たところから〈完結した全体〉を捉えようとする形而上学に対して、限界をこちら側からあちら側に押しやりながら生の全体を生の内側から捉えようとする、生の哲学の道ではないか。かくしてここに、可能性の高みで可能的全体を捉える現象学的解釈学とは「別の解釈学」の道が、流れを流れるままに理解する道として切り開かれて来るのではないか。

三　生の哲学の〈流れの中に線を引く解釈学〉への道

以上のように特徴づけることができるのであれば、超越という同じ言葉を語っても形而上学と生の哲学では根本的に異なるのは明らかであろう。すなわち、一般に、「形而上学（メタピュシカ）」がその意味として含意する「自然学を超えた学（メタ・タ・ピュシカ）」として生成消滅する自然を超え出たものの学であれば、超え方が自然をその外側へ超えるか、それとも意識の内側へ超えるか、この違いはあっても、時間的なものを超えるという点では変わりがない。超越的そして物自体的な形而上学は文字通りにこの自然を超えようとする。超越論的そして可能的な形而上学としての現象学は、自然的態度による存在の総定立を括弧に入れるという仕方で時間的なものを越え出てイデア的な原ロゴスあるいは原生起を求めて、超越論的反省の道を歩むのであった。ここでは、此岸と彼岸、有限的世界と無限の終局点、現実存在と本質存在、存在者と存在、現実態と可能態、このような区別の中で、双方を区別する溝を飛び越えること、しかも時間的な前項よりも〈先〉なる後項へ超越することが眼目になっている。〈先〉は各々の形而上学の超越の仕方によって、彼岸、理念、アプリオリ性、可能性、として具体化されて来るのである。

これに対して生の哲学で語られた超越は、時間的な生成消滅する自然を超えるというより自然の中での超越になろう。そうであれば、生の哲学はディルタイが排斥した形而上学ではないのと同様に超越を語ることさえできないのではないか。しかしジンメルは「超越」を語り、「生の超越」をその第一章に収めた『生の直観』に「形而上学的四章」という副題を付している。ミッシュもまたジンメルのそれを「素朴形而上学」と名付けるのであった。「素朴」ということを「自然的態度」とするなら、生の超越は自然学の内部での話になり、「素朴形而上学」は形容矛盾になろう。ジンメルが限界を「諸限界」として望遠鏡の例を挙げるなど、自然的態度の限界を語っているのは、それをよく示していよう。自然的態度を生活と置き換えれば、一層そうであろう。どこに、形而上学の超越があるのだろうか。

しかしジンメルはそれと同時に、生成消滅する自然的・時間的ではないものをも語っていた。それが、「人間に諸限界を差し込む」「瞬間」[54]（現在）であった。現在それ自身が時間的ではない、幅のないものであり、超え出ることのできない生の限界であった。しかも「生の限界」として「もともとそして内側から生に結び付けられている」のが「死」[55]である。死は生の全体の限界として、謎という仕方であれ生に含まれるのであった。したがってジンメルは、「われわれは、生の各々の瞬機に、死するもので在る[56]」、と語る。「われわれは」、各々の瞬機に〈ない〉になってしまっているのであった。こうした時間的でない瞬間と〈ない〉、そして時間的なものと生の限界としての死、これらが生の統一体を形成しているのである。

したがって生はそれ自身においてすでに超越してしまっており、形而上学的である。生の〈現在〉は、時間的ではないからである。しかし〈現在〉はまた、生自身の流れの中で〈もはやない〉と同時に〈まだない〉。すなわち、生は〈ない〉になる死するものである。しかし生は生であるかぎり流れの内側からこの限界を外側に押しやってしまっているのである。つまり、生は現在という限界を超越してしまっているのである。もちろん超越のあちら側を、たとえば生成消滅に対して明示的に永遠不滅と語っているわけではない。それは知ることができないものとして知っているのである。どこまでも内側から限界を押しやるのである。しかも、望遠鏡で観るという、一つの視覚的限界を押しやることが、各々の瞬間の体験であれば、その瞬間の死という生の限界一般を押しやることは、生活の諸限界を押しやることであり、その逆でもある。ここでは、形而上学的生と自然的生活は一つになっているのである。

「われわれはまったく不確かな仕方であってさえ、考えることもできないような世界所与を考えることができるのである。これが、精神的生が自己自身を超えて外へ踏み出て、個々の限界だけでなく生の限界一般を突破してあちら側に至ること、すなわち自己超越の働きである」（LA, 6）。

ここでは、こちら側からあちら側への諸限界と生の限界は別ではなく、現在の生の中で一つに超越され、生はあちら側に至ってしまっているのである。それは時間的でない現在と、過去と未来という時間的なものが現在の中で一つであるのと同様である。そうであればここでは、伝統的形而上学で語られた此岸と彼岸、現実存在と本質存在、存在者と存在、現実態と可能態、これらの二分法は適用できないのである。

　このように、生の哲学は生の超越として超越的なものの内在を語りだそうとするかぎり自然学を超えた形而上学である。しかしそれが生の哲学であって従来の形而上学ではないのは、どこまでも生の内側から、しかも逆説に無頓着に語ることにあろう。生の哲学は、現実を超越的なものへ向けて超え出て、その〈先／後〉に視点を置いて現実について語るのではない。生の中にあって限界を超え出たものを、こちら側（理解できるもの）からあちら側（究め難きもの）として、つまり外側を内側から語り出そうとする。だからこそ、逆説的表現となるのである。それは、生それ自身が実在性に充ちた現在の直中に生きながらこちら側（現在、〈ある〉）からあちら側（過去・未来、〈ない〉）へ歩を進めて経過しながら全体を統一化しているからにほかならない。

　したがってここでは、ミッシュに従って言えば、全体が捉えられても、それは規定的無規定的な全体である。全体は理解できないのであり理解できるのである。言い換えれば、生は確定も完結もできないからこそ、その限界を押しやりながら生の経過の中で再統一化して生の統一的全体を持続させることができるのであり、その統一的全体をそのつど語り、また語り直すことができるのである。これが形而上学に対する生の哲学の道であり、そうした語りの解釈学は〈流れの中に線を引く解釈学〉になろう。ここでの〈線〉は、生の統一的全体を限界づける〈死・ない〉という無規定的な線であると同時に、全体を語り、表現して確定しようとする規定的な線をも意味するのである。

　このように見れば、従来の形而上学と生の哲学の違いが明瞭になると同時に、その分岐点とともに交差点がはっきりしてくるのではないか。すなわち、形而上学では超越が、時間的な〈いま／ここ〉では〈ない〉領域へ、つまり死という限界の先へ向かう。これに対して、生の哲学の超越では現在の体験それ自身が時間的では〈ない〉現在の中にありながら現在が不断に〈ない〉になってしまって死んでいるという限界を先へ押しやっているのである。そうであれば、生自身がその限界としての死と〈ない〉を含んでいるということが交差点となって、その中に留ってその流れの中を先へ進むのか、それとも流れの外へ先へ進むのか、ここで道が分岐するのではないか。そうであれば本書もまた、生における死と〈ない〉を通って、生の哲学における生の〈実在性（リアリティ）〉の問題に立ち入ることができるのではないか。

注

（1）Husserl, HU2, 35.
（2）Husserl, HU2, 45.
（3）Husserl, HU2, 68.
（4）Husserl, HU2, 45.
（5）Misch, LP, 218.
（6）表題『生の直観』の原題は„Lebensanschauung"である。これは、世界観（Weltanschauung）に合わせて「人生観」とも訳されよう。また「生の哲学」という訳もある。本書では本文後に見るように「生」の「直観」を強調するために『生の直観』を題している。
（7）Simmel, LA, 28.

（8） Misch, LI, 23. LII, 7.
（9） Heidegger, SZ, 249 Anm.1.
（10） Misch, LP, 3-4.
（11） Misch, LP, 62.
（12） DJ11, 80f.
（13） Misch, LP, 308.
（14） DJ11, 81.
（15） Misch, LP, 12, 19. ミッシュはここで引用符を付けてはいるが出典は明記していない。しかし本文の後に見るようにジンメルを念頭に置いたものであることは明らかであろう。また後掲注（39）も参照。
（16） Simmel, LA, 6, 15.「自己超越」の原語は „Selbsttranszendenz“ である。
（17） Simmel, LA, 4.
（18） Simmel, LA, 19.
（19） Simmel, LA, 6.「外へ押しやる」の原語は „hiausschieben“ である。
（20） Simmel, LA, 5.
（21） Simmel, LA, 4.
（22） Simmel, LA, 10, 12. 原語は以下の通りである。本文で挙げた順に „hineinleben“ „das unmittelbare schwel en-lose Sich-Strecken“ „hinausgreifen“
（23） Simmel, LA, 12.
（24） Heidegger, SZ, 192, 329.
（25） Heidegger, WG, 43.

(26) Dilthey, GS7, 192f.
(27) Simmel, LA, 8, 22.
(28) Simmel, LA, 10.
(29) Simmel, LA, 10.
(30) Simmel, LA, 10.
(31) DK1, Nr. 91. 邦訳、三三二。
(32) Simmel, LA, 17f.
(33) GS6, 316. 以下本文で見るように、これが語られているのは遺稿となった断片「体験」の中である。原語は „Explikation" と „Implikation" またこれと連関して本文で引用している語「現前」は „Präsenz" である。
(34) Dilthey, GS7, 9.
(35) Dilthey, GS5, 290.
(36) Husserl, HD3-6, 52.
(37) Misch, LP, 26.
(38) Misch, LP, 26f.
(39) ミッシュが参照指示している Fibel, 31ff. は、もちろん一九二六年公刊の初版本であるが、そこでは、ヘラクレイトスではなく、インドのリグヴェーダをはじめ洋の東西の「始原の断片」(32) が挙げられる。それらを挙げるに当たってミッシュは「超越」と「超越的なものの内在」を語るのである。すなわち、「哲学は眼差しに捉えた個々の生の要素――自我、我々、あるいは世界――を省察の対象にするのではなく、むしろ個々の生の要素を、生の連関の骨組みの中の通常の位置から取り出して、その有限的現実を超えて絶対者の中へ高めるのであり(超越)、その一方で同時にこの絶対者は個々の生の要素に即してその要素に内属するもの（内在）として現れるのである」(31)。したがってミッシュは「超越的なものの内在」を「ヨーロッパの歴史」に限定しているわけではない。

(40) Heidegger, SZ, 84ff.
(41) Heidegger, WG, 43, 45.
(42) Heidegger, WG, 40.
(43) ハイデガーがこの語を引いているプラトンの文面は次の通りである。「善は実体と同じものではなく、位においても力においても実体の彼岸に超越している」（邦訳、下八五）。ここに訳した「力」(δύναμις)は、能力、可能性などの意味をもつ。ハイデガーはここからこの語の「可能性」という意味を強調するが、ミッシュはこの点について、生の「できる」という能力が論理的思考によって「可能性」になったと批判する。この点については本書本文を参照。
(44) Heidegger, SZ, 38.
(45) Dilthey, GS5, 5.
(46) Plato, Raspbl, 514A-515D. 邦訳、下、九四－九七。
(47) Dilthey, GS5, 5.
(48) Husserl, HU2, 41.
(49) Aristotle, Physics, 239b8-9. 邦訳、二五八。
(50) Aristotle, Physics, 206a10-12. 邦訳、一〇八。
(51) Heidegger, SZ, 437.
(52) Heidegger, VAII, 50, 52.
(53) Aristotle, Met, 1005b19-20. 邦訳、上、一二一。

(54) Simmel, LA, 8.
(55) Simmel, LA, 100.
(56) Simmel, LA, 101.

第六章　生のリアリティ

生の直中で現在の〈ない〉は、そして死は、どのように働いているのであろうか。そこではまた、どのようにして生の統一的全体が形成されると同時に再形成されるのであろうか。そして生が経過として流れ去るのであれば、生のリアリティは、そしてほかならぬこの現実のリアリティは、どのように消尽され創出され、その落ち着く処が現れて来るのであろうか。これが本書の問いになる。本書はこの問いを、これまでその違いを際立たせてきた「別の解釈学」の道で、つまりディルタイの解釈学からジンメルの生の超越を経てミッシュの弁証法的解釈学に至る〈流れの中に線を引く解釈学〉の道を通って考えてみよう。それは、〈～できるが～できない〉という逆説的表現が生じる道である。しかもこの道は、現在・死・〈ない〉という、生の時間的でない限界が、現在の体験の経過の中で時間的な生活の諸限界と一つになる道でもあった。

本章は本書の目標地点を目指して、生の流れ、とりわけ現在が〈ない〉になってしまっているという〈ない〉と、現在が実在性に充溢しているというリアリティの関係から進めよう。生の哲学に特徴的なのは、生が経過であり、それを何らかの理念や可能性を視点にして外側から分析するのではなく、内側から、したがって流れの中で流れの中に線を引くことにあり、それが語り出されたのが、現在の〈ない〉であり現在のリアリティだと思われるからである。そしてここで現れてくる逆説に、本章では注目しよう。

第一節　生の流れ、そして〈ない〉とリアリティ

ディルタイに始まりジンメルそしてミッシュで生が流れに喩えられるとき、それがどのような立ち位置から語りだされているのか、改めて注目したい。生の哲学では、生は超越的あるいは超越論的反省的に流れの外からではなく、流れの中で語られている。そのさい、流れの中で流れを流れとして感じ取ることができるのは、流れの中にいて流れとは異なる方向に向かっていなければならない。たとえ川の中で〈立ち止まっている〉のであっても〈立ち止まっていない〉のである。その人は川の流れを心身的な抵抗として体験して流れに向かっているからである。生を流れに喩えて語ることは流れの中で流れを体験している語りにほかならない。もし流れとともに流れながら意識の内部に反省的に入り込むなら、そこに映し出されるのは、流れの外から流れの全体を一望しているごとく、流れのない〈同じ川〉になろう。このゆえにこそジンメルは「限界」を「内」から「外」へ押しやる「自己超越」として、つまり流れに向かって進むこととして語り出したのである。それはすでにディルタイが暗示していたことである。

「……時間概念が最終的に満たされるのは体験においてである……。ここでは、時間は、現在が休みなく前へ進むこととして経験されている。すなわち、現在的なものは絶えず過去になり、将来的なものは現在になる。現在がリアリティのある一つの時間契機を満たしている。すなわち、想起に対して、あるいは願望・期待・希望・危惧・意欲などの中で生じてくる将来の諸表象に対して、現在はリアリティである。リアリティのこの充溢、すなわち現在は、不断に存続しており、体験する内容をなしているものは絶えず変化するのである」(GS7, 193)。

これは〈ない〉とリアリティに関するジンメルの文を想起させる。もう一度引いておこう。

「さて、過去はもはやなく未来はまだないのであれば、リアリティはただ現在にのみ丸ごと張り付いている。そうであれば、リアリティはけっして時間的なものではなく、時間概念がリアリティの内容に適用できるのは、リアリティの内容が現在として所有している無時間性が、〈もはやない〉あるいは〈まだない〉に、それゆえいずれの場合でも〈ない〉になってしまっているときだけである」(LA, 8)。

ジンメルはここから、生がリアリティを持った現在という幅のない限界点を過去と未来という外〈もはやない、まだない〉へ押し出す自己超越を語ったのである。ここからディルタイを振り返るとき、注目したいのは、ディルタイが「時間は、現在が休みなく前へ進むこととして経験されている」

と語っている点である。これがジンメルでは「無時間性〔現在〕が、……〈ない〉になってしまっている」こととして受け継がれていると言えよう。「現在が休みなく前へ進むこと」が、現在が〈まだない〉未来と〈もはやない〉過去になってしまっていること、すなわち自己超越にほかならないからである。両者を貫いているのは〈生の流れ〉、より良く言えば〈生という流れ〉、この「生の直観」であろう。すなわち、現在は休みなく前へ進み、しかし〈まだない〉未来は〈もはやない〉過去へ過ぎ去って行く。この相反した体験の経過から、生を流れとして、しかも生がそれ自身の内側から生自身を直（じか）に流れとして、観取しているのである。この生の（が／を）直観が、ディルタイからジンメルを介してミッシュへ至る生の哲学を貫いていると言えよう。そしてこの直観から、生の流れの中で流れを流れとして体験することに固有な、逆説的な生の本質が現れて来る。ジンメルはそれを、ここでも比喩を使って、「二重の方向に動かされていること〔二重の活動性〕」と語る。

「われわれは、船の上で航路と逆方向に歩いている人たちのごとくである。南へ向かって歩いていながら、その歩いている船底は、その人たちと共に北へ向かって運ばれているのである。その人たちが二重の方向に動かされていること〔二重の活動性〕が、空間の中でのその人のその時々の立ち位置を規定しているのである」（LA, 110）。

川を外から眺めている人にとって流れは一方向的な〈同じ川〉であるが、川の中を流れに向かっている人にとっては、あるいは航路を進む船底を船と反対方向に歩いている人にとっては、「二重の方向に動かされている」のである。二重の方向とは、一方は川の流れ（船）が進む方向であり、一方はその中にいる人が自身で先へ進もうとしている方向である。体験の現在では、現在は前へ向かい、未来という前のものは過去という後ろへ去って行くのであった。この体験の現在と一つになって「その時々の立ち位置」が「空間の中」で規定されているのである。こうした二重の活動性によって、生は流れとして、その生動性・力動性において体験されているのである。これに対して、一方の前へ進もうとする方向がなくなり、他方の流れ去る方向だけになるとき、したがって生動性・力動性がなくなるとき、それが死であろう。川は反省的眼差しから見るごとく、〈同じ川〉の流れとなる。

そうであれば、二重の活動性とは、何か心的で内的な体験あるいは特別な体験などではなく、形而上学的生と自然的生活が一つになった心身的な生の統一体の、時間的空間的に規定された現実の生活の中のありふれたその時々の体験のほかにはないのである。たとえば、船底を歩くことだけでなく、もっと身近には、約束の時間が過ぎても現れない友人をまだ来ていないかと周囲を見回したり、締め切りを気にしながらパソコンに向かったり、コンサートホールで楽曲に耳を傾けたり、その時々の現在に、身を乗り出して人混みの向こう側を探したり、あるいは記憶の暗の中に書籍の引用文を探したり、座席に沈んで音の中に身を投じたりする、その時々、さまざまなものが時空的に流れ去って行くのに対して現在を不断に前へ押しやりながら身心が時空的に向こう側へ踏み出しているのである。そうしながら、友人を待っている体験として、原稿を書いている体験として、あるいは音楽を聴いている体験として、生は不断に心身的な統一的全体を形成・再形成し、また表現として語り出しているのである。

このように、現在の体験は、不断に心身的な体験として、さまざまな人やもの、そして出来事が時空的に流れ去って行く方向と不断に先へ進む方向、この二重の活動性として経過しているのである。これが川の流れに、しかも立ち位置はその中にあって、喩えられているのである。自己超越はこうした流れの中の生の二重の活動性を言い表したものにほかならない。そしてミッシュではこれが弁証法的運動として語りだされたと言えよう。ミッシュの弁証法的運動において、ディルタイから引き受けた部分と全体の循環的運動は、体験の経過の中で進行しているがゆえに、同じ地点へ回帰するのではなく、すでに形成された統一体を後にしてその先へ回帰するのであった。こうした体験の経過の、いわば〈ズレ〉が、現在の体験の〈ない〉になってしまっていることとして、体験の自己超越にほかならないのである。いずれにおいても、現在が不断に前へ進んで行くのに対して〈まだない〉が来て〈もはやない〉へ去る、つまり現在は〈ない〉になってしまっているという自己超越の働きがある。

このような現在が、ディルタイそしてジンメルにおいて、リアリティに満ちたものとされるのである。たしかに、過去はもはやなく未来はまだなければ、それらは〈空虚〉であり、〈リアリティ〉は二重の活動性による生の生動性・力動性に満ちた現在にのみ割り当てられることになろう。しかし、現在は幅のない無時間的なものであれば、どうしてリアリティに充溢するのであろうか。この理由も、生は流れであると同時に流れに向かう超越であること、端的には二重の活動性にこそある。すなわち、現在の体験は休みなく先へ進み、〈まだない〉あるいは〈もはやない〉になってしまっていることによって、無時間的な現在は未来と過去の内容に不断に満たされると同時にそれを不断に空け放しているのである。同じ川が不断に新しい川になっているごとくである。それがたとえば、流れ行く人混みであり、音楽であり、文字である。それらは、現在が前へ進むのに対して意志的感受的表象的な身心的生に作用するものとして幅のない現在の生の現実を満たしているのである。

したがって、先に引いたディルタイの言葉のように、現在の体験の経過は、「リアリティの充溢」として「現在」の「体験内容」をもっており、しかも「体験する内容をなしているものは絶えず変化するのである」。これが、ジンメルの先の言葉では「リアリティの内容」である。幅が〈ない〉がゆえに不断に新たにリアリティが〈充溢〉するのである。しかもここでは、心身的生への作用は、生が二重の活動性であれば相互作用であり、したがって体験は、ディルタイに遡れば、相互作用としての抵抗体験になる。それは川の中で流れを抵抗として体験しているごとくである。このような現在の時空的な抵抗体験の中で作用（wirken）するものが、現実的（wirklich）なものであり、現実的なものがリアルなものである。これがディルタイのリアリティ概念であり、時空的な歴史的社会的現実の形成の源であった(1)。

そうであれば、生は流れであるがゆえに、そのリアリティの創出が同時に消尽になっているのではないか。まず、川が流れ来て流れ去るように、現在の体験が〈ない〉になってしまっていることが、現在のリアリティが消尽されてしまっていることを意味している。現在の体験の経過それ自身が、リアリティの消尽にほかならない。そして、このような〈ない〉になってしまっているということが、川の流れに対して先へ向かって限界を押しやる自己超越であった。生は越え出ることのできない現在を、〈もはやない〉過去へ向けて、また〈まだない〉未来へ向けて、あちら側へ押しやっているのである。かくして幅のない現在を先へ押し出すという仕方で、現在は持続し、現在の体験は流れ去り流れ来る時間的空間的に幅のある具体的な内容で充溢するのである。体験の自己超越それ自身が、リアリティの創出である。現在が〈ない〉となるリアリティの消尽と現在を〈ない〉へ向けて自己超越するリアリティの創出、この二重の活動性が生の流れの時空的な体験を力動的でリアルな体験として存続させているのである。

それでは、このような〈ない〉に手掛りをえるなら、可能的形而上学の中で存在者全体の超越と一つに語り出された無、さらには死は、どのように映るのであろうか。〈ない〉、無、そして否定、これらの連関を生の流れの中で、とりわけ本節で明らかにした二重の活動性から位置づけておこう。

第二節　〈ない〉と無、そして否定

〈ない〉そして無について、本節でもまず、逆説的表現に注意しよう。ジンメルの場合には、幅のない現在が〈もはやない／まだない〉になってしまっている、そうした現在はその一方で先へ押しやられているのであった。これによって〈ない〉になってしまっている現在は却ってリアリティに満たされているのであった。ここでは、〈現在〉は〈なくなり〉かつ〈生じている〉という逆説表現が生じている。

そこで本節では、こうした〈ない〉を、〈ないになる〉すなわち〈なくなる〉と言い換えてもよかろう。生が流れであり体験が経過であるかぎり、体験の現在は不断に〈なくなる〉ことを本質としている。また、〈ない〉は、品詞としては、日本語では形容詞か助動詞であり、ドイツ語では副詞であり、いずれにおいても、文全体あるいはその一部分を否定する語である。その名詞化された語が「無」であれば、ここで次の二点に注意しておこう。(2) 一つは、無は元来は否定辞「ない」から作られたものだという、カルナップのハイデガー批判である。そして、〈ない〉は否定の意味であっても、〈なくなる〉や〈ない〉は、「〜はなくなる、〜はない」という具合に、いわば自動詞的で目的語を取らないのに対して、否定は「〜は〜を否定する」という具合に目的語を取って他動詞的になってしまうのである。

ハイデガーが『形而上学とは何か』の中で、「無の本質は無くなること」であり「無それ自身がなくなる」という具合に、(3) 名詞の無とともに、「なくなる」という語を造る場合も、自動詞的である。無は、無くなることを本質としている。これはたしかに、カルナップの批判のように、もとが否定辞とすれば奇妙であり、無が存在者のごとく見立てられているかのようである。しかしハイデガーからすれば、そうした存在者を全体において超越するところで無が存在者と一つに現れるのであり、しかも「無は〈ない〉や否定することよりも根源的である」(4)。それではなぜ、無は否定より根源的であるのか。「無くなる」が自動詞的であり、無はそれ自体で無くなり自体的であるのに対して、否定辞あるいは否定することは何かを否定することとして他動詞的であり相対的である。このゆえに、自体的な前者が根源的とされるのであろうか。しかしその一方で、「無」の本質が無くなることにあれば、無くなるためには「無」は、その本質に矛盾して、現れなければならないことになろう。無は現れて無くなり、これによって、「無に対して —— 端的な他者」としての「存在者が存在者として」露わになり、「無ではなく、存在者が存在すること」が生じるのである。(5) そうであれば、無の現れは存在者と相関的であろう。かくして無は自体的であり相対的であるという逆説的な表現が生じる。

ジンメルとハイデガー、両者の違いと同時に問題とされていることが同じものであるのは明らかだろう。ハイデガーでは無がその本質に矛盾して現れるのに対して、ジンメルでは〈ない〉をあちら側へ押しやることによってそれとは矛盾するリアリティが現在を満たすのである。無が現れるか、〈ない〉を押しやるか、この違いがあっても、両者は、存在と無の関係を逆説的に語っているのは同様である。

この逆説が存在と無の弁証法的関係と言われるものであろう。ミッシュもまた解釈学の部分／全体の循環を生それ自身がもつ弁証法的運動として捉え、ハイデガーの言う無について「概念の弁証法」として批判する。

> 「そのかわりに〈徹底的に問うかわりに〉、存在と非存在という概念の弁証法的関係は、形而上学的な非実在性体験 —— この表現のために弁証法的関係が使われているのだが —— へ後ずさりし、したがってこの場合、この非実在性体験それ自身によって、問うことの論理的エネルギーから分離できない哲学特有な運動は、現存在の基礎づけ的な根本動性にされるのである」(LP, 241)。

ここでミッシュが言う「存在と非存在という概念の弁証法的関係」とは、右に見たように、存在者の全体と一つになって無が現れては無くなるという矛盾を介して、無と端的な他者としての存在者が存在者として存在するという事態が出現することを言う。ハイデガーはこれを「無の根本経験」[6]として語りだすが、ミッシュは「概念の弁証法的関係」、したがって「形而上学的な非実在性体験」だとみなしているわけである。非実在性体験という批判は、フッサールの現象学的環元に対して、現象学的反省によって求めるイデア的なものが生の生動性を欠いているという批判であったが、これがハイデガーの無の根本経験に対しても向けられているのである。

存在と非存在の弁証法について、ハイデガー自身はヘーゲルを指示しながらも、ヘーゲルの「無規定性と無媒介性」とは異なる意味で「存在と無は共属する」と語り、その意味を、「存在自身が本質的に有限的であり、無の中へ出て持ち堪えている現存在の超越の中でのみ露開する」ことに求める[7]。つまり、存在は、無が現れては無くなることを通して、したがって有限的存在として露開するのである。これはたしかに、ハイデガー自身が言うように無規定的なものの思考の弁証法でもなければ、ミッシュの言う体験の経過としてズレを生じさせながら進行する弁証法的な運動でもなかろう。そこで語られているのは、存在者と相関的に無が現れて自体的に無くなることを通して存在が有限的に露開するという「無の根本経験」の逆説的な過程であろう。本節ではこの逆説的な過程にこそ注目したい。というのも、ミッシュとハイデガーの語る二つの過程が、現実とそれが鏡に移された反転像のような関係になっているように見えるからである。両者の過程の道筋をジンメルの生の流れの中で際立たせてみよう。

ミッシュの弁証法的な道では、究め難きもの（限界、理解でき〈ない〉）と意義化（限界を押しやること）が相互に矛盾した緊張関係を結んで進行し、生の統一体を形成するとともに破砕・再構築するのである。ここでの弁証的な道は生の統一体を形成する道になっている。これが生の深みからの生の多様さの産出であった。ジンメルで言えば、現在が〈ない〉になってしまっていることに向かって〈ない〉を先へ押しやることで〈ない〉にリアリティが充溢し、生の統一的全体が形成されるのである。しかもこれは二重の活動性から現在という非時間的・形而上学的な生と時間的空間的な生活が一つになって形成される道であった。

これに対してハイデガーの可能的形而上学の道では、現に存在することが存在者を超え出て無の中に保持されていることが現れ、つまり無が存在者と一つになって現れ、そして無が無くなることによって、それと端的に他なる存在者が存在者として現れる、つまり存在者の存在が現れる。この経過を押し進めているのは、もとより無の自体的／相対的な露開であり、したがって無と相関的に現れる存在者である。「端的に他なる者」という相関的な否定関係にあるのが、無と存在者である。そしてこの相互否定の経過の中で、無が現れて無くなり、それに応じて存在者の存在が現れるのである。そうであれば、存在と無の関係が相互的な否定関係になっているのではなく、存在者に対する無の矛盾的な二重否定として無が現れて隠れ、存在が現れるという経過になろう。

このようにみれば、両者における運動の進行の違いと同時に、一種の反転関係が明らかになろう。すなわち、生の哲学では〈ない〉と〈ある〉の弁証法的運動が進行して生の統一的全体を形成・破砕・再形成して行く。これに対して、ハイデガーでは逆に、存在者の全体が無と相互否定的関係の中を進んで、存在者の存在の現れを生起させるのである。この「無の根本経験」が「超越の生起」として「原生起」とも名づけられた。ここでは、ちょうど鏡の反転像のように、方向性が生の哲学と逆方向になっている。すなわち、ジンメルやミッシュでは〈ある〉と〈ない〉の弁証法的運動の中で生の統一的全体が現れるのに対して、これとは逆方向に、ハイデガーでは存在者の統一的全体が現存在の超越として露開する中で〈存在〉が〈無〉の二重否定として生起するのである。これはちょうど、超越的形而上学において此岸（存在者）の終り（無）が彼岸（存在）の始まりに反転しているのと同様であろう。そしてその反転した両世界を巡るように、可能的形而上学においてもその道筋は、存在者から無へ、無から存在へ、そして存在者へ、という具合に循環的道を形成しているのである。

ここでもまた、フッサールが反省を重ねて自身と同じ地点に到達したとして、ミッシュがフッサールの中に見たのと同様の事態が生じていよう。すなわち、弁証法的運動によって形成される事実的な生の統一体がハイデガーでは出発点にされ、そしてミッシュの出発点である〈生の深み〉にある弁証法的運動が、非実在化されて無の二重否定性としての存在の隠れと現れの〈原生起〉として、超越論的反省という反射を介して反転的に目標地点に投射されているのである。生の哲学にある生の深みが、生を超越した形而上学の中へ反転されて形而上学的根拠として映し出されているのである。したがって、この根拠がふたたび事実的なものを根拠づけようとすると、本末を転倒した「循環論法」を犯し、つまり「現存在の形而上学が理論的に先取され(8)」、「実存の直接性の中へ移されている(9)」のである。

このようなミッシュの批判的視点から見るなら、ジンメルからハイデガーとミッシュへ二つに分岐する道を次のように描いてもよかろう。すなわち、出発点となるのは、ジンメルで語られた、生の流れの中を進む体験に生じる逆説的な「二重の方向に動かされていること（二重の活動性）」である。生の哲学の道を歩むミッシュでは、これが時間経過の中でズレを生じさせて〈ない〉を含んで進行する弁証法的運動へ受け継がれて行った。これに対して、現象学の道を歩むハイデガーでは、この逆説的な活動性は、存在者を全体において括弧に入れて超越することによって生じる隠れと現れという、無の逆説的な二重否定として語り出されて行ったのである。生の哲学からすれば、根源的であるのは生の現在のリアルな〈ない〉であり、したがってそれを生の中から外に押しやることによって生のリアルな全体が不断に変動し再形成されるのである。そしてこの〈ない〉が、生を超越した外からの反省的思考によって非実在化・対象化され、名詞形としての〈無〉に転じるのである。〈ない〉は不断に〈ない〉となってしまっているがゆえに〈ない〉はリアルな体験内容に不断に満たされ経過して行くのに対して、無はその二重の否定（無が無くなる）が肯定（存在する）となるが、存在者全体の限界づけと内容が経過するわけではない。流れる川は外から見て〈同じ川〉である。無と存在するものの全体は、可能性として、〈ない〉とリアルな生・現実の形而上学的メタ言語とも言えよう。ここが、ジンメルからミッシュの求める生の論理学と形而上学的論理学の分岐点になろう。そして、前者から見れば後者は純論述的語りに近づこう。

そうであれば、生の哲学では、時間的でないものと時間的空間的なものは、したがってまた時間的ではない現在の〈ない〉と時間的空間的な生を限界づける死は、どのように関係しているのであろうか。この関係こそ、形而上学の道がこの現実から彼岸への超越を語った地点にほかならない。そうであれば、「死は無の棺である」(10)と語るハイデガーの言葉は形而上学的メタ言語として、この関係を映し出していることになろう。「棺」とは、生の流れの中での〈ない〉と死の、どのような関係を言い表そうとしているのであろうか。この回答もジンメルに遡って見出すことができよう。〈ない〉と死の関係に立ち入ろう。幅のない現在という無時間的なものと時間的空間的なものの、いわば接点の問題である。

第三節　〈ない〉と死、そして個体化

ジンメルは無時間的な現在の〈ない〉を生の流れから捉えていたように、死もまた生の流れから、しかも流れの中の「有機体の限界」として捉えている。無機体の終わりが、たとえばこの万年筆がペン先の磨耗で使えなくなってしまうように、他のものによって外側からやって来るのに対して、有機体が誕生して成長を終えるのは、それ自身の形成力が限界に至ったときであり、したがって内側からやって来るのである。そのときとは、限界を内側から外へ押しやることが途絶えたときである。

「実際、死は、はじめから、そして内側から、生に結び付けられている」(LA, 100)。「生の個々のどの瞬機においても、われわれは死ぬものである。……われわれは誕生の瞬間に現に存在するのではなく、何らかのものがわれわれから絶え間なく生まれるように、われわれは最後の瞬間になってようやく死ぬのではない」(LA, 101)。

死は生の内側からの限界としてあり、ここでも「われわれ〔生あるもの〕は死ぬものである」という具合に逆説的な表現が現れている。この文面は、これから九年後に著されたハイデガーの『存在と時間』での死の分析を連想させる。しかしハイデガーは実存論的存在論的に、しかも可能性への投企に基づいて、死を最極端の可能性として、そして死ぬことを死への存在として分析したのである。これに対してジンメルの言う「死ぬこと」は、可能性としての死ではなく、現実の心身的な死として、内側からだけでなく、外側からの限界と一つに重なり合っている。それが外側からの空間的な限界、無機物の限界としての「形」である。

「形の秘密は、それが限界であるという点にある。つまり、形は物自身であると同時に物が止むこと、すなわち物が在ることとはやないことが一つになっている領域である」。「有機体の限界は空間的だけでなく時間的でもある。生きているものが死ぬことによって、死ぬことが自然本性それ自身によって……植え付けられていること、このことによって有機体の生は形を手に入れるのである」(LA, 99)。

つまり、有機体の生は内側から死によって時間的に限界づけられていることによって、外側からの限界づけとして形を手に入れる、とジンメルは言うのである。たしかに人の死は心身的統一体の死として身体的にも形が壊れて行くことである。しかし、無機物のそれとは異なる。人の形の限界は、老年になってからのさまざまな身体的な変化はもとより、生まれてからの細胞レベルの新陳代謝に至るまで、[11]「自然本性それ自身によって……植え付けられて」いるがゆえに、「生の個々のどの瞬機においても、われわれは死するものである」。それは死という可能性に不断に晒されているという意味ではなく、現実に心身的に死するものであることを言う。

そうであれば秘密として語られた「形」も、伝統的形而上学で語られる「個物」の〈形相／質量〉という枠組みでの「形相」とは異なろう。「形は物自身である」からである。しかも「形」は「限界」として「物がもはやないこと」と「物が在ること」が一つになった「領域」だからである。ここでも、現在の〈ない〉そして死と同様に逆説的な表現が生じる。だからこそジンメルは「秘密」だというのである。「形の秘密」もまた「生の謎」である死と同様に、全体の限界線という幅のない領域を語り出そうとする、逆説的な語りにほかならない。

このように形という広がりのあるものの秘密が広がりのない限界にこそあれば、形は自身の限界のこちら側とあちら側の両側を含んで一定の統一的な一つの形になるのであろう。これは幅のない現在が〈ない〉になってしまっていることによって幅のある過去から未来への時間を含むことによって生の統一体が形成されるのと同様であろう。かくして、ジンメルは形を「物が在ることとともはやないことが一つになっている領域」だと言うのである。一般的な「空間」あるいは「広がり」という言葉を使えば、それは物が形作られて物として現れてくる空間であり、物が物となって占めている広がりであろう。有機体はそうした「自身の周辺[12]」を含んだ広がりを生きているのである。それは、生を生として先へ押し進める、いわゆる環境であり、ディルタイが世界観学の中で語った「自己固有の世界」であろう。すなわち、「個々人の生は、生自身から、自己固有の世界を作り上げている[13]」。ジンメルはこれを物の形として述べているのである。物もそうした広がりを形としているのである。有機体としての人もまた、心身的な形である〈もの〉である。

　このように心身的生の統一体は内側からの限界として時間的な死とともに外側からの限界として空間的な形から成る〈もの〉として、死する〈もの〉で在る、と逆説的にジンメルは言うのである。もちろんここで言われる内側／外側という対置は、デカルト的な心的内的／物的外的という対置に合致するわけではない。ここでは、〈個々のもの〉という意味で〈個体〉という語を使えば、心身的な生の統一体として形を形成する個体に関して、個体の〈内側から〉と個体の〈外側から〉が語られているのである。この対置は、生の流れの比喩では、流れの中を現在の〈ない〉を先へ押しやりながら進むのが〈内側から〉であり、これに対して川が流れて来て現在が〈ない〉になってしまうのが〈外側から〉である。〈内側から〉と〈外側から〉は流れの中を進むものから語り出される二重の活動性の方向にほかならず、ここから「われわれは死するものである」という逆説が生じるのである。

　このように見れば、現在の〈ない〉と死は、死もまた生が〈ない〉になってしまうことであれば、〈ない〉という点では同じであるが、その違いも明瞭であろう。〈ない〉は生の流れの中で現在が無時間的で不断に〈ない〉になってしまっていることに対して不断に先へ押しやられる限界である。これに対して、死は心身的生の統一体の限界、つまり個体の〈ない〉である。それは、川の流れの中に入った個体がその活動の二重性の中で現在の〈ない〉を生活の諸限界と一つに外へ押しやること、しかも心身的に押しやること、これが止むことを意味する。これが死ぬことであり、押し続けることが生きることであり生活することである。

したがって現在の〈ない〉と死の関係は次のようにまとめることができよう。〈ない〉は生の流れの無時間的な現在の限界であり、死ぬことはその中での時空的に限界づけられた心身的な個体の限界である。したがって、前者の〈ない〉がどの個体であっても個々の個体を貫いているのに対して、それが各々の個体として時空的に限界づけられたものが個体各自の〈死ぬこと〉にほかならない。〈ない〉の個体化が死である。これをハイデガーの形而上学的メタ言語で言えば、死は無の棺である。「棺」は各個人固有のものであって個体化を意味しよう。こう言ってよければ、〈ない〉は現在と同様にすべての個体に平等であるが、死はすべての個体で多様であり各々の個体に固有である。

それでは死へ個体化する現在の〈ない〉の経過、そして比喩的に言われる生の流れとは、具体的にどのようなものなのか。ジンメルは生の流れと個体について次のように言う。

「われわれは世代の継起を貫く連続的な流れとして生を表象する。しかしその担い手たち（すなわち、生を持つものではなく、生であるものたち）は諸々の個体である。すなわち、それ自身のうちに中心を持ち、互いに二つとなく分けられた、まとまりある存在者である。生の流れは諸々の個体を貫いて、より正しく言えば、個体として流れるのである……」（LA, 12）。

ここから明瞭になるように、ジンメルが生を流れとして捉えるとき、それはある個体の内部の体験流あるいは意識流といったものではない。それは「諸々の個体を貫いて、より正しく言えば、個体として流れ」、さらには、たとえば「われわれの世代の継起を貫く連続的な流れ」である。ここからてれは、個人や集団・社会などの生の統一体の体験が二重の活動性として経過していることとして、川の流れに喩えられているのである。ディルタイに遡ってみよう。

「私は社会的生を〔次のように〕理解する。個人は一方で、自覚的に意志が目指し行為したことの諸々の影響に反応するという仕方で、社会の諸々の相互作用の中での一つの要素であり、この相互作用のさまざまな体系の交差点であると同時に、こうしたことすべてを見つめ探求する知性である」(GS1, 37.)。「個々の個体は、多数の体系の交差点」(GS1, 51) である。「生は、外的世界の制約のもとで存立している個々人の間の相互作用である ……。生は、生の諸々の統一体の相互作用に存する」(GS7, 228)。

したがって「生の流れ」は、ディルタイがここで言うように、端的には「相互作用」あるいは体験の作用反作用、そうした作用の連関の経過にほかならない。個体はその連関の経過の中に誕生し二重の活動性を生きているのである。生の流れ、あるいは作用連関の経過、いずれの用語を使うにしても、それは「個体を貫いて、より正しく言えば、個体として流れ」、したがって個体はさまざまな流れの「交差点」として形成され、このゆえに生は「社会的生」と言われるのである。かくしてジンメルは次のように言う。

「〔生の流れは諸々の個体を貫いて、より正しく言えば、個体として流れるのである〕が、しかし、生の流れはまさしくこれによって各々の個体の中で堰き止められ、確固と輪郭づけられたある一つの形になり、その内容をすべて持った、自身と同様のものに対しても回り世界に対しても、自身を出来上がったものとして際立たせ、自身の周囲の消滅を許さないのである」(LA, 12)。

このように、個体が社会的生として歴史的社会的現実の流れの中で自身を際立たせ自身の周囲の消滅を許さず、つまり、自身の死をさまざまな諸限界とともに押しやることが、生を存続させ、回り世界の中で自身の生活を一つの形として形成することを意味しているのである。したがって、かりに生を可能性への存在として死を終局の可能性として捉えるとしても、たとえば望遠鏡で遠くが見えるようになる可能性、さらには生のすべての「諸可能性」が、「追い越し得ない可能性〔死〕の手前に繰り広げられている」(14)わけではない。望遠鏡で遠くを見ようとすることは、見るという可能性を実現するために視力の限界を先へ押しやるのであり、これは同時に現在の〈ない〉を、したがってその個体化としての〈死ぬこと〉を先へ押しやることと一つである。ただ異なるのは、遠くを見ることが実現しても〈ない〉そして〈死〉を押しやることは他の諸々の可能性と一つになって流れに対して不断に先へ押しやられるのである。死を先へ押しやって生を持続させることが同時に具体的な諸可能性を実現して生活の形を流れに対して消滅させないよう持続させることにほかならないのである。そうであれば、生のリアリティは死へ向かうことではなく、死を先へ押しやることにこそあろう。死と生の関係に立ち入ろう。

第四節　死と生、そして生の統一体を形成する力

以上のように生の流れの中で現在の〈ない〉が個体化したものが死であれば、死は各々の個体に固有な死であり、個体の数だけ死ぬことの仕方があり、個体の形に応じて死も多様になろう。そうであれば、死を押しやることとしての生の超越の仕方もまた、多様になろう。ジンメルはそれを次のように言う。

> 「死は、生の内容のすべてを彩る契機であり、われわれの生の形を作る契機である。すなわち、生の全体が死によって限界づけられていることが、生の内容と瞬間の各々にはじめから影響しているのである。しかし、もし生の内容と瞬間の各々がこの内在的な限界を超え出て広がることができないとするならば、その各々の質と形は別の質と形になってしまうであろう。空間的な並列と同様に、生の瞬機の時間的な継起には、ある有機的編成化がある。すなわち、内的な統一によって規定された形がある。もしこのことが非有機的なものとの絶対的な対立であるなら……」（LA, 102）。

ここでジンメルは、有機的な生と「非有機的なものとの絶対的な対立」を述べている。それが、「生の瞬機の時間的な継起」にある「編成化」、すなわち「内的な統一によって形成された形」である。有機体の形は内的に編成されるのである。このゆえに生は、無機物と違って、時間的な死が生を

内的に形作る契機となって生の内容を彩る、と言うのである。この「内容の彩り」こそ、個体化した個々の生の固有性・多様さとして理解できよう。生の深みからの多様さである。言い換えれば、死は〈ない〉の個体化であれば有機的編成化の契機として生の多様化を各々に固有な個体化として彩ることになろう。ここでは、個体化は二つとない固有化であり、したがって多様化である。そうであれば、生の統一的全体は、その限界である〈ない〉そして〈死〉に関係することによってどのように多様化されるのであろうか。本節ではこうした死と生の関係に、とりわけ編成という点から立ち入ろう。編成はディルタイでは形成であり、そこで問題となるのは生のカテゴリーにも挙げられた、形成する「力」である。

力が生それ自身の力であれば、その源は、ディルタイに遡れば、表象的・感受的・意志的な生の連関に、したがって内在的な目的連関に求められよう。無機物の空間的並列が因果的な連関形成にあれば、有機的編成化は目的論的になろう。もちろんこの場合、それは生の内在的な目的論である。これに対して外在的な目的設定では、「未来の中への敷居のない直接的な自己伸展が覆われてしまう」(15)のであり、現在の生と未来の間に溝が作られ、生の連続性が失われてしまうのであった。こうした内在的な目的が、解釈学の中では、全体の統一的意味のことであった。ここでは合目的性は、部分が全体の意味に適合して意義づけられていることを言う。したがって目的が内在的であるとは、諸部分が相互に意義連関を統一的に形成していることにほかならない。ミッシュではこれが、意義化であり思考適合性である。しかしそれでは、このような生の統一体の編成に、死はどのように関わり、生を彩るのであろうか。ジンメルは死が生の要素となって生の内容を彩る仕方を次のように言う。

「生の各々の歩みは、……生のリアルな契機である死によって積極的でアプリオリに形成されているものとして示された。この形成は、それゆえ今や、死からの反転によってこそ、ともに規定されるのである」(LA, 110)。

生と死の関係の仕方は「死からの反転(死に背を向けること)」であり、したがって「生の各々の歩み」はこの「反転(背反)」を力として惹起されていることになろう。しかも惹起するのはほかならぬ生自身である。これが、〈それ自身から〉自身を惹起することとして〈意志〉と名付けられる力である。それは生が死を先へ押しのけて生を持続させる力にほかならない。それでは、なぜ死からの反転であろうか。ジンメルは「死からの反転」を「死の回避」とも言い換え、「生への衝動」と「死の回避」、あるいは「生の征服」と「死の回避」、こうした対置関係の中で語っている[16]。しかも彼はそれを次のように語る。

「われわれの活動の本質はわれわれ自身にとって秘密の統一体であり、われわれはそれを……、生の征服と死の回避に分解することによってのみ捉えることができるのである」(LA, 110)。

ここでもまた、秘密が現れる。それが「統一体」として「われわれの活動の本質」であれば、秘密は逆説的な二重の活動性を意味しよう。生の流れの中で流れに向かって進む、この逆説的な二重の活動性が、こちら側とあちら側の生の統一体を形成する力にほかならないのである。その相反する統一的活動が、ここでは、生への衝動と死の回避、生の征服と死の回避という具合に、分解して語られているのである。それではなぜ、回避であり反転であるのか。というのも、生の体験は経過であると同時に超越として限界を押しやることであるがゆえに、限界に突き当たって、そこから反転して死に背を向け死を回避しているわけではないと思われるからである。「反転」あるいは「回避」ということで何が言われているのであろうか。

ジンメルは、死の回避について、具体的に「収得と享楽、労働と安息……」などを挙げ、「収得と享楽、労働と安息……が、本能的あるいは意識的な死の回避である……」[17]と言う。この文面から、ここでもまたハイデガーの『存在と時間』の分析が想起される。それは、死へ向かう本来的な先駆的覚悟態に対する「日常的な死への存在」としての「死の回避」という言い回しであり、あるいはまた「この〔死の〕可能性の中で、現存在は自身の世界内存在が端的に関心の的となる」という活動である[18]。しかしながら、ジンメルは「死の回避」を人の非本来的な在り方として挙げているわけではない。そもそも生のあり方を本来的と非本来的といった序列化しているわけではない。「死からの反転」も、生の活動も、実存不可能性としての死に直面して翻って実存可能性に関して関心の的になるという動きを意味しているのでもない。

生の活動はジンメルにとって限界を先へ押しやる自己超越であり、しかも逆説的な二重の活動性であった。したがって、生への衝動と死からの反転が自己超越であるかぎり、両者は二重の活動性を分割して語られたものであろう。したがってここで言われる死からの反転も死の回避も、生が何らかの方向転換や逃避することではなく、生が個体として〈本能的〉に死という限界を外へ押しやっていること、あるいは〈意識的〉に健康を気遣って死を押しのけていることを意味しているのである。すなわち、逆説的な二重の活動性に着眼すれば、生は死を先へ押しやってあちら側へ向かって進むことであり、しかしこれは逆説的に、現在が〈ない〉になり死が生に対してあちら側からこちら側へ向かって来ることである。そうであれば、生への衝動と生の征服という表現は前者を、死からの反転と死の回避という表現は後者を、いずれも生の持続から表現していよう。生のリアリティは、死へ向かうこと、ましてや死へ向かわせることにあるのではなく、生の衝動と同時に死の回避にこそある。この二重の活動性の逆説を際立たせた表現が、ジンメルの言う「われわれ〈生きるもの〉は死ぬものである」という表現であろう。

　このような逆説的な二重の活動性として生は統一体を形成しているのである。かくしてジンメルは、統一体自身が逆説を含んでいるがゆえに「秘密の統一体」と語るのであった。そうであれば、本節で求めてきた生の統一体を形成する力とは、さしあたり、本能的あるいは意識的に何かを目指す生の目的設定の意志、あるいは意識という言葉を使えば何ものかを目指す意識の志向性など、いくつか挙げて分析することができよう。しかし重要なのは次の点であろう。すなわち、それをほかならぬ力として惹起し感受しうるのは、逆説的な二重の活動性でありその直中においてである。それが生を形成する力の源になっているのである。それはたとえば、ジンメルが比喩的にあげた船の上や川の中を歩むとき、あるいは新緑を吸い込みながらいつもの道を散歩するとき、新聞やテレビの報道に目を留め、耳を傾けるとき、日々その時々、心身的な生の活動は、自身や他の人だけでなく出来事や事物さらには景色や香りなど、さまざまな刺激や活動や変化と重なり合い相互に働き合いながら、〈外側から〉と〈内側から〉の二重の活動性の中で不断に〈ない〉となって推移しながら意義連関を統一的に形成・再形成しているのである。つまり生の統一体を形づくっているのである。

ジンメルの言うこのような二重の活動性は、遡れば、ディルタイでは相互作用あるいは抵抗体験として語り出されたものであった。しかしそれは、形而上学に対して精神科学の心理学的基礎づけの中で、しかも外界の実在性の問題というごく限定された近世哲学の問題に対して、その問題を生じさせたデカルト的な〈心的／物的〉を枠組みとするのではなく、心身的な生の統一体の相互作用に基づいて語られた体験であった。ジンメルはこれを生の二重の活動性として生と死の文脈で語り、ミッシュはさらに自身のロゴス解釈の文脈で究め難きものと意義化との緊張関係あるいは弁証法的運動として語り出して行った、と言えよう。いずれも、生を生自身の中から語り出す、生の哲学の道であった。

このように、ディルタイからジンメルを経てミッシュへの道を見るとき、それが語られている文脈と語り方は異なるとはいえ、生の統一体を形成する力として、逆説的な活動性を特記してもよかろう。その典型が生にとっての死、死にとっての生であった。死は生を押しつぶす限界であり、しかし同時に生を形づくる力の源であり、したがってその力が止むときが、死に至るときだからである。

「有機体が自身に自身の形態を与えるのは内側からである。言い換えれば、有機体が成長を止めるのは、それが生まれた時から備わっている形成力が限界に達したときである」（LA, 99）。

形成力が限界に達するとは、言い換えれば、二重の活動性が止まるとき、したがって流れが個体を押し流すときであろう。しかも、それが個体の死であれば、個体の数だけ生死の形があろう。生の固有性と多様性は、この点にこそ求められるのではないか。

第五節　生の分散的多様化

現在の〈ない〉は個々人の死として個体化し、その個体において死は生を彩り形成する。その力が、生自身の逆説的な二重の活動性に求められた。そうであれば、生の統一体が個々のものであるという、生が個体化されるこの地点に、生の深みから生が多様に、そして各々が固有な仕方で、統一的全体的に形成される源を求めることができるのではないか。

ここで個体化という仕方で一つに結ばれている〈ない〉と死は、生の流れの中での現在の〈ない〉と個体の死である。現在が〈まだない／もはやない〉になってしまっているという未来から過去への生の流れの中で個体は現在の〈ない〉を自身の死としてあちら側に押しやることによって自身を生ある個体として持続させているのである。しかもこの持続は、経過する生の連関の中で固有の世界を形づくることであったがゆえに、自身の死は固有な世界の消滅でもあった。

そうであれば、このように個体が形成され、と同時に個体が固有な世界とともに死する地点とは、本書の表記で言えば、生の統一体の〈個体／全体〉そして〈個体／類型〉が形成されている地点になろう。それは、〈個体／全体〉がミッシュの言う弁証法的運動の中で形成され、〈個体／類型〉から把握されている地点である。生の流れが「諸々の個体を貫いて」いるのであれば、〈部分／全体〉は個々人においては〈個人／全体〉であり、「世代の契機を貫く連続的な流れ」であれば〈世代／全体〉であり、さらには世代自身が〈個体／類型〉から把握され、その類型としての世代がそれ自身一つの部分となり〈世代／全体〉から把握されるのである。ディルタイであればこれが〈世代／時代〉であり〈時代／歴史〉という具合に進行して行く。したがってここでは、個体化は伝統的な〈個物／普遍〉の枠組みの中で問題になっているのではなく、全体の中での個の統一的形成と同時に個を部分として含む全体の統一的形成の中で、すなわち〈個体／全体〉そして〈個体／類型〉の中で、問題になっているのである。これは、先に見たように（第二章第二節）、ディルタイがライプニッツの不可識別者同一の原理を介して個体化の原理を自身の「類型の原理」に求めた通りである。

このように個体化の問題を捉えるなら、ここでもまた逆説が、すでにディルタイが循環のアポリアとして指摘した〈部分／全体〉の相互前提として生じている。しかもミッシュはこれを、ジンメルの逆説的な二重の活動性を介して、〈ない〉を含んだ弁証法的な運動として引き受けたのであった。そうであればここでは、個体化による〈部分／全体〉の統一的全体の形成は、逆に、統一化に対する分散化として、全体化に対する多様化として、つまり分散的多様化として〈ない〉という否定を含みながら経過しているのではないか。個体化という個々の生の統一体の形成は、それが前提する全体の中ではその統一的全体の分散的多様化であり、その統一的全体は諸部分を前提としているかぎり諸部分の各々の統一的全体化として経過して行くのである。個体の統一的全体化がそれを部分として含む全体の分散的多様化であり、その逆でもある。その全体が類型として捉えられているのであれば、ディルタイにとって個体化の原理は類型の原理であったわけである。生の個体化は生の統一的全体化〈類型化〉であると同時に生の分散的多様化である。〈ない〉が死として個体化し、死がその個体の生を彩る固有の死であるのも、個体化がそれ自身の統一的全体化であると同時に、それを部分として含む統一的全体の分散的多様化であることに由来しよう。それ自身であるという自己固有性は自身でないものの形成とともに、すなわちそれらを含む全体の分散的多様化と一つになっているのである。

　このように見れば、ミッシュの言う〈部分／全体〉の弁証法的運動も統一的全体化／分散的多様化として捉えることができよう。すなわち、〈部分／全体〉の循環が時間経過とともに〈ズレ〉という〈否定〉を伴って弁証法的に進行しながら統一的全体を形成することは、統一的全体化が、その〈否定〉として分散的多様化とともに経過していくことにほかならないのである。統一的全体化はその否定としての分散的多様化でもある。しかも〈個／全体〉が生の流れの中で経過するとき、統一化／分散化は否定を含んで不断の再統一化／再分散化であり、全体化／多様化も同様である。生の統一体の編成化・固有化は再編成化・再固有化として分散化を含んで多様であり、その統一体自身の編成化・固有化もまた多様である。それはミッシュが自伝研究の中で述べている通りであろう。自伝は生の編成化そのものになろう。

「自伝にはそれ自身の中にすでに構造がある。自伝は互いに属しあっているさまざまな機能を生の中に持っているからである。つまり、それらで構成された自伝の統一性は、歴史の中で不断に新しい固有の価値の中で成長し実現するのである。そのようにしてある連関が構築されるのである。それは、さまざまな時代や国家や人物の所業が、自伝を創作する中で、それ自身で分節された一つの全体へ結合されて行く、そうした連関である。

生あるものは一個たりとも一つではない。
それはつねに多である」(AB, I-1, 16.)。

このように、個体化が〈部分／全体〉の相互前提の経過の中で固有化であると同時に分散化多様化として遂行されているのであれば、死を介して個体化する生の形成を多様化しているのは、内側から死を押しのけて「固有の価値」を形成することだけでなく、「時代や国家や人物の所業」など外側からの作用が働いていることは明らかであろう。すなわち、個体は生の流れという全体の作用連関の交差点として、歴史的社会的現実の流れの中で形成されているのである。歴史・社会が多様さを現わしているように、生は二重の活動性の中で内側からとともに外側からも多様に個体化され形成されているのである。

このように生が作用連関の交差点として歴史的社会的生であれば、ここからいくつかの道が分岐してこよう。一つが、内側からの道として、歴史的現実を精神世界として構築しようとする道である。一つが、外側からの道として、社会的現実をたとえば社会学として構築しようとする道であろう。そしてもう一つの道として、内側から外側へ向かう道もあろう。それが、体験からその表現へ向かって論理学を構築しようとしたミッシュの道であろう。たしかにディルタイは「人間、社会、そして国家についての学」を自然科学に対して「道徳政治学」として展開しようとする[19]。しかしディルタイは心理学的分析でも解釈学的分析でも体験の経過を基礎にしており、したがって解釈学的分析で表現が挙げられても、表現は体験の表出として理解が体験へ向かう媒介項にすぎなかった。表現の意義と意味もまた、生の統一体の形成としての内在的目的論的な分析に基づいたものであった。したがってそれと矛盾あるいは対立しうる外在的目的論的な道徳規範や国家機構の形成は分析の射程に入って来なかったとも言えよう。ジンメルの言葉を借りれば、生の統一体は逆説を含んでいるがゆえに、それを分割して語るほかないので、ディルタイは逆説を謎に留め、その内側からの道を歩んだのである。

本書もまた、分割されたかぎりでの内側からの生の哲学の道を歩んでいるにすぎない。それでは、その歩みの中で、本節で至りついた個体化した死／生の地点では、第一節で明らかにした無時間的な現在の〈ない〉のリアリティの消尽／創出は、時間的空間的な心身的生の統一体においてどのように〈個体化〉されるのであろうか。

第六節　落着と実在　――　リアリティの消尽／創出

一　リアリティの消尽／創出

本書が至った地点は、現在の〈ない〉が心身的な生の統一体に死として個体化し、個体が時空的な歴史的社会的現実の作用連関の中でその交差点として形成されている地点である。そしてその形成の力の源が、〈個体／全体〉という仕方での逆説的な二重の活動性であった。生を生として特記するのが生動性・力動性であれば、こうした相反した逆説的働きから惹起される活動性こそ、生が個体を貫いて生き生きと働いている生動性・力動性の源と言えよう。この意味で、この地点は生のリアリティが消尽／創出されている地点である。それは不断に〈ない〉になってしまっている現在の直中で、自身が〈ない〉になる死を押しやることによって充溢する生のリアリティである。したがって現在における生の超越が生のリアリティの消尽／創出の源にほかならない。生と現実、そしてリアリティ、これらの語を生の哲学の道で心身的な生の統一体において特徴づけて行こう。

まず、「生」が「流れ」に譬えられていることからすれば、生はある方向を目指している動きであり、しかもその動きが動きとして感受できるための逆方向の動きを含めた動きである。それはディルタイで暗示されていた相互作用の抵抗体験であり、ジンメルの言う逆説的な二重の活動性であり、ミッシュの言う緊張的産出であった。ここでは、相互の作用／反作用あるいは動かしている／動かされている、こうした相反する動きを含意した「動き」が「生（生き生きしていること）」の源になろう。それは身体的運動はもちろん心臓の鼓動や顔のこわばりから、知人の来訪など日々の出来事や事件そして国会の推移まで、さまざまに向かって来る経過に向かいながら個体としての生が〈個／全体〉として形成されて行く動きである。このような生の流れではもちろん、現在は〈ない〉になりながら不断に存続し続けるのに対して、〈ない〉が個体化した死する〈私〉は、限界を押し続けることはできず、死ぬのである。そして、個体化された〈私〉が存在しなくても、しかし〈私〉が作用連関の交差点として存在したときとは別様な仕方で、他の〈私〉たちが作用連関の交差点として限界を押しやりながら存続するかぎり、生の流れはそのつどの歴史的社会的現実として不断の現在の中で再形成されながら存続し続けるのである。かくしてここでも、逆説が生じる。〈私〉は現在の現実の流れの中に生きても、現在の〈ない〉へ超え出て流れの中にいないのであり、現実は生ある〈私〉の中で形成されても死する〈私〉を超え出て流れて行くのである。

したがって「現実」もまた生の流れの中にあって逆説的な二重の活動性から形成されている。それはディルタイの実在性概念からすれば、生の表象的・感受的・意志的な、他者との相互的な作用（wirken）から対象的・価値評価的・目的設定的に形成される現実（Wirklichkei）だからである。相互に作用し合うことが現実であり相互に現実的なものがリアルなものである。リアリティは相互に作用し合う二重の活動性、したがって生き生きした生動性・力動性に求められよう。そして、現在の生のリアリティの中で作用し合うものが現実を形成するのである。そうであれば、相互作用が貫く生の統一体に応じて現実は多様になろう。個々人の現実、その個人が部分となる家族の現実、さらにはその家族が部分となる地域、さらには制度的にその限界づけが確定された自治体から国家等に至るまで、各々の作用連関に応じた各々の現実が〈個／全体〉として経過して行く。その形成の仕方が多様であるのは、文章化された語りとして表れる社会的な規則・法律だけでなく、金銭的な利害関係、あるいは人種、性、年齢、体格に至るまで、その形成・理解の仕方が歴史的社会的な現実の変遷とともに多様であったことから明らかだろう。それは、不断の現在の〈ない〉が個体化して多様な死の仕方があるのと同様であり、そうした多様な死を限界としてあちら側へ押しやる生の仕方が多様であるのと同様である。

そうであればここでは、現在の〈ない〉における消尽／創出は、時空的に規定された心身的な〈私〉

の死／生という消尽／創出として、個体化・現実化していることになろう。消尽と創出という相反した働きもまた、二つの別の働きではなく、現実の生の流れの中で個体がさまざまな諸限界を死という限界と一つにあちら側に押しやって進み、したがって死ぬものであり生きるものであるという、二重の動きを表しているのである。創出は死という消尽のゆえの生の諸限界の超越であり、消尽は生の新たな諸限界の創出のゆえの死という限界である。この働きが、流れの中を歩む生が個体の生活として具体化し、その現実の生のリアリティを創出／消尽している活動性である。

　そうであれば、ほかならぬ〈私〉のこの地点が、生の現実が消尽／創出する落着地点になろう。しかも本書が至り着いた処は、流れの喩えの通り、体験が経過している処として、不断に流れ来たると同時に流れ去って行く処であり、したがって消尽／創出されてしまった処と〈同じ処〉ではなく、不断に消尽／創出されている〈新たな処〉にほかならない。生が現実となって〈私〉が死する処は、現在が〈ない〉となってしまっている無規定的な、しかし歴史的社会的に規定された現実が具体的な日々の生活の中で経過して行く、規定的無規定的な〈いま／ここ〉のほかにはないのである。ディルタイ、ジンメルそしてミッシュが、超越的形而上学、超越論的そして可能的形而上学に対抗して生の哲学の道を切り開いてきたのも、一九世紀末から二〇世紀初頭にかけてのドイツで生きた各々の〈私〉の〈いま／ここ〉においてであった。その時々に経過する無規定的規定的な〈私〉の〈いま／ここ〉が、生のリアリティが消尽／創出し現実が形成され落着する処である。

二　限界を〈内側から向こう側へ〉と〈外側から振り返る〉

しかしこのような地点は、ジンメルの言葉を使えば、生の流れの〈内側〉あるいは〈こちら側〉から切り開かれる処である。生の哲学は内側から語ることを目指し、超越的であれ超越論的・可能的であれ、生の背後に回り込むことを拒む。しかし、たとえ生の内側から死を押しやりながら日々の生活を送っていても、それを〈外から振り返る〉こともまた日々の生の営みであろう。

「生の内部に存在するがしかし振り返って見ることができる……この根本関係を、ディルタイはあるときはその一面を、あるときは他の面を強調するが、人は一つに見ているにちがいない」(LP, 77)。

ミッシュがここで「振り返って見る」としているのは、別所で、「内側に存在していることは、表現や行為においてそれ自身の外側に出て立つことを伴う[20]」と言われていることから明らかであろう。すなわち、それは体験の表出である語りや行為などの表現を通して外に出て、そこから自身のことを振り返ることを意味している。ここで〈外側〉とは表出された〈表現〉を意味する。また〈振り返る〉とは、ごく日常的には、「客観的に自分を見る」「省みる」「反省する」という言い回しで言われているものであろう。表出された言葉や表情そして行為などを含めた表現は、たとえば自身の意図とは裏腹に、相手を傷つけたりしてしまうことがあろう。そのとき、その生の連関を表現を介して、したがってまた結果として起こった出来事や行為を介して、後から見つめ直すのが「外側から振り返って見る」であろう。これを、表現を介した理解（追体験）という精神科学の方法として仕上げて行ったのが生の自己省察であり解釈学である。これは、自然的態度の存在の総定立をカッコに入れた現象学の超越論的反省とは異なり、体験の後から追従的に表現を介して遂行する理解であった。日常の「反省する」はもとより、ここで言う〈外側から振り返ること〉もまた、自然的態度の一つである。

したがって、外側から振り返ると言っても、超越的にせよ超越論的にせよ、生の連関の外へ超え出ること、いわば流れる川から外へ出ることではない。ここで言う〈内側から〉に対する〈外側から〉とは、個体が〈川の流れの中〉にいて、個体の〈内側から流れに向かって〉に対する、個体の〈外側の流れから〉、を意味する。つまり、解釈学の〈部分／全体〉の循環的な弁証法的運動の中で、個体を全体としての生の連関から表現を介して理解するのである。生は二重の活動性の両側から自身を理解しているのである。生それ自身が両側から形成されているからである。この両側からの語りが、ミッシュでは二つの極として、純論述的語りと喚起する語りと名づけられたのであった。

たとえば死もまた外側から振り返って語られるのは、もちろんである。これまでのデータから算出された平均年齢を手掛かりにして生涯という全体を設計し、万一のために生命保険をかけて受取人を家族にしたりする。死は万一のとき外から降り掛かって来ることもある。誰もがそれを我が事として類推したり憶測したりして、自身の生の連関の全体を、外側から振り返って見るのである。それはジンメルの言い方では、有機体もまた形を持ち、無機物の終わりが外側からやってくるのと同様の仕方で振り返っているのである。死は限界としてこちら側からあちら側に押しのけられても、外側から降り掛かってくることもある。これに対して生自身は、心身的生として自身の形を各々固有に形成しているのである。生が二重の活動性から形成されるからこそ、ジンメルの区分からすれば、有機体の生は無機物のごとくに外側からも見られるのである。ジンメルの叙述をまとめれば次のようになる。

有機体の時間的死と無機物の空間的死の対立は「諸々の人間の価値関係において象徴的に反復される」。すなわち、「多くの人が死ぬのは …… 生がたまたま止むからである」。それは、無機物の空間的死、つまり外からやってくる死に象徴される。そして「多くの人」は、「計画・活動・義務そして個人間の関係などを」、最初から死によって制限される「生の内部で均整が取れるように保っている」。これは、死を不安がることが、絶対的に確信しているがしかしいつのことかは絶対的に確信がないことに基づいている。これに対して、シェイクスピアの描いた「悲劇の大物達」は、「奥深い必然性を感知」し、「内側から死ぬということを目指した」人物である（LA, 102ff.）。

ここでは、まず、有機体の死と無機物の死が対照されて特徴づけられている。すなわち、時間的死と空間的死、内側から死ぬと外からやってくる死、という特徴づけである。この場合にもちろん、〈内側から／外側から〉は、伝統的な〈心的／物的身体的〉ではない。ここでの対照は、川の流れの中を個体が進むように、〈心身的統一体から／川の流れから〉である。あるいはジンメルの言う〈こちら側から／あちら側から〉であり、〈側〉は生の統一的全体の〈限界〉である。表現はこの〈側〉へ向けて表出され、あるいは逆にあちら側から不意に投げつけられたりもする。同様に、死が外から降り掛かってくるのは、たとえば車が歩道に乗り上げて歩行者が死に至ったなど、新聞等で報じられるように、こちら側からは理解できないあちら側からやって来るのである。しかもそれは先に引いたミッシュの文面通り、内側からと外側からという「この根本関係を、ディルタイはあるときはその一面を、あるときは他の面を強調するが、人は一つに見ているにちがいない」ものなのである。個体の形成が逆説的な二重の活動性から惹起されていても、人は論理的矛盾には無頓着に逆説を一つの統一的全体として見ているのである。

そうであれば、次に、ここで注意したいのは、「悲劇の大物達」と「多くの人」の対照が内側からと外からの対照として、有機体の死と無機物の終わりの対照の「象徴的」な「反復」として提示されている点である。ここでは、多様な人々が〈内側から〉と〈外側から〉という区別に応じて種別化されているように見える。たしかに「多くの人」は、死の不安を抱えながらも、それが絶対的確信であっても、それが何時のことかは絶対に確信がないからこそ、たとえば保険に入ったり遺言を残したり、当人の「価値関係」に基づいて日々の「計画・活動・義務そして個人間の関係などを」「生の内部で均整が取れるように保っている」。こうした行為が、パソコンにウィルス対策ソフトを入れたりバックアップを取ったりしてその終わりに備えるように、無機物に対する扱いを「象徴的」に「反復」したものであろう。たしかにこれは外側からの万一に備える「多くの人」の視点である。これに対して、「悲劇の大物達」は「奥深い必然性を感知」し、「内側から死ぬということを目指した」人物だ、とジンメルは言うのである。

ここでもまた、ハイデガーの『存在と時間』を貫く基本的な構成が想起される。それは、本来的な死への存在としての先駆的覚悟態と日常の中で頽落した非本来的な死への存在としての死の回避という、二つのあり方の区分であり、そして日常性分析から根源的な先駆的覚悟態を介して時間性の分析へ移行するという構成である。ハイデガー自身はこれら二つのあり方についてジンメルを参照指示しているわけではない。しかし、ここでハイデガーの分析を想起するのは次の理由からである。ジンメルのいう「悲劇の大物達」と「多くの人」との対置を、たしかにハイデガーのように、一方が本来的で他方が非本来的通俗的という対置として解釈することも、一つの「価値関係」に基づく形而上学的世界観として可能であろう。しかもそれは、生の多様さと生動性を求める生の哲学からすれば、生の統一的全体化の経過を力動的に突き動かしている〈否定〉としての分散的多様化が、硬直化一元化された解釈となろう。しかしそれとは別の解釈もまた成り立つのではないか。つまり、ジンメルが分析した地点から、ハイデガーの道、そしてそれとは別の道、これらの分岐が生じて来るのではないか。本節の関心事はこの分岐点に、とりわけハイデガーの道とは別の道にある。

そこで注意したいことがある。すなわち、ジンメル自身が「悲劇の大物達」と「多くの人」の対照を掲げたのは、有機体と無機物の対立が「諸々の人間の価値関係において象徴的に反復される」ということからであった。そうであれば、両者の対置は、有機物と無機物の対置、端的には〈内側から〉と〈外側から〉の対置、この象徴化であり、人間の在り方を種別化するものではなかろう。つまり〈内側から〉と〈外側から〉は、どの在り方の人であっても、ハイデガーの言う本来的な在り方でも非本来的な在り方であってさえ、ある一つの個体的生を貫いて、それを〈両側〉から統一的全体として限界づける対置であり、これが、有機体と無機体の対置に「象徴」されるように「反復」されるのである。しかもこの対置は、二重の活動性の逆説的な、本来は分割できない二つの側面に対応したものであろう。前者は生の流れの〈内側から〉死する側面であり、これが「悲劇の大物達」を通して象徴的に語られているのである。そして後者はそれが、〈外側から〉死する側面であり、これが「無機物」に対応させて「多くの人」を通して象徴的に語られているのである。生は内側と外側の逆説的な統一体として形成されるのである。

そうであれば、誰であれ各々の個体は生の統一体として「悲劇の大物達」であると同時に「多くの人」にほかならない。人はその時々、限界としての死の「奥深い必然性を感知」して押しのけながら、その限界を外から振り返って死亡時の保険金額を計算して健康に気づかったりする。死するものであり生きるものであるという逆説が〈内側から〉と〈外側から〉という〈側〉の二重性に反映している。逆説的な二重の活動性、内側からと外側から、これらが、分割できない統一的全体を分割して語ったものであるように、その統一体が分割されて「悲劇の大物達」と「多くの人」に象徴化されている、と解釈することもできよう。

かくしてここでも、逆説的な二重の活動性が現われている。生の統一体が内側からと外側からの統一体であれば、人は悲劇の大物達であると同時に多くの人である。そうであれば、これによって次のようにも言うことができるのではないか。すなわち、悲劇の大物達と多くの人の関係は、現在の〈ないい〉とその個体化である個々の多様な死の関係を象徴的に語っているのである。内側から死ぬとは、生のリアリティに満ちた現在が〈ない〉になってしまっているという逆説を生きることとして、アリストテレスの『詩学』が言うように[21]、「逆転」と「認知」を表した悲劇の大物達にほかならない。しかも、〈ない〉が各々の人の死として個体化多様化されるとき、悲劇の大物達は同時に多くの人にほかならない。悲劇は「起こり得ることを、ありそうな仕方で、必然的な仕方で起こる可能性があることを、普遍的に語る[22]」ものであるがゆえに、多くの人が心を揺り動かされるのである。こう言ってよければ、内側からの死が現在の〈ない〉と同様に誰にとっても〈同じ〉であるがゆえに、歴史的社会的現実の中で個体化・固有化された〈多様〉な死が固有化のゆえに理解できないのであっても、理解できるのである。悲劇の大物達の生の活動性が多くの人の生活の中で働き、生を形づくっているからである。

このように、多くの人が日々の生活の中で、悲劇の大物として内側から死を押しやりながらも、外側から振り返っているのであれば、二重の方向性の中で生の現実のリアリティの消尽／創出の仕方も、したがって生が落着く処も、二重に現れるのであろうか。ここでもまた、逆説が現れるのであろうか。そして、死に対して内側と外側から二重の仕方で態度を取り、死が二重の仕方で現れて来るのであれば、死が彩る生のリアリティも二重に現れて来るのであろうか。

三　落着と実在

ここで改めて生の捉え方に注意しよう。ここでは、生は伝統的な〈個／普遍〉や〈心的／物的〉という枠組みからではなく、心身的な生の統一体として、〈部分／全体〉、〈個／全体〉、また〈個／類型〉として捉えられている。しかも生は、それ自身の限界を謎として含み、したがって理解し有意義化できる〈こちら側〉と理解できない究め難き〈あちら側〉をともに含み、両側の限界線を押しやりながら統一的全体を形成しているのである。したがって、そのように限界づけられた全体は、理解できるのであり、しかし理解できないのである。生自身が規定的無規定的である。そしてそれは、統一体といっても、他から隔絶されたような個ではなく、生の流れという歴史的社会的現実を形成する作用連関の交差点として他の統一体との相互作用から形成される統一体であり、その形成力が、こうした生の流れとそれに向かう統一体から生じる逆説的な二重の活動性にあった。

このように生は流れの中で個体化し、したがってその活動は二重であるがゆえに、生の捉え方も二重になるのであった。それが、〈内側から〉と〈外側から振り返る〉という二つの仕方である。しかも、この二重性は〈個／全体〉の中での活動性であるがゆえに、生の把握も〈全体〉の中での〈自己の生〉の把握であり〈他者の生〉の把握である。自己も他者もいずれも、〈個／全体〉の中での把握である。その中で、外側から振り返ることが、外側へ向けて表出された表現を通したものであった。そうであれば、二重の把握は、ディルタイの解釈学の道として挙げられた体験・表現・理解の連関を生の逆説に着眼して捉え直したものになろう。言い換えれば、ミッシュはディルタイの生の部分／全体のアポリアを含んだ循環的把握をジンメルの逆説を介することによって部分と全体が相互に働き合いながら経過して行く弁証法へ、語りとしては純論述的／喚起的な語りへ展開したのであった。かくして体験・表現・理解という連関は、内側から限界を押す心身的生の体験と、それが外側へ表出された表現を通して、外側の全体から部分としての自己や他者を理解するという、二重の把握へ至ったのである。

そうであれば、部分と全体でアポリアが生じたように、体験とその表出という方向と、表出された表現を介した体験の理解という方向では、方向性が逆転し、そこに逆説が生じているのではないか。ジンメルの例で言えば、船底を歩いている人が自身の体験を内側から「南へ歩いている」と表現しても船を含んだ生の連関の全体からすれば、つまり外側から振り返れば「北へ歩いている」のである。ミッシュの表記を使えば、前者は生の体験を喚起する語りに、後者は純論述的語りに、近づく。そして日々の生活の中では両極の間で、たとえば前者を語る人に対して船が北へ動いていることを論述して両者の論述を弁証法的に統一して説明したりするのである。生の統一体自身が逆説的活動性として統一体を形成しているのに応じて、生を捉える表現も、こうした逆説的な二重性をもって弁証法的に語り出されるのである。

ディルタイの言う体験・表現・理解という解釈学の営み自身が、生の営みであるからこそ、体験から表現という方向と表現を介して体験を理解するという方向を、二重に逆説的に含んでいる。ミッシュはこれを、部分と全体を固定したものではなく、〈ズレ〉としての〈否定〉を含んで経過する〈規定的/無規定的〉な運動として捉えたのである。本書はこれを〈統一的全体化/分散的多様化〉と捉え直したのであった。いずれの場合も、生の把握としての理解は、理念の先行的投企でも、リアルなものに対して先行的なイデア的なものの直観でもなく、体験した後からの追従的な追体験としての理解である。現在はもう〈ない〉に〈なってしまっている〉がゆえに、その理解も不断に〈後から〉である。

このように生の把握は内側から体験を表出しながら進み行くとともに、その表現を介して後から逆説的に外側から理解せざるをえないのである。生を彩る死は内側から見れば不断に押しのけている限界であっても、外側から振り返ればいまの瞬間かあるいは次の瞬間かいつ来るとも計り知れない出来事である。死は内側からすれば生の限界として「必然的」であり規定的であっても、外側から振り返れば「偶然的」であり、無規定的である。

そうであれば外側から振り返るとき、死と同様に生は、したがって生の現実は、どこから来てどこへ行くのか、その落着する処はどこなのか、まさしく規定できないもの、理解できないものとして現れて来るのではないか。生の現実そのものがどこから来てどこへ行くのかも分からず、落着する処はないように現れて来る。そのとき、リアリティは消尽され、しかも創出されることもないように現れて来るのである。ここで、ごく一般的な言い回し注目したい。すなわち、どこから来てどこへ行くのか。ここには、どこからという過去の地点とどこへという未来の地点が、問いとして語られている。言い換えれば、ここには〈現在〉が、したがってその個体化としての〈私〉の〈いま／ここ〉が、語られてい〈ない〉のである。外から振り返るとき、〈私〉の〈いま／ここ〉は無規定的なまま、先と後だけが問われて規定が求められているのである。

これに対してディルタイからジンメルそしてミッシュへの道では、生が流れとして、体験が経過として捉えられ、しかも流れの中から語られたとき、過去はもはやなく未来はまだない、いずれも〈ない〉がゆえに、リアリティは現在にのみ与えられたのである。外から振り返るのとは逆になる。しかも現在は流れの中でもはや／まだ〈ない〉になってしまっているのであった。リアリティに満ちた現在は〈ない〉のである。この逆説的な二重の活動性に応じて、内側からと外側からの二重の把握が現われているのではないか。

すなわち、流れの中で流れに向かって語ったのが、未来も過去もなく、現在だけがリアリティに満ち、しかし現在は不断に〈ない〉になってしまっているという語り方であった。これを、川の中の流れに身をおいて川が流れて行くのを振り返れば、川はどこから来てどこへ行くのかという問いになろう。ここでは、過去と未来の在り処が問いになり、未来も過去も〈ない〉という内側からの語りを振り返った問いになろう。そして現在は、したがって生の現実が落着する〈いま／ここ〉は、この問いでは問われることなく無規定的なまま謎のごとく隠されているのである。これは、内側からの語りとしては、現在は〈ない〉になってしまっていることにほかならない。したがってそのリアリティの消尽／創出も空虚なままであり、それを語ろうとしてもリアリティのない空疎な語りになろう。

それでは、現在を満たすリアリティは、しかもリアリティの消尽と同時に創出は、どのように語り出されるのであろうか。そして、それをリアルに語り出す道はどこに求められるのであろうか。それは、内側からと外側からのいずれか一方ではなく、ましてや超越的形而上学あるいは超越論的・可能的形而上学の道でもなく、ディルタイからジンメルを介してミッシュへ至る生の哲学の解釈学の道、本書で表記する〈流れの中に線を引く解釈学〉になろう。それは、流れの中にいて外側から振り返ればどこから来てどこへ行くのかも理解できない無規定的な現実から、しかし流れの中にあっては内側からこの現実が落着する〈私〉の〈いま／ここ〉として歴史的社会的に規定された理解できる現実から、したがって理解できるが理解できないという二重の逆説的な活動性から形成される現実から、生のリアリティを語り出そうとする道であろう。現実が落着する無規定的規定的な〈私〉の〈いま／ここ〉の中で、リアリティの消尽／創出が語り出されて来るのである。〈語り〉という〈表現〉に着眼してこの道を素描してみよう。

注

（1）詳細は以下を参照。山本、二〇〇五、一九七以下（「第五章　実在性」――「物質性と作用性」）。

（2）最初に挙げるカルナップのハイデガー批判は、Carnap, 1959. 詳細は、山本、二〇〇五、八以下（第一章一「実在」）。また、次に挙げる、否定が目的語をとる否定の「相対性」については、山本、二〇一四、三八四以下（第五章第二節「無」）。

（3）Heidegger, WM, 34. 原語は、「無くなること」が „Nichtung“ であり「無が無くなる」が „Das Nichts nichtet“ である。

（4）Heidegger, WM, 28.

（5）Heidegger, WM, 33f.

（6）Heidegger, WG, 30.

（7）Heidegger, WM, 39f.

（8）Misch, LP, 256ff.

（9）Misch, LP, 243.

（10）Heidegger, VA2, 51.

（11）Simmel, LA, 101ff.

（12）Simmel, LA, 12.

（13）Dilthey, GS8, 78.

（14）Heidegger, SZ, 263.

(15) Simmel, LA, 10.

(16) Simmel, LA, 110.

(17) Simmel, LA, 110.

(18) Heidegger, SZ, 250, 254. なお、「死の回避」はドイツ語原典では „Flucht vor dem Tod" であり、ジンメルと同様である。

(19) Dilthey, GS5, 31ff.

(20) Misch, LP, 314.

(21) Aristotle, Poe, 1452a21-(11). 邦訳、四七以下（第一一章）。ここでは例として『オイディプス王』が挙げられている。

(22) Aristotle, Poe, 1451a36-39. 邦訳、四三。

終章　リアリティの伸展 —— 体験世界から表現世界へ

本書は一九世紀後半から二〇世紀にかけてドイツで切り開かれた生の哲学（ディルタイ、ジンメル、ミッシュ）と現象学（フッサール、ハイデガー）の対決を追跡しながら、生の統一的全体の形成と把握の仕方を求め、その形成の中にそれ自身を否定して不断に再形成する働きを見出し、現在の体験が経過して〈ない〉になってしまっているという地点に至った。そこは、生の流れが個々人の生の現実となって体験が生動的に経過している規定的無規定的な〈私〉の〈いま／ここ〉であり、リアリティが消尽／創出し現実が落着する地点である。そしてこの地点まで至った道は〈流れの中に線を引く解釈学〉として特記できよう。〈線〉は生の統一的全体を限界づける〈限界〉であると同時に、〈内側〉から〈外側〉へ表出される〈表現〉でもある。それは流れの中にあって〈いま／ここ〉と同様に規定的無規定的であった。こうした〈線〉を引く〈解釈学〉は、現象学的解釈学に対して「別の解釈学」であり、生を超え出る超越論的反省によって現実をイデア的・可能的なものに還元して生の統一的全体を隈なく見通すことに反対して、生の限界を生の中に含めて生を〈完結しない全体〉として逆説的に捉える道である。生は〈完結しない全体〉として流れるがゆえに、生の全体は理解できるのであり理解できないのであった。

このように生の哲学が規定的無規定的な生の二重の活動性に向かうのであれば、本書はまた、ミッシュに手掛かりをえて解釈学の〈体験・表現・理解〉という連関それ自身の中にも二重の方向を見出した。生の流れの中で、その中から体験を外側へ語り出す方向と、逆に外側に表出された表現を介して生の現実のリアリティに迫る方向である。ミッシュはそうした語り（ロゴス）の論理学を形成しようとした。そうであれば、ディルタイが出発点とした体験世界はジンメルを経てミッシュに至って表現世界へ向けて主題化されることになろう。それでは本書がこれまで、体験の経過を手掛かりにして現在の〈ない〉が個体化する現実の〈私〉の〈いま／ここ〉に求めてきたリアリティの消尽／創出は、表現世界ではどのように展開して行くのであろうか。

とりわけ表現は、体験の経過の中で語り出され、受け取られ、理解され、伝えられて行くのであれば、生のリアリティが追体験され伸展して行くように、表現のリアリティもまた、いわば〈追表現〉されて伸展して行くのであろうか。生が自身の限界を内側から外側に押しやるように、表現もまた、生の統一的全体を限界づける〈線〉として、ある個体からその外側へとリアリティが伸展されて行くのであろうか。そうであれば、生が限界を押しやる超越であるように、表現も外側へ表出され、語りも「語りの超越」[1]になろう。その一方で、生の現実がどこから来てどこへ行くのかも知れずただ彷徨うだけでリアリティが消尽されているかのように、言葉も空疎になるのであれば、表現のリアリティは〈いま／ここ〉でどのように消尽／創出されるのであろうか。

終章として、流れの中に線を引く解釈学の道を素描しながら、体験世界から表現世界へ移行し、これらの問いに応答してみよう。

第一節　流れの中に線を引く解釈学

生を流れに喩え、体験を経過として捉えることは、生の哲学の特徴であった。それをとりわけ〈流れの中に線を引く〉として語ったのはディルタイであり、それを受けたミッシュであった。ミッシュはディルタイから「流れるものの中に線を引くこと」という文言を引用しながら、ディルタイの生の哲学における概念把握の課題は「流れるものの中に線を引くこと」であり、これが自身の展開する「弁証法的課題」だとする。[2] ディルタイからの引用は当時未公刊の遺稿からであろう、典拠が記されていないが、類似の表現は公刊された遺稿『構築続編』の中に見出される。すなわち、「不断に流れる川の中に線を引く」[3]。ディルタイ自身はこの文言を、「個人の生の統一体には区切りが与えられていないのであれば、ここでは、個々の現存の限りなき相互作用に、確固とした区切りを見出す方法かまず問題である」という文脈の中で使っており、生の流れを概念によって捉えることの「困難は、ヘーゲルがまず啓蒙期の特徴であった悟性認識を人間の歴史的世界の本質に対置させて以来、歴史の方法の本来の問題になっている」[4] と語る。このように、ディルタイは、ヘーゲル以降における歴史把握の方法論の文脈で、個々の生の統一体に「区切り」を与えることの困難さを川の流れの中に線を引くことの困難さで語っているのである。しかも歴史把握の困難さは、歴史の連関が生の連関に基づいているかぎり、生そのものにも言えることであろう。ディルタイにとって生の統一体の全体が生殖・誕生・成長・死を謎として含むのであれば、流れの中に線を引くことが困難であるように、生の統一的全体を線で区切ることが困難になるのであった。生の全体は捉えることができるのか、これが生の哲学に対する本書のさしあたりの問いであった。

　したがってここで問題にされている困難さは、流れるものを固定的な概念で捉えることの困難さであろう。しかしミッシュはこれを積極的に弁証法として展開したのであった。彼の弁証法は生の「規定的・無規定的なものを扱うという意味での弁証法[5]」であり、そのロゴスとしての語りもまた、固定的なものではなく、生と同様に規定的無規定的であった。それはヘラクレイトスのロゴスに究め難き無規定的なものを見出したことに由来していた。「諸々の語の意義自身は……流動的で多義的（無規定的）な単位・統一体〔部分〕であり、意義が規定性に至るためには、それらの単位・統一体を統括するある一つの意味〔全体〕が必要とされている[6]」のであった。この無規定性と規定性が流動的に経過する活動が、ミッシュのロゴスの弁証法であった。

　かくしてミッシュは、生の把握の困難さを表すものとして川の流れの喩えをディルタイから引用し、その困難さを解決するのが、自身の弁証法だとするのである。したがってここでの弁証法は、生の弁証法である。すなわち、「不断の基底としての生。生の弁証法、知の回帰的産出[7]」である。しかもこの弁証法は、流れの中に線を引くことの困難さを訴えたディルタイ自身に由来している、とミッシュは語るのである。

「ディルタイが「生に由来する述語」として、美、世俗性、自由などと並んで「内的論理学、内的弁証法」（GS7, 238）を挙げているのであれば、彼自身において論理学への内的に必然的な動向が働いているのである」（LP, 53）。

ミッシュがディルタイから引用している箇所は晩年の遺稿『構築続編』からである。ディルタイはここに引用された「内的論理学、内的弁証法」と同じ並びに「連関、発展」も挙げ、これらを「生に含まれる生の概念(8)」であるとする。その一方で彼は『ヘーゲルの青年時代』では、ヘーゲルの弁証法あるいはフィヒテの弁証法を叙述しながらも、「弁証法」という語を自身でも「精神の展開の中で実在的に活動している弁証法」として用いる。(9)かくしてディルタイは、ヘーゲルなどの語る弁証法の中に「実在的な内的弁証法」を見出し、それを「生に由来する述語」として語り出したのである。ミッシュはこれを、自身の関心から「生の弁証法」として受け継ぎ、ヘラクレイトスのロゴス解釈に基づいて生の規定的無規定的な骨組みを語るために使ったと言えよう。

ここから振り返れば、ディルタイ自身は『歴史世界の構築』の中で、歴史を生の作用連関として捉えると同時に、生を〈認識論的・解釈学的・心理学的〉に〈体験・表現・理解〉の〈連関〉として捉えることによって、この〈認識論的・解釈学的・心理学的〉方法をもって流れの中に線を引く道を切り開いて来たと言えよう。そしてミッシュはこうした〈流れと線〉を、ヘラクレイトスのロゴス解釈を通して、〈究め難きものと思考適合的有意義化〉あるいは〈無規定的なものと規定的なもの〉の緊張関係として引き受け、生それ自身の弁証法的運動を生の解釈学的運動の営みとして語り出したと言えよう。ここでは、〈線〉という〈規定するもの〉は不断の流れの中で〈無規定的なもの〉となると同時に再び〈規定するもの〉として〈流れ〉の中に引かれるのである。生の統一的全体（体験）を限界づける線（表現）それ自身が無規定的規定的であり、これに応じて流れの中に線を追従的に引き直す営みが解釈学的理解・構築になろう。

そうであれば、このような線として生の内側から外側へ語り出され、生の統一的全体を形成する表現の典型が、生のカテゴリーであろう。生のカテゴリーは、生に同じく述語づけられ、その個体化の多様な統一的全体の形を描くための一筋の線にほかならない。それがミッシュでは、端的には、「惹起（能動と受動、力）と意義化（価値、目的、意味）の対立[10]」であった。そしてこのように、そのつど不断に線が引かれるのが、歴史的社会的現実の〈いま／ここ〉である。流れの中に引く線自身が、生の現実の流れの中で共に流れながら多様な流れを形成しているのである。それが生を形成し捉える道として〈流れの中に線を引く解釈学〉である。

このように特徴づけるとき、注意したいのは、ディルタイからミッシュへの展開で、表現自身が生と同様に規定的無規定的に把握されるとともに、重点が体験から表現へ移行しているという点である。それはロゴスにおける、認識能力としての「理性」から表現としての「語り」への移行に現われている。ミッシュは論理学講義の中で次のように言う。

「ロゴスはドイツ語で理性、ratio, と訳されるのが通例であるが、最近ますます強調されているのが、ロゴスは本来、語りを意味するという点である。それは果たして、われわれドイツ語の語りが借用語であってもともと ratio に由来しているとおりである」（LII, 78）。

ここで言われている「最近」とは、この論理学講義のテキストが、編纂者キューネ＝ベルトラムの指摘によれば[11]、「論理学、知の基礎づけへの導入」と題された一九三三／三四年の「講義」の「導入」になされたものであれば、ウィトゲンシュタインの『論理哲学論考』（一九二一）、カルナップの『言語の論理分析による形而上学の克服』（一九三二）などがドイツ語文献として公刊されていた頃に当たろう。つまり、ローティがその編書のタイトルにした「言語論的転回」の頃である[12]。キューネ＝ベルトラムはミッシュの右の文面を参照指示しながら、ミッシュにおいては「人間世界は「体験世界」ではなく「表現世界」として規定されている[13]」と特徴づける。本書ではディルタイからの展開を考慮すれば、体験世界から表現世界への展開として特記してもよかろう。

そうであれば、ディルタイによって提示された解釈学の〈体験・表現・理解〉という連関もまた、ミッシュへの展開の中で考え直さねばならないであろう。すなわち、体験は〈ない〉を含み不断の無規定的規定的な緊張関係という生の深みからの惹起的統一であり、これに応じた表現も生の連関の喚起的論述であり、理解もまた表現を介した追体験であると同時に、その追体験の表現は、いわば〈追表現〉になろう。理解は完結せずに表現は受け渡されて行くのである。ここでは〈表現〉は、川の流れの中で個体が内側（部分）から外側（全体）へ表出したものである。これはジンメルの「生の超越」と同様である。かくしてミッシュからリップスに至って「語りの超越」が語られるのである。

そうであれば、そうした内側（個体・部分）から外側（歴史的社会的世界・全体）への表現世界の中でこそ表現が空疎になって行くのであろうか。そして体験世界は、もはや余剰になって行くのであろうか。そして、たとえば、もはやない過去に語られた表現のリアリティは、その時々の時代の無規定的規定的な〈いま／ここ〉でどのように消尽／創出されるのであろうか。終章の問いに立ち入ろう。流れの中に線を引く解釈学として、体験・表現・理解の連関に沿って、しかし表現を介した体験の理解ではなく、体験世界から表現世界の理解へ向けて進んでみよう。

第二節　体験の二重性

表現世界へ向かう出発点としてディルタイの体験概念を、とりわけ体験の経過に関わる点を振り返っておこう。そこには体験の二重性として体験の〈リアリティの伸展〉と呼んでもよい事態があるからである。

「時の流れの中で現前する一つの統一体を形成しているのは、統一的意義を持っているがゆえに体験と表示することができる最小の統一体である。この場合さらにわれわれは、生の経過にとって共通の意義によって結合されている生の部分を包含する各々の統一体も、それらの部分がもろもろの出来事によって遮断されて互いに分離されている場合でさえ、体験と名付けることができる」（GS7, 194.）。

ここで体験は二重に名付けられている。一つは「時の流れの中で現前する一つの統一体」である「最小の統一体」、もう一つは「生の経過にとって共通の意義によって結合されている生の部分を包含する各々の統一体」である。いずれにおいても、「統一的意義」あるいは「共通の意義」をもって「統一体」を形成しているものが「体験」と呼ばれるのである。前者ではたとえば、いまここで文章を綴っている体験が挙げられよう。後者では、昨日も一昨日も締切に追われて原稿に向き合っていた体験も、「諸々の出来事によって遮断されて互いに分離されている場合」であっても、いまここの体験に重なり合って、「原稿の執筆」と表現される体験が形成されてくる。この二重性に着眼して体験から表現へ向かってみよう。この二重性自身によって体験は一つの表現のもとで諸体験の統一的全体を再形成しながらリアリティを伸展して行くように見えるからである。

そこでまず、前者の最小単位としての体験に注目しよう。これは、「体験することは時の中での経過である[14]」とも言われているように、ジンメルで言われていた「生の瞬機[15]」の体験であり、〈ない〉となってしまう幅のない現在の体験である。ここでは、現在が不断の〈ない〉になってしまっていることによって、不断に、リアリティは消尽／創出されているのであった。ディルタイはそのように経過して行く具体的な内容を「時の経過の中での各々の状態」として次のように言う。

「時の経過の中で各々状態は、まさしく次の瞬間が常にその先の瞬間に基づいているので、明瞭な対象になる前に変化し、そして各々の瞬機は —— いまだ把握されていない —— 過去になる」（GS7, 194）。

ここで言われる「各々の状態」が、統一的意義をもつことによって一つの纏まりある体験の内容となる。しかしそれは「明瞭な対象になる前に変化」しているのであれば、伝統的言い方を使って、外的感官と内的感官の感覚器官によって知覚されている「感覚」と呼んでもよかろう。それはいまだ自己に対する対象として表象され規定されていない〈無規定的〉な、しかし一定のまとまりあるものとして〈規定的〉に知覚されている感覚である。そしてこれが「○○の体験」として語られるとき、そう語ることを通して、変化している各々の状態が「○○の体験」として〈規定的〉であっても、その意義連関はいまだ分節されておらず〈無規定的〉である。これが最小単位として統一的意義を持った体験となる。ミッシュの言い回しでは、最小単位の体験それ自身が〈無規定的規定的〉である。

たとえば病院の待合室で人待ち顔で天井を眺めているときに背後から名前を呼ばれて振り返ると知人が立っていた、といった体験は、各々の瞬間の経過の中で「明瞭な対象になる前に変化」してもはやなくなってしまう感覚の経過である。それをたとえば「名前を呼ばれて振り返る」体験として語り出すとき、体験は統一的意義をもった単位として統一体を形成する。しかもそれは、「名前」「呼ばれる」「振り返る」という語だけではその意義は無規定的であるが、しかし、「名前を呼ばれて振り返る」という文によって意義が規定され、さらには「病院で……振り返る」と語り出されることによって無規定的なものが規定されるのである。このように、語、語句、そして文などの語りの「意義分節は、規定的無規定的なものから遂行されている」(16)のであり、部分／全体の相互対話が規定的無規定的に経過するのである。

しかも「名前を呼ばれて振り返る」体験は、「病院で友人から」を付した体験と、それ以外の「路上で警官から」を付した体験では、その現実が別であるように意義分節はまったく別であろう。それは「振り返る」[17]ことの諸可能性の中の一つが現実化したというより、両者の意義分節が別であるのに応じて「別の目」で理解しているのである。〈いま／ここ〉もまた無規定的規定的であり、それが〈病院……〉と〈路上……〉では生の連関の統一的全体が別であり、その統一的意味の違いによって同じ表現でも意義分節が別なのである。逆説的に言えば、〈同じ表現〉であっても〈別の表現〉である。この意味で、表現は川の流れを固定して〈規定的〉であってもそれ自身も川と共に流れて〈無規定的〉である。

ここから明らかなように、体験の経過の中での体験の統一的意義の形成は、語りの意義分節の形成として遂行され、しかも統一的全体という「包括する一つの意味」[18]からの統一体の形成として遂行されている。無規定的な意義を分節し規定しながら語ることが、体験の統一体を形成しているのである。それは空虚なものが意味充実されたり、伏蔵されたものが露開されたりするのではなく、無規定的規定的に、「逆説的で、本来の弁証法的」[19]に、しかもそのつど別の目で遂行されているのである。

このような現在の体験に生の連関の諸部分が重なり合って来るのである。体験の二重性である。たとえばデューラーの絵を見ながら、数ヶ月前に見たときの〈感覚〉を思い起こして今日のものと比べてみたり、山の頂上を眺めながら明日はあの先まで行ってみようと予定を立てたりする。「デューラーの「四人の使途」の鑑賞」あるいは「六甲山のハイキング」など、こうした表現のもとで、諸々の体験が統一的全体化されて行くのである。「絵画の鑑賞」が数回に渡って画廊に行って形成されたものであれば、それが分散的多様化されながら今回の体験に加えられて新たに一つの体験として統一的全体化される。その回数が増えていくとその形成はそのたびに無規定的規定的に再形成されよう。そうであれば、そのつどの「素晴らしい」という同じ表現を使っても、そのつどの意義分節は別の目で見られた別の意義分節をもち、このゆえに、二つの別の意義分節が一つの現在の体験の中で重なり合い、新たな表現のリアリティが消尽／創出されるのである。

このような体験の営みが、前章まで見てきたディルタイでは「内包と展開」として、ジンメルでは生の流れという観点から「編成」として、そしてミッシュでは知の形成という観点から弁証法的に進む「知の再帰性」として語られたと見ることができよう。ここで体験の二重性として特記しておきたいのは、最小単位としての体験と内包・展開された体験の関係である。両者の体験は二つの体験ではなく、体験の編成は最小単位の体験の中で遂行され、内包・展開は現前という仕方で現在の最小単位の体験に重なり合い、現在の体験の中で現在の体験として再形成されているのである[20]。ジンメルの言い方をすれば、生は幅のない非時間的な現在においてこちら側から時間的な未来と過去というあちら側へ伸展しているのである。

かくして「主体的に〔すなわち、内側から〕生きられた生は、このパラドックス〔時間は現実の中にはなく、現実は時間ではない〕の強制に屈服しようとはせず、論理的に認められようが認められまいが、自身を時間的な広がりのある実在的なものとして感覚しているのである[21]」。「時間を欠いた諸々の現在点はそれぞれ別々の現実ではあるが、生のみがそうした現在点を二つの方向に超越し、そうして初めて、またただそれだけで、時間の広がりを、すなわち時間を実在化するのである[22]」。つまり、生がリアリティに満ちた幅のない非時間的な現在を〈まだない〔未来〕〉と〈もはやない〔過去〕〉へ超越することによって、言い換えれば、生の流れの中で現在が〈まだない〉から流れ来て〈もはやない〉へ流れ去って不断に〈ない〉になってしまっていることによって、現在は不断に新たなリアリティに満ちた現在であり続け、存在しない空虚な過去と未来へ広がる幅のある時間もこうした現在においてのみリアリティをもつのである。本書ではこれを〈私〉の〈いま／ここ〉における〈リアリティの伸展〉と呼んでもよかろう。

このように、現在の体験は同じ個体の生の連関の中で過去の体験の想起や未来の出来事の予期と重なり合って一つの統一的体験を再形成し、別の現実を形成するのである。表現もまたこれに応じて意義分節を再形成しながら、生は別の目で喚起／論述する別の表現を新たに表出するのである。そうであればここでは、表現もまた、体験と同様に現在の〈私〉の〈いま／ここ〉において生のリアリティを消尽／創出しているのではないか。ここから、体験世界から表現世界へ向かうことができるのではないか。そのために、体験の二重性を現在の流れの中で推移する感覚との関係から明らかにし（第三節）、そこから理解の直接性へ（第四節）、そして体験の表現を経て（第五節）、追体験／追表現（第六節）へ展開してみよう。

第三節　体験＝印象

ここであらためて注目したいのが、先に、最小単位としての現在の体験の経過についてディルタイの語る「時の経過のなかでの各々の状態」、伝統的な言い方で〈感覚〉と呼ばれているもの、そしてジンメルが「自身を時間的広がりのある実在的なものとして感覚している」と語る、感覚である。この扱い方によっては、最小単位の体験が、〈心的内的/物的外的〉という枠組みの中の、一方のたんなる個人的主観的あるいは内的な体験に変質するか、それとも追体験として諸限界を超越し、疎遠な統一体へリアリティが伸展するか、その分岐点になっていると思われるからである。これはディルタイからミッシュへ、そしてケーニヒ、さらにはプレスナーにおいて理解の直接性としての直観の問題として主題化されたものである[23]。ジンメルの著作の表題でもある「生の直観」の問題である。本節ではこれを追体験/追表現に向けて受け取り直してみよう。出発点となるディルタイは「風景」を例に挙げて次のように言う。

「私は、ある風景に見入って、それを捉える。ここでは、これは生の連関づけではなく、たんなる把握という連関づけにすぎないのだ、という想定は、まず排除されなければならない。したがって、風景に連関づけられた瞬機の、かくある体験を、像と名付けてはならない。私は「印象」という表現を選ぼう。根本においては、そうした印象だけが私に与えられているのである。印象から分離された自己は存在しないし、もしかしたら印象が何らかのものの印象であるかもしれない、そうした何らかのものも存在しない。そうした何らかのものは私が後から付け加えて構成したものにすぎない」(GS7, 229f.)。

ここ述べられている体験は「瞬機の……体験」と述べられているように、現在の最小単位の体験である。したがって「印象」は、「時の経過の中で」「明瞭な対象になる前に変化」して行く中で知覚されている〈感覚〉である。しかもここでは、現在の「体験」が一つの生の連関として統一体を形成していることが、具体的な「風景」の「印象」として述べられている。しかも印象は「何らかのものの印象」ではなく、そうした「何らかのもの」も、印象から分離された「自己」なるものも、存在していたわけではない。そうしたものは「後から付け加えて構成したものに過ぎない」、とディルタイは言うのである。これを強調するために、ディルタイは「体験」を「像」ではなく「印象」と呼ぼうとするのである。

ここでディルタイは「印象」の原語として „Impression“ を使っている。ディルタイ自身は参照指示しているわけではないが、これはロックとヒュームを想起させる。ロックが「こころに何かを刻印（imprint）しているのにそれを知覚していないなど私にはとても考えることができない」と語ったのに対して、ヒュームは、心に刻印され知覚されたものを「印象（impression）」と名付けた[24]。その「刻印」によって知覚体験が形成されるのであれば、ディルタイの言う体験では、刻印なき体験といったものは存在しえず、印象として刻印されたものが印象の体験たりうるのである。ロック的に言えば、印象があるのに体験がないなど考えることができないのである。印象と体験は刻印という点で一つのものである。「印象」が「風景」と呼ばれる印象であれば、風景と別に刻印を受け取る自己の体験があるわけではなく、体験と別に刻印する何らかの風景があるわけではない[25]。これがディルタイの言う体験である。本書ではこれを〈体験＝印象〉あるいは〈印象＝体験〉と表記してもよかろう。解釈学の道で言われる体験・表現・理解の体験は、印象が惹起され統一された体験（惹起／統一）にほかならない。

ミッシュはディルタイの右の文面に注目して、「印象（Impression）」をより良く言えば「Eindruck（印象）」と言い換える。これは、英語の「刻印」に応じてドイツ語の „eindrüicken"（押し込む、刻印する）という動詞を顧慮しての言い換えであろう。と同時に、ディルタイが像（Bild）という呼び方を避けた理由を次のように解釈している。すなわち、まず、「像」はプラトン以来の伝統の中で語られてきたものであり、そこでは、像と原型のように、時間的に先行する形態的な原型が想定され、その原型を純粋に直観することが目指されており、したがってこれは、プラトンのエイドス（形相。見られたもの）という表現に見られるような、視覚的光学的なものとして視覚の優位に基づいている、と。[26] ミッシュとしてはこれを自身の主張へ結びつけているのである。すなわち、解釈学の循環もまたハイデガーのようなイデアールな理念の先行投企によるものではなく、ディルタイに見られるような文献を読解するさいの対話的弁証法的進行であり、これが自身の論理学へ通じているのである、と。[27]

このようなミッシュの指摘に加えて、本書では英国経験論のドイツへの受容のさいのドイツ語訳へ遡ってもよかろう。一つは印象概念に関わるヒュームのもの、一つは反省概念に関わるロックのものである。いずれも経験概念を形成しているからである。前者のヒューム『人間本性論』（一七三九）は英国での出版からほぼ半世紀後の一七九〇／九一年にドイツのハレ大学教授、L.H.ヤコブによって初訳された。そのハレ版では、„impression" はドイツ語でも „Immpression"、„idea"（観念）は „Begriff"（概念）あるいは „Gedanke"（思想）であるが、両者を包含する概念として „Wahrnehmung"（知覚）あるいは „Vorstellung"（表象）が使われ、いずれも英語の „perception"（知覚）の訳語としても使われているのである。[28] したがってここでは、印象が心に刻印されて知覚するという経験論の経験概念が、ドイツ語としては „Wahrnehmung"（知覚）あるいは „Vorstellung"（表象）という概念に置き換えられているのである。そのさいに訳者、ヤコブは三百頁余りの「批判的試み」を付して、ドイツ語の表象という語について次のように述べる。

「いまやわれわれは次のことを知覚している。すなわち、表象はそもそも心の働きであり、すなわち、主体と称する表象者と被表象物あるいは客体とによって惹起される、心の働きである。どの表象にも、それが反省の対象にされるとき、表象者と被表象物を区別できるし区別しなければならない。……しかし、主体も客体も、またその両者が一緒にされたものも、表象ではなく、表象は主体と客体の間の関係である。それはちょうど、運動が動かすものと動かされるものとの間の関係であるのと同様である」（Hume, 1790, 91, 608ff.）。

ここでヤコブは、表象は心の働きとして、主観でも客観でもなく、また両者が一緒にされたものでもなく、両者の関係であり、それが反省の対象とされることによって主観と客観が区別される、と言うのである。しかもその関係は、「運動が動かすものと動かされるものとの間の関係であるのと同様である」、と言う。ここから、ディルタイそしてミッシュの捉える「印象」あるいは「感覚」とともに、これらの語から、ジンメルの逆説的な二重の活動性が想起される。流れの中での個体の体験は、個体の運動と流れの運動の、ちょうど相互作用の接点の抵抗体験として、つまり「動かすものと動かされるものとの間の関係」の体験として、「心の働き」にほかならないのである。したがって、表象によって主観と客観が定立されるのではなく、表象を「反省の対象」とすることによって表象が二つに区分され、主観と客観が後から付け加えられるのである。このように表象概念もまた、体験と印象の概念と同様に、体験＝印象として、したがって体験＝表象として、理解されていたと言えよう。ディルタイが生の構造連関として挙げる表象・感受・意志の中の表象も、同様である。

そうであれば、印象・表象に主観と客観を付け加える反省の働きも、こうした経験概念に応じて考えられねばならないであろう。ロックは『人間知性論』（一六八九）を著し、経験概念を形成するものとして外的な「感覚（sensation）」に加えて「わたしたち自身の心のさまざまな働きについての知覚」として内的な「反省（reflection）」を挙げた[29]。六八年ほど後の一七五七年にヴァイセンフェルスの哲学数学教授、ポレイによって翻訳された訳書では、„reflection"は„Überdenken"（熟慮）と訳され、それからさらに四〇年ほど経た九五年に一分冊目をイェーナから刊行したテンネマンの訳書では„Reflexion"（反省）が当てられている[30]。興味深いことに、前訳書の訳者、ポレイは訳注を付して次のように述べている。

「英語には„Reflexion"という語があり、これはラテン語の„Reflexio"と同様にドイツ語では熟慮になる。これはそもそも英語原典でも注意されているように心の能力である。というのも、心は注意を徐々に、しかも任意に、知覚された事柄のある部分から別の部分に向け、したがって、心の能力は明瞭な観念に到達する良い手段を交付しているからである。しかしここでは、ロック氏はこの語によって、賢人たちが反射作用（actum reflexum）と別に名付けていたものを、すなわち、心の次のような働きを理解しているのである。それは自己自身の中に向かい、自己とその作用を認識し、すなわち、自己とその作用を意識する、そのような働きである。……したがって読者は、以下で、この熟慮という語に出会ったらそのつど、原著者が与えた、観念の第二の源泉のことだと注意されたい」（Locke, 1757, 78）。

„Reflexion" を日本語で「反省」と訳し、反省は自己自身を省みることとして理解していると、右は一読して奇妙な訳注にも思える。しかし訳者にとって „Reflexion" という語は「知覚された事柄」を注意深く熟慮して明瞭にすることであり、必ずしも自己自身のみへ、さらには自己の心の中へ向かうものではないのである。ドイツ語の „Reflexion" には、光や波などが反射（折れ曲がること）の意味と熟慮（吟味考察すること、振り返ること）の意味がある。これら二つの意味のうち、前者の意味での反射（折れ曲がり）は、後者の熟慮がとりわけ自己自身の中へ折れ曲がっていくものであり、ロックの挙げる反省概念になる。だからこそ訳者は、ロックが „Reflexion" という語を自身の心の中への熟慮に限定して使っていることを読者に注意喚起しているのである(31)。

そうであれば、ヒュームの「印象」に関して述べられた表象＝体験を、後から主観と客観に分けて付加していく「反省」とは、ここで言われる、「知覚された事柄」を「ある部分から別の部分へ向け」たりする「熟慮」の意味になろう。そのうえで、区分された内の主体を心や意識として捉え直し、その中へのみ折れ曲がって入り込む熟慮が、いわば反射的反省であり、さらにそこに現実を還元しうる超時間的でイデアールなアプリオリなものを見出そうとするのが、超越論的反省であろう。

そうであれば熟慮は、ディルタイやミッシュが言うように、生の連関の中で行為や言葉などの表現を介して心身的統一体の外側から、つまり〈個体/全体〉の循環の中で〈全体〉から振り返ることとして遂行されていると言えよう。たとえば、ある風景=体験を知人と話すとき、そこには「きれいだった」といった喚起的に語る語りや、「いつどこで誰が何を」などの生の連関を論述する語りも含まれ、その中で風景=体験が風景(客観)と体験(主観)に分離特定されて行くのである。ここでの「熟慮」や「反省」は、心や意識の中へ入り込むのではなく、むしろ〈個体/全体〉という循環の中で個体が表現を通して全体という外側へ出て、個体を主観として他を客観として分けているのである。語りとしては、〈惹起/統一〉された風景=体験が全体の中で〈喚起/論述〉されているのである。こうして体験・表現・理解の連関で、体験=印象は〈惹起/統一〉されて表現として〈喚起/論述〉されれ、表現は体験と一つに重なり合うのである。

このように見れば、解釈学が扱う体験と印象そして表現は、内的心的/外的物的あるいは主観/客観といった枠組みに割り振られるものではなく、生の統一体の〈個体/全体〉が〈体験=印象〉として成立しているのであり、表現もまた〈体験=印象〉の〈喚起/論述〉として遂行されているのである。〈体験=印象〉は、いわば個体と全体を一つに〈刻印〉するものだと言えよう。したがって〈体験=印象〉の〈内側から/外側から〉もまた、〈内的心的/外的物的〉に対応するのではなく、〈個体/全体〉に対応しているのである。

これに応じて、解釈学の体験・表現・理解の内の理解の働きも、体験の二重性と体験=印象という観点から捉え直すことができるのではないか。

第四節　理解の直接性（直観）

現在の経過の中での体験＝印象は、生の連関の中で過去の体験や未来の予期などと二重になって生の統一体を再形成しているのであった。これは表現も同様であった。たとえば何度目かに見るこの絵画の体験＝印象は過去のものと重なり、その表現も同じ言葉であったとしてもその意義分節はそのつど異なり再形成されよう。その各々の瞬機が〈別の現実〉であり〈同じ絵画〉である。誰もがこうした体験＝印象を積み重ねながら成長の過程で自身の生の連関を獲得し、その生の連関の中から体験し語り出しているのである。ディルタイは晩年の世界観学の構築の中で次のように述べていた。

「個々人の生は、生自身から、自己固有の世界を作り上げている」（GS8, 78）。

ここで言われる「それ自身から」は、これまでのディルタイの用語を使えば「内在的目的論的」であり、ジンメルの言う「内側から」になろう。だからこそそれは、「自己固有の世界」と言われているのである。ここでは、世界は固有の世界であり、つまり、世界と個々人の生の間に何かが介在することなく、直に（じかに）作り上げられている。しかも自己固有の世界を作り上げるという仕方で直に観ているのである。ここでは、自己とそれが観る対象が区分されているのではなく、体験＝印象である。ディルタイはここから「世界を観る」こととしての「世界観」を「直観（直に観る）」と言う。

「各々の真正な世界観は生それ自身の内部に存在していることから生じる直観である。……こうした生の内部に存在していることは、生に態度を取ることの中で、つまり生の連関の中で遂行されている。……そうして、そのように態度を取ることが世界の特定の側面を開示するのである」（GS8, 99）。

ここで言われるように、世界と直観は二つの別物ではなく、あるいは直観する自己と直観される対象が別にあるのでもない。両者の関係は印象＝体験と同様に世界＝直観であり、すなわち世界直観（世界観）である。そうであれば世界観は解釈学で語られた〈部分／全体〉としての〈個体／全体〉が世界観学の中で言い換えられたものであろう。生の連関の内に存在することは、世界の内に存在することであり、世界を固有に作り上げ直観していることを意味するからである。言い換えれば、各々の個人は、全体（世界）の中の部分として、多様な意義連関の交差点として内側から、そのつどある特定の内在的目的（意味）に従って、固有の意義連関を形成し直観しているのである。したがって、このように個体の内側からの固有な世界＝直観は、「世界〈全体〉の特定の側面を開示する」、とディルタイは言うのである。

ここで注意したいのは、二重の体験がそうであったように、世界観においても世界＝直観は現在において不断に経過しているという点である。たとえば、出勤して帰宅するまで、家庭という生の連関、会社や社会の連関、さらには個人的な友人との連関など、多様な生の連関・意義連関が経過し、そのつど「態度を取ることが世界の特定の側面を開示する」のである。川の流れのごとく世界は流れ、生の連関は推移している。ディルタイの言う自己固有の世界は、そうした推移の中で、生の内側から意義分節し、形成し、直観している世界を意味する。したがって表現が生の表現として態度を取り、言葉で語り出すとき、それはこうした推移する意義連関を分節しているのである。その行為や語り出しなどが、表出として外側に出て立つことであった。ミッシュはディルタイの右の文面に次のように付け加えるのであった。

「こうした内側に存在していることは、表現や行為においてそれ自身の外側に出て立つことを伴うが、しかし、ハイデガーが現存在の超越から世界形成を構成したことに対してわれわれが主張する疑念が正当であるとするならば、そこを越え出て立つことを含んではいないのである」（LP, 314）。

ミッシュはここで、ハイデガーの超越における世界へ超え出て立つことに対して、表現や行為においてそれ自身の外側に出て立つことを対置させる。この対置の仕方は、フッサールとディルタイの対決のように、フッサールの現象学的反省に対してディルタイが表現を介した解釈学的理解を対置したのに相当しよう。そして内側と外側から成る生の全体を超越論的・可能的に越え出るのがハイデガーの超越であった。これに対してディルタイは、表現を介した体験の理解を「理解の回り道[32]」とし、ミッシュはジンメルを介してこれを右のように「外側に出て立つこと」とするのである。

注目したいのは次の点である。すなわち、ディルタイでは、体験・表現・理解という連関の中で理解が表現を介して生の内側に、つまり固有な印象＝体験に進むのに対して、ミッシュではジンメルを介することによって方向性が〈内側へ〉から〈外側へ〉へ逆転しているのである。ジンメルでは、生の超越が限界を内側から外側へ押しやって外側に立つことであったように、ミッシュでは、内側（部分）に存在することは表現することとして外側（全体）に出て立つのである。かくしてリップスは「語り」を「超越」とする。

「何らかの志向性に切り詰めることのできない、語りの超越こそが、物事が眼差しに入り込み、引き入れられ、語りの中で話題にされる、その仕方の中で現れて来る」（Lipps, 1938, 23）。「概念的把握（concipere）の遂行の中で人は物事を扱い、手に取る。すなわち、手を伸ばして取り、摑み出し、取り上げる。概念的に把握することには、超越することが、止揚のしようもなく属している」（ibid., 62f.）。「われわれの生存の超越こそが、概念的把握の中で現れてくる」（ibid., 63.）。

ここでもまた、ジンメルの言う生の超越における逆説的な二重の活動性に出合う[33]。内側にいて外側に立っているのである。しかもここでは、表現は、体験＝印象の表現として、この逆説的運動が交差する接点、つまり内側と外側を限界づけている幅のない〈線〉に喩えられよう。語りもまた、幅のない〈現在〉の超越にほかならないのである。

したがって線が両側を限界づけるがゆえに、線は両側に在り、しかし幅がないがゆえに両側に無いのである。そうであれば、体験＝印象そして直観＝世界であったように、ここでも〈内側＝表現＝外側〉という直接性が生じているのであろうか。体験の二重性、そして理解の直接性から、表現の直接性へ進もう。

第五節　表現の直接性

ディルタイは体験を表すのに印象という語を使った。印象と別に自己があるのでもなく、何らかのものの印象として何からのものが存在しているのでもない。体験と印象は二つのものではなく一つであった。ミッシュが印象（Impression）よりもドイツ語では印象（Eindruck）のほうがよいと言うとき、ミッシュにとっても印象と体験は一つになる。しかもこの語（Eindruck）は表出する（ausdrücken）から表現（Ausdruck）に通じており、したがってミッシュはディルタイほどに「体験」という語を使わず、それを一語にして「体験表現」と表記するときがある。彼は「内側に存在すること」と「表現や行為においてそれ自身の外側に出て立つこと」の「根本関係」について次のように言う。

「この根本関係は、芸術的創造において、つまり偉大な作品によって、初めて示されるのではなく、本来はすでにそして適切に「体験表現」において、つまり言語において、すなわち、人間の語りにおいて、もともと示されているのである。人間の語りは、遥か遠くへ移行して生を超えて漂うことができることによって表現動作〔たとえば、おでこにシワを寄せたりする表情や仕草など〕や行為を歴史的創造的に一体化しているのである」（LP, 77）[34]。

たしかに人は何かを語るとき、たんに音声を発するだけでなく表情や行為を一体化している。それはたとえば、一人称単数現在形の語り「約束します」だけでなく過去についての語り「昨日原稿を書いた」でも、さらには他の人についての語り「彼は親切だね」でも、語る人の表象・感受・意志を、そしてある体験、ある行為などを表情などと一体化して語り出している。それは想起や予期という仕方で現在の体験に現前し、体験の二重性に従って、一つの心身的な生の連関を形成する。この二重性のゆえにまた、「原稿を書いている」という同じ表現でも、それは意義分節が別であり、昨日のものとは別の体験＝表現であり、しかし昨日のものを生の連関の部分として内包・展開しているのである。かくして表現としての「人間の語りは、遥か遠くへ移行して生を超えて漂うことができる」のであり、そのつどの〈私〉の〈いま／ここ〉に個体化した個人や集団において「表現動作や行為を歴史的創造的に一体化」して、時空を超えて繰り返されるのである。語りそれ自身が表出として超越しているのである。

そうであればここでは、ディルタイの言う基礎的理解と高次の理解の区分は当てはまらないのではないか。ミッシュの論点は、むしろその区分を無効にしているのではないか。すなわち、区分されるべきは「内側に存在すること」と「表現において外側に出て立つこと」の区分であり、しかも体験と表現が体験＝表現として一つであるようにこの区分も分割できない生の二重の活動性の二側面として一つである。しかもこうした根本関係は、「芸術的創造において、初めて示されるのではなく」、「人間の語りにおいて、もともと示されている」のである。そうであれば、日常の会話であれ、特別な体験を綴った芸術的創造の作品であれ、体験と表現が一体化していることに変わりはなく、前者には基礎的理解、後者には高次の理解という区分は不要になるのである。したがって理解の仕方を区別するのではなく、語りを多様な論述として捉え、その多様性を内側からの喚起的語りと外側からの純論述的語りという二つの側を極にして連続的に捉えるのがミッシュの意図であろう。かくしてここに、表現を介した体験の理解（追体験）という表現の媒介項的な位置づけが、体験＝表現＝理解という、表現を接点にした理解の直接性へ、したがって接点を中心とした表現世界へ転換するのである。表現が現在の幅のない〈線〉に喩えられるなら、これは内側と外側を限界づけると同時に両側を含んでいるのである。

　このゆえにこそ、ミッシュの語る喚起する語りと純論述的語りは、あくまで語りの二つの極であり、語り一般としては、どのような語りであれ論述的語りとして両極から成り、両極を含んでいるのである。前者の極は解釈学の対象となりうる生の多様な形態など生動的なものを表現する語りとして「諸々の語の流動性とそれらの語の無限に多様な諸結合」があり、後者の極は理論的な諸対象の対象性を確定する語りとして「語の意義も一義的で規定されている」であり[35]、したがって前者はもちろん、「文学作品や抒情詩だけでなく、認識も、学的認識も、それが生とともにその究め難さにおいて何かを創造することができるかぎり[36]」、どのような論述的語りにも含まれるのである。

したがって論述的語りの論述性とは、両極の喚起性と純論述性の間にあって両特性を含みながら、時間経過の中で語や文を述べることの論述性とともに、ロゴスに従っているという意味で、「人間の表現世界」が「論理的（ロゴス的）なものを含んだ領域[37]」であることを意味していよう。そうであれば、表現世界の中にあって、語りは喚起的であるとともに純論述的であり、語りの多様性は、ある語りはより喚起的でさほど純論述的でなく、またある語りはその逆である、等々の多様さになろう。生の二重の活動性のように、語りも二つの極が重なり合って形成されている、と言えよう。それはまた、個体化した生の統一体が、究め難きものと思考適合的な意義化の緊張関係から形成されているのと同様であろう。表現世界は生の深みの緊張関係が多様に表出された世界として、生の統一的全体である〈個／全体〉を表現しているのである。解釈学が部分と全体を相互的に進むのであれば、それは表現世界の中を〈語り出し／聞き取り〉ながら進むことにほかならないのである。

このように見れば、語りの喚起／純論述という二つの極は、川の流れの中を進む個体が、逆説的な二重の活動性の直中で、自身の生の内側から生の限界を外側に押しやりながら語ることと、そして外側から振り返って語ること、この二つの側面に分割して両極化したものだと言えよう。後者としては、たとえば平均寿命を算定したり死亡事故を報道したり、〈客観的〉と言われる語りがその典型として挙げられよう。これに対して、前者の語りは生の連関を生それ自身の内側から直接的に観て語ることとして〈直観的〉であろう。しかしこれはもちろん分割し両極化したかぎりであり、したがってミッシュは次のように言う。

「純論述的語りに対して、もう一方の極には、論述的類型の正反対の鋳型が立っている。それは思考の直観的な根本特徴に応じたものである。われわれはそれを喚起する形として表示しよう。たしかに、われわれはただ論述的にだけ語ってかつ直観的に語らないということができないのは、喚起する形でもそのままである。しかしわれわれは、直観的に知られたものを言葉に出し、それをその発言によって呼び起こし、喚起することができるのである」(LI, 433)。

この文面はいくつかの論点が圧縮されてひと塊になっているように思える。解きほぐして各々を判明にしながら表現世界に向かってみよう。

まず、直観には喚起が対応している。つまり生を生自身の内側から自己を超えて直接的に語り出すことが喚起する語りである。それは直観的であるがゆえに印象＝体験〈の〈が／を〉〉語りであり、自己と対象に区分された自己が自己自身について語るのではない。究め難きものと意義化の緊張関係の生の深みからの語りである。生が生を直接的に理解するように、生が生を語り出すのである。ここからすれば、表現において自身の外側に出て、もっぱら外側から自己と他者等を区分し、全体から均等に語ることの極が純論述的な語りになろう。

したがって次に、二種類の語りがあくまで極であれば、極の間にあっては、「論述的にだけ語ってかつ直観的に語らないということができない」のである。逆に、直観的にだけ語ってかつ論述的には語らないということができないのである。したがって極としての喚起が純論述に対応させて〈純喚起〉と表記すれば、両極の間の語りは〈喚起的／論述的〉と表記されよう。語りとしての表現は、喚起的でありかつ論述的である。

そうであれば第三に、日常の生活の中での語りは、生の流れがそうであったように両方の極が重ね合わさったものであろう。これはジンメルが挙げる死について日常の語りを例にとれば明瞭であろう。たとえば「あと何年か」と語って平均年齢から自分の死を予想して身の回りを整理し始めるとき、これは死を理解できない無規定的なものを内側から先へ押しやる喚起的語りでもあり、外側から自己や身辺のものを客観的に規定しようとする論述的語りでもあろう。その語り自身が喚起的論述的であり、生の統一体の形成と同様に無規定的規定的で多義的であり、したがってその意義分節も語られる生の連関に応じて多様である。このゆえにこそ、語りは解釈学の対象となるのである。

このゆえに、第四に、体験と表現の関係は、規定的無規定的な生の深みからすれば、印象＝体験〈の（が／を）〉語りとして、すなわち体験＝表現として一体である。これに対して、体験がまずあり、次にそれを表現する、という具合に想定すると、表現は体験を何らかの体験として規定しようとしても、体験は不断の経過するがゆえにこの規定を擦り抜け、かくして表現は再び体験を規定し直そうとし、という具合に進み、経過する体験はどこまで行っても表現できない。言い換えれば、流れ（体験）の中に線（表現）は引けないのである。しかし流れの中に線を引くためには、表現は流れとともに歩むことができなければならない。そのためには、まず、表現も生と同様に固定したものではなく、多義的で規定的無規定的なものとして捉える必要があろう。そしてこれに応じて、体験が表現になって表現が体験を喚起するという、体験と表現の直接的な関係性を考える必要があろう。すなわち、「われわれは、直観的に知られたものを言葉に出し、それをその発言によって呼び起こし、喚起することができるのである」。ここにはミッシュが「体験表現」という具合に、体験と表現が分離できないものとして相互に連関しながら一体となっていることが述べられているのである。すなわち、体験があって、それが表現されるのではなく、体験は表現に表出されて表現が体験を喚起するのである。

そして最後に、ここからさらにもう一つ引き出せることがあろう。先の例で「あと何年か」という語りは、語りとして誰もが語ることができるほど多義的であり無規定的な語りである。だからこその意義分節を変えながら、そのつど別の現実の中で、人から人へ繰り返される語りでもあろう。生を喚起し論述する語りは、「遥か遠くへ移行して生を超えて漂」い、他の人々に受け継がれて、聞き手の生を惹起しながら喚起し論述する語りとなることができるのである。この意味でも、表現は体験を喚起して体験は表現に表出されるのである。もちろんこの場合、表現の意義分節は語り手から聞き手への、あるいは読み手や受け手などへの経過の中で、そのつど、無規定的規定的な生の深みから惹起される生の統一体の中で規定し直されて行くのである。表現はここでは、語り出した個体とその語りを受け継いだ個体の間を結ぶ〈接点〉となっているとも言えよう。言い換えれば、無規定的規定的な表現は受け継がれながらそのつど意義分節を規定し直して生の統一体を新たに形成し直していくのである。これが体験・表現・理解の内の〈理解〉の道である。しかも表現が媒介項となる体験世界から表現の直接性としての表現世界へ向かうとき、理解は体験の〈追体験〉に応じて表現の〈追表現〉になろう。

第六節　追体験／追表現、そして表現世界

このようにミッシュが言う表現をディルタイに遡り、そこからジンメルを介して改めて見直してみると、その特徴は次のようにまとめられよう。

表現の働きは、まず、ディルタイの生の表出という観点からすれば、心身的な生の統一体の表出として生の生動性に直に触れる直観的な働きである。しかもそれは、次に、ジンメルの言う生の超越の逆説的な二重の活動性に応じて言えば、内側から限界を押しやりながら外側に向けて喚起的に語り出すと同時に、外へ語り出された語りを通して再帰的に生の内側の深みを惹起する、こうした二重の働きをしているのである。体験の二重性が、体験が現在の限界を押しやりながら外側へリアリティを伸展してそれを現在の体験に重ね合わせ体験を二重に再形成していることであったのに対して、表現の二重性は、表現が同じく限界の内側から外側へ表出して行く、ちょうど内と外が接する〈線〉となって両側へ二重に関わることを意味する。このような表現の働きは、したがって第三に、語りの対話というミッシュの弁証法を顧慮すれば、心身的な生の統一体相互の接点として、両者を部分として含む〈全体／部分〉の意義連関を無規定的規定的に形成する働きをしているのである。そしてこれによって、表現は、その生の統一体相互の弁証法的な進行と一体になった〈語り出し／聞き取り〉などの進行の中で理解されるのである。本書では表現の最初の特徴を、生の生動性に対応した表現の生動性と呼ぼう。次の特徴を表現の二重性、そして第三の特徴を表現の相互性と呼ぼう。

このように見れば、表現の三つの特徴をもって体験世界はおのずと表現世界へ移行してしまってい

るのではないか。表現の意義分節を理解することが生の体験の連関を理解していることに等しいからである。そうであれば、表現世界では、表現を介して体験を理解するというより、表現の意義分節を理解することが体験を理解すること、言い換えれば、追体験として理解は、本書が表記する〈追表現〉としての理解になるのではないか。しかしここに立ち入る前に注意しなければならないことがいくつかあるように思える。

まず、以上のように表現を特徴づけることによって体験世界から表現世界へ移行するとき、それは体験世界を余剰あるいは不要にしているわけではない。それは、ディルタイ哲学が心理学的分析を不要なものとして解釈学へ移行したわけではなかったのと同様である。ミッシュが言うように、生の内側に存在することと表現において外側に出るという「この根本関係を、ディルタイはあるときはこの一面を、あるときは他の面を強調」したが、両者は「一つのもの」であった。このゆえに、かりに表現世界では体験が余剰で不要に思えても、「体験」という表現それ自身が生動的に働く意義連関を持つことができるのであり、したがって「体験」もまた他の表現と同様に一つの表現として無規定的規定的な生の体験の連関を惹起し、語りを喚起することができるのである。その典型が、たとえば「体験談」であり「当事者」の語りであろう。体験もまた「体験」という表現としてその意義分節が理解され解釈されるのである。これは表現の第一の特徴、生動性から理解できよう。

次に、ディルタイが理解を追体験として語るとき、それは可能性への先行的投企ではなく、〈追〉という仕方での追従的な現実の体験であった。これはもちろん、たとえば他者の心身的な体験と同じ状態を自身の心身に後から形成することではありえない。したがってこれはまた、類比推論や感情移入として説明されるものでもない。逆に、追体験という生の統一的全体の体験を内的心的／外的物的という二分法に従って分割して四項に抽象化することによって類比推論説が生じるのであり、あるいはすでに追体験されているものを事後的に形式的外面的に説明しているのが感情移入説であった[38]。ディルタイの言う追体験は、生動的な生の連関の中で相互の働き合いとして生じるのである。しかも理解が追体験・追形成しようと目指しているのは、生の連関の中で理解にとって「抵抗するもの、疎遠なもの、捉えがたきもの[39]」など、個体としての生の統一体が親密な連関の外側の理解できないもの、したがって親密な連関がそこでは矛盾してしまったり、途絶えたり、妨げられたり、など、その先に伸ばすことができないもの、すなわち、理解の諸限界である。したがって追体験とは、諸限界を内側から押しやって外側も含めて生の連関を再形成することを意味する。そうであればここに、表現の表出として外側に出て立つことにおいて、二重の道が、しかも一つになって生じよう。一つはそこから自身の内側を振り返って自己を理解する道、ひとつは疎遠な他者・過去・未来へ向かってそれを理解する道である。しかもこれは限界としての表現から両側を統一的全体として相互的に追形成・追体験することであり、自己理解は他者理解を、逆に他者理解は自己理解を含意し、〈同じ〉現実を相互の固有の世界から形成しているのである。これは表現の第二と三の特徴、二重性と相互性から理解できよう。

そうであれば、第三に、二重の道の内の前者の道が、ディルタイ自身が「内観的方法」より「表現」を介して「回り道[40]」をする「理解」のほうが「自己自身についてその深みまで」明らかにすることができる、と述べていた道になろう。そうであれば、内側から外側へ立って表現において内側を振り返ることとは、それが反省と呼ばれても、反射として自己の中だけに向けられる反省ではなく、さらに超越論的可能的なイデアールなものをそこに見出そうとする反省でもない。それは、ディルタイの方法論的用語で言えば、覚知に基づく直接的な自己省察と表現を介した理解にほかならない。すなわち、流れの中にあっては、生の統一体としての〈個体／全体〉の〈個体〉の側から流れを流れとして覚知・省察しながら〈全体〉の側から表現を介して、たとえば自身の振る舞いを他者の反応と比較し、その場の全体の流れを振り返って今後の振る舞い方を決めたり、といった具合である。ディルタイはこの道で歴史を各時代の作用連関として構築しようとした。それがレアールなものに基づくイデエルな構築と呼ばれたのであれば、イデエルな次元とは、〈個体／全体〉においてリアリティに満ちた〈個体〉の現在の体験に基づく、生の連関の〈全体〉の次元になろう。日常では先に上げた『熟慮』という外側からの振り返りの次元である。こうした〈内側から〉に基いて〈外側から〉振り返る道こそ、表現の二重性から理解できよう。

　したがってもう一方の後者の道で疎遠な他者の追形成へ向かうときにも、前者の道と一つになって自身を振り返り、「みずからの体験の中に存在して数え切れず経験されている連関」だけでなく、「その連関のあらゆる可能性」を「常に現前し用意」することが必要になるのである(41)。このようにディルタイが言うとき、ここで言われる、自分では体験していない、そして他者が体験したであろう「あらゆる可能性」とは、先行的に投企される可能性や論理的可能性ではなく、表象的・感受的・意志的に「現前し用意される」可能性である。つまり、すでに経験された連関を振り返り、そこから想像力の類比的跳躍によって可能なものを現前させ、そこに生の連関を再形成することが追体験である(42)。ミッシュに従って言えば、追体験（理解）するとは、自身は体験できないことを体験できることとして体験することを意味する。ちょうど足し算のやり方がわかると言えるのは、その理念的な規則を「わかった」と言うときではなく、具体的にまだ体験できていなかった足し算もできたときであり、そのとき、すべてを体験できていなくても、足し算は理解できているのである。追体験は、自己の体験という狭い領域を越え出て他者の体験の連関を追従的に形成することによって、体験できないことを体験できることを意味する。ジンメルに従って言えば、追体験は自己の体験を超越して他者（疎遠な人・未来・過去・社会など）の体験へ向けて限界を内側から外側へ押しやることである。ここに生のリアリティの伸展を見出すことができよう。生の流れが個体化した〈私〉は、〈いま／ここ〉という現在の体験を超出して〈いま／ここ〉を押し広げ、現在のリアリティを〈疎遠な時／処〉に押し広めるのである。規定的無規定的な〈いま／ここ〉の生は、不断に〈ない〉となるとともに再形成され、したがってリアリティは〈消尽／創出〉されるとともに伸展するのである。この伸展こそ表現の相互性として、つまり表現の理解として遂行されているのではないか。

　その典型が、ディルタイの解釈学で主題となる歴史の構築であり、ミッシュが主題化した自伝や伝記の形成であろう。それは現在に現前している史料や他者が語った言葉など、表現の意義分節を理解し、それを新たに意義分節しながら表現によって追形成すること、つまり〈追表現〉することだからである。これがまた、現実の生のリアリティを過去へあるいは他者へ伸展することとして遂行されているのではないか。たとえば、一人称単数現在形の同じ語り「約束します」が二人の間で互いに反復されたり、あるいは新聞に政治家の言葉が引用符「……」が付されて引用されたりするのである。それらを通して現実は再形成されリアリティが伸展する。しかも、追体験が現在の体験として遂行され、過去が現在に現前して全体の諸部分となって体験の全体的統一体が再形成されて行くように、つまり体験の統一体が二重に不断に再形成されるように、追表現もまた、新たな表現として、引用符付から言い換えへ、そして参照指示なしに語られている表現へ、引用符という〈限界線〉が押しやられて固有な地の文に溶け込んで行く。それは疎遠で理解できない限界を外側へ押しやりながら、疎遠なものを親密にし、固有な生の意義連関を再形成して別の現実を形成して行くことに等しいのである。そうであれば、ある表現が〈個体/全体〉という一つの統一体の経過の中で追表現へ至る経過が、リアリティの伸展の経過になろう。表現世界へ移行しよう。

終節　表現のリアリティと空疎化

このように追体験に応じて追表現に注目すると、追体験ではさほど表立つことなく、むしろ誤解を生みやすい理解の特徴が、体験世界に対する表現世界の特徴として際立って来るのではないか。それが生の逆説的な活動である。すなわち、追体験が追従的に目指している疎遠な体験を〈追〉に対応させてかりに原体験と呼ぶなら、通例は、人はけっして他の人の体験を同じに体験できないがゆえに、原体験の追体験は原理的に不可能であると思われがちであろう。しかし生の逆説では、だからこそ原体験は理解・追体験できる、と言えるのではないか。

体験世界では本人も含めて誰であれ誰かがなした体験と〈同じ〉体験をもう一度することはできないし、〈同じ〉かどうかを比較さえできないがゆえに、原体験の追体験は原理的に不可能であると思われている。しかしここでは、〈原〉と〈追〉という一種の序列が暗に形成され、追体験自体が誤解されているのである。追体験はそうした原体験と同じ体験を目指してはいなかった。それはむしろ、原体験者の原体験ではなく、原体験者が語りだした〈体験＝表現〉を、〈部分／全体〉の弁証法的な進行の中で表現者よりも〈よりよく〉理解することを目指しているのである。全体は完結しないからこそ、理解はより広い全体を目指して進むのである。言い換えれば、疎遠で理解できない体験の部分がより少なくなることを目指して、それが表出されている表現とそれを部分として含む全体を相互に広げながら歩むのである。体験の二重性に従えば、現在の〈体験〉それ自身が過去・未来などに広がりながら現在に〈追従的〉であり、したがって〈追〉は〈原〉に対するものではなく、〈時間経過〉の中で全体の幅が広がる〈比較級〉を表すのである。

これに対して表現世界へ重点を移行すると、表現を介して体験を理解（追体験）することは、表現の意義分節をそれと関連するより多くの表現から規定することに等しいのである。表現が規定的無規定的であるという観点からするとき、〈よりよい〉理解は、そのつど〈別の目〉で表現を規定し直すことを意味しよう。ここでは、〈原〉と〈追〉からする誤解は生じないのである。というのも、著者とは別の現実で、著者の目とは別の目で、表現を理解しているからである。しかしその一方で、一つの逆説が生じているのである。ここでは、人はある著作を理解できるのであり理解できないのである。もちろんこれは体験の経過と同様に〈ずれ〉が〈いま／ここ〉の〈ずれ〉の中で生じている逆説にほかならない。それを明示的に語れば、人は〈同じ著作〉を〈別の目で〉理解できるのであり〈著者の目で〉理解できないのであり、〈同じ〉と〈別の〉は、規定的無規定的な〈いま／ここ〉が著作という表現と読み手と書き手の三者において各々一意的に規定されていること、つまり純論述的に論述できることに基いているのである。

そうであればここで重要なのは、まず、表現の相互性であろう。ここでは、表現の意義分節が三様に現れるからである。それを語り手と聞き手とすると、まず語り手の表現の意義分節が現れ、そして聞き手の生の意義分節が現れ、かくして聞き手が語り手の表現を理解するとき自身の意義分節を超え出ながら、語り手の表現の意義分節へ伸展して自身の意義分節と重ね合わせ、新たな意義分節を形成するのである。ミッシュの言う弁証法的な活動の進行である。そのさいに人は、これを同じ理解、あるいはよりよい理解、さらには共通理解が形成された、と言うこともできよう。しかしここで重要なのは、語り手の表現と聞き手の追表現が別の表現であっても、逆説的に、同じ表現である、という点であろう。語りは、生の流れの中で個体の内側から限界を押しのけながら語り出されて各々別の意義分節を持ちながら、しかし内側（部分）から外側（全体）へ超越して相互に同じ意味（全体）を形成しながら、循環的弁証法的に経過するからである。それはある事件報道が各新聞によって扱い方や全体の意味づけと意義分節が異なり固有性が現れても、〈同じ〉事件と言えるのは事件の日付と場所の、外側から〉の一義的な規定によるのと類似していよう。

したがってここでは、表現の相互性とともに表現の二重性という特徴が際立ってこよう。すなわち、喚起し論述された表現が再帰的に生の連関を惹起し統一するという表現の二重性は、表現が相互性の中で他の人に受け渡されて、その表現が追表現されるときにこそ、新たな生の連関の惹起として生じるのである。ここから次のことが言えよう。まず、表現が追表現として新たな生の連関を喚起／論述するのであれば、それは生の流れの中で各々固有な統一体として個体化された個体／全体の表現であろう。そうであれば次に、生の統一体の多様さは語りの多様さ、表現の多様さに等しく、同時に、この多様さは各々に個体化した固有性の多様さでもある。かくして、「死は生を彩る契機」であれば、死が生を多様に彩るのは、個体を限界づける死が、誰のものでもあり（多様）、誰のものでもない（固有）からであろう。多様化は同時に固有化である。

　そうであれば、ここから表現の生動性を語ることができよう。生が逆説的な二重の活動性のゆえに生動的であり、リアリティの創出が同時に消尽であれば、表現のリアリティの伸展にもそれと同様の働きがあろう。すなわち、表現が二重性と相互性を通して追表現されて行くとき、追表現が生の連関を新たに惹起／統一しながら喚起／論述するとき、その表現は生き生きとリアリティに満ち、生の連関に働きかけ心身的な生の統一体を揺り動かすことができるのである。これに対して、そうした惹起／統一、喚起／論述という活動が失われるとき、表現は空疎になる。いわゆる「言葉だけ」が、「単語だけ」が、意味連関と意義分節を欠いて飛びかうだけになる。しかしその一方で、語りは規定的無規定的であるからこそ、歴史の経過の中で、また聞き手の意義分節に応じて、空疎な「言葉だけ」でも〈別の理解〉を惹起したり煽り立てたり、生のリアリティを空疎化して死へ向かわせることさえできるのである。

　以上のような表現の相互性・二重性・生動性の働きに、表現のリアリティが、そして力が宿っているのではないか。逆説的な二重の活動性が生の統一体を形成する力の源であったように、表現の力とは、内側から外側へ表出して他者へ越え出て生のリアリティを消尽／創出できる／できないことを意味しよう。それは生の流れの中で生のリアリティを先へ押し進める力にもなり、逆に押し潰したり欺いたりする力にもなろう。ここでは、生が表現にリアリティを消尽／創出するのではなく、表現が生にリアリティを消尽／創出するのである。現実には〈ない〉虚構の喜劇が、あるいは童話が、一つの表現として生の現実にリアリティを消尽／創出することができるのである。逆に、現実の表現が言葉だけとなって生を空疎化することもできるのである。

かくして本書は出発点に戻って来たのではないか。それは生の現実のリアリティが消尽して行く〈いま／ここ〉である。しかもここでは、リアリティの消尽は、表現が繰り返されるだけの、表現の空疎化という様態に現在化されているのである。表現が体験＝表現であれば、それはまた、体験世界の空疎化でもあろう。しかし、リアリティが消尽されるその当処がリアリティが創出される処であれば、表現の空虚化に息吹を与え、〈いま／ここ〉の生／死のリアリティを惹起・創出・伸展するのも、表現のほかにはないのであろう。

本書はこの地点を求めて、一九世紀末から二〇世紀にかけてドイツに生きて哲学を営んだディルタイからジンメルを経てミッシュへ至る道を描いて来た。それは当時の歴史的社会的現実の流れの中で切り開かれて来た道であった。ディルタイ、ジンメル、ミッシュは、そうした生の流れの中で、幅のない現在という〈点〉を流れに向かって先へ押しやりながら各々の哲学を受け継いで行ったのである。本書は二一世紀初頭の日本の現実の中にあって三者の〈点〉を結びながら〈一本の線〉を引いてきた。それは時代社会を限界づけながらも経過とともに消え去る線でしかない。しかし引くことによってしか生の流れのリアリティは消尽/創出されないのである。流れの中に線を引く解釈学の営みも生の道と同じであろう。それはミッシュの言葉にある通りであろう。

「生の道はそもそも歩まれて初めて形成されるのである」(LP, 28)。

注

(1) Lipps, 1938, 20ff. リップスの「超越」については、田中、二〇一六、を参照。
(2) Misch, LP, 99.
(3) Dilthey, GS7, 280.
(4) Dilthey, GS7, 230.
(5) Misch, LP, 70.
(6) Misch, LI, 488.
(7) Misch, LP, 内容目次による (2. Aufl., IV.)
(8) Dilthey, GS7, 239.
(9) Dilthey, GS4, 49, 110. なお、「内的弁証法」という語は、初期の『シュライアーマッハーの生涯』(一八七〇)では「客観的観念論に含まれる問題系」を叙述するさいに用いられている(GS13-2, 41f.)。また、「客観的観念論」が世界観の類型の一つとして語られた『世界観の類型』(一九一一)では、「内的弁証法」は「諸前提から、そして諸前提に基づいて、諸可能性を踏破する内的弁証法」として特徴づけられ、これに対して類型の一つとされた自然主義については、実証主義が「休みない弁証法」（GS8, 101, vgl.111, 214）として自然主義を駆り立てる、と特徴づけられる。これらから全集八巻編纂者・グロイトイゼンは編者緒言で「世界観の諸類型の内的弁証法」という語を使う（GS8, VII）。そして世界観学へ向かう直前の『解釈学の成立』（一九〇〇）では、客観的観念論に入れられるシュライアーマッハーに関した文面でも「内的弁証法」という語が使われる（GS5, 338）。あるいはまた、遺稿『歴史意識と世界観』（一八九六推定）（GS8, 1-71）では「バウルの、教義の内的弁証法」（GS8, 28）という使い方もされる。

このようにディルタイは「内的弁証法」を、総じて、フィヒテ、ヘーゲル、そしてシュライアーマッハーを含む客観的観念論の歴史的展開を叙述する用語として使っている。ここからディルタイは、ミッシュが参照引用した最晩年に、この用語を生に由来する述語として生の概念に挙げたのであろう。晩年の世界観哲学では客観的観念論自体が「生の類型」として挙げられるからである。ミッシュがこの語に着眼したのは、客観的観念論を特徴づける語としてではなく、自身のロゴス解釈としての論理学・弁証法（ディア・ロゴス）の視点から、ディルタイがこの語を「生に含まれる生の概念」と語った点にあろう。

なお、右記『歴史意識と世界観』の執筆年代は全集八巻では年代査定がなされておらず不明のままであるが、それが一八九六年と推定されることについては以下の論文の指摘による。大野、二〇〇四、五。

（10）Misch, LP, 160.

（11）Misch, LII, 7, 12.

（12）Roty, 1967, 63 (Bergmann, Gustav: Logical Positivism, Language, and the Reconstruction of Metaphysics).

（13）Kühne-Bertram, 2015, 259.

（14）Dilthey, GS7, 194.

（15）Simmel, LA, 101.

（16）　Misch, LI, 484.

（17）　Pressner, 2005, 203. プレスナーはここで、解釈学の理解の働きに直観の働きを見出そうとして「別の目」という言い方をする。例としては、子供の頃に熟知し親しんだ故郷を離れ、大人になって帰郷したとき「別の目で再び……全伝承を発見する」（ibid. 203）のである。熟知され親密になったものは「理解」され、習慣の力によって感性的直観は退化してしまっているが、それが疎遠なものになるとき、今度は直観されるのである。これが「別の目」による直観である。ここでは人間の生の経験が疎遠と親密によって形成され、前者に直観が、後者に理解が、配分されているのである（ibid.）。しかし本書では、生の経験の区分に対応させて理解を割り振るのではなく、理解の働きが意義分節の直接性を持っていることを直観としている。プレスナーの例で言えば、故郷に親しんでいたときも疎遠になったときも、理解は直観的であるが、帰郷したときは、それまで「別の意義分析」に親しんでいたため、「別の目」でかつて親しんだ世界の「全伝承を発見」したのである。それはちょうど、「うさぎ」を見ていたのに突然「あひる」を見ている事例と同様ではないか。「表現」の代わりに「図柄」という言葉を使えば、そこに見ているのは一つの規定的無規定的な図柄であり、つまり「うさぎ」であったのであり、「うさぎ」であるのである。これは、図柄の「恒常的視」があってその諸可能性の中の一つをうさぎとして、一つをあひるとして意義分節し現実化しているわけではない。別の目で別の意義分節を形成しているのである。それが別の目であるがゆえに、「そうした図柄が私に示されていたとしても、私はその図柄にうさぎ以外の何物も見ていなかったのである」（Wittgenstein, 1989, 520.（PU, Teil II, XI））。

（18）　Misch, LI, 488.

（19）　Misch, LI, 485.

（20）　Dilthey, GS6, 315f.

（21） Simmel, LA, 8.

（22） Simmel, LA, 11.

（23） König, 1981. Pressner, 2005. 前掲注（17）を参照されたい。また、田中、二〇一六、では、ハンス・リップスの解釈学的論理学を中心に論じている。本書では、ミッシュからさらにリップスへの道は展開されていない。加えて、ケーニヒは、ミッシュが喚起する語りの哲学者として挙げたベルクソンの直観概念を視野に入れているが、この道も本書では切り開かれていない。ディルタイからミッシュの直観概念については、Kühne-Bertram, 2011, 104ff. を参照。

（24） Locke, B1, C2, §5. Hume, B1, C1, §1.

（25） このような体験概念は、ウィリアム・ジェイムズが自身の「世界観」を「根本的経験論」と名付けるさいの「実在的」な「純粋経験」に、類縁的であるように見える。純粋経験は喩えて言えば「一つの同一の点が二つの線の交差点に位置している」ように、知覚と事物、主観と客観と言われる二つの領域は純粋経験が二つの領域に分けられて出来たものだとされるからである（James, 1976, 8, 22-23. 邦訳、一三、四五－四六）。したがってジェイムズもまた、観念と事物を分けた上で「自己自身の存在の内側」から「さらに」、と言って「何処かに存在する実在を要請し」、この「認識論的深淵」を「決死の跳躍」によって飛び越えようとする「超越論者」の言う「経験」を批判する（ibid., 33. 邦訳、六四）。ここで批判されている超越論者は「ブラッドリ氏」とされているが（邦訳訳注２－（18）（25））、超越あるいは内側からの自己超越という言い回しだけからするとジンメルの自己超越にも当てはまるが、ジンメルの自己超越は「溝」を設けるのではなく、生の持続的な超越であり、連続性という点でジェイムズの経験概念に近づく。もちろん、両者の類縁性と差異性の検討は各々が別の現実として形成されてきた〈部分／全体〉相互の検討として遂行されねばならず、本書の道を超えている。

(26) Misch, LP, 122f.
(27) Misch, LP, 123.
(28) Hume, 1790, 1791. 関西大学総合図書館所蔵貴重図書による。
(29) Locke, B2, C1, §4.
(30) Locke, 1757, 78. 1795, 192. 関西大学総合図書館所蔵貴重図書による。
(31) ここに引用した訳注が本書のように理解できるなら、この訳注からローティーの書『哲学と自然の鏡』を想起しよう。ローティは本書でも引用したロックの言う「こころに何かを刻印しているのにそれを知覚していないなど私にはとても考えることができない」という文を捉えて、「白紙は、瞬きなき心の目に絶えず注視されているかのようである」（Roty, 1980, 143. 邦訳、一五〇）として、こころが自然を映し出す鏡となったことの証左とする。また、ワルター・シュルツは、反省概念を日常的反省と哲学的反省に区別して、前者は自分自身との付き合いとして経験的で事実的個別的な自己認識・自己経験であるのに対して、後者で決定的なのは世界から自己を切り離してより深くより高く抽象化形式化することである、と特徴づけている（Schulz, 1979, 41）。本書でも本文以下で述べるように、「こころの目」がこころの中に向かってこころの中のものが「心の目」に反射して映し出されるような反省（折れ曲がり）と思慮や熟慮などの反省（外側からの振り返り）を区別している。したがって本書第三章で述べた現象学的反省は前者の道、生の哲学の自己省察の道は後者の道になる。ちなみに、鏡については、ショーペンハウアーの鏡に比喩について述べたことがあり、以下を参照されたい。山本、二〇〇五、二八一以下（第四章「鏡を介して〈見る／見える〉現実」）。
(32) Dilthey, GS7, 87.
(33) リップスは「語りの超越」を述べるときに、ジンメルそしてミッシュを参照指示しているわけではない。本文に『解釈学的論理学のための探求』から引用した文面にある「われわれの生存の超越」も、原語は „Transzen des unseres Daseins" であり、ハイデガーの「現存在（Dasein）の超越」を想起させ、実際、ハイデガーへの参照指示が数箇所みられる。しかしこの書が一九三八年に公刊されたものであれば、すでにミッシュの『生の哲学と現象学』がナチ政権のもとで廃棄処分となっており、ミッシュからの哲学の継承があってもミッシュそしてジンメルの名を挙げることのできない歴史的社会的現実の中にあったとも言えよう。

(34) Misch, Vgl., LI, 76f.
(35) Misch, LI, 536f.
(36) Misch, LI, 433.
(37) Misch, LI, 77.
(38) Dilthey, GS5, 276f.; GS7, 213ff.; GS19, 359. 詳細は以下を参照されたい。山本、二〇一四、九八以下（第二章第一節二「類比・追形成としての理解」および第二節一「個から個へ」）
(39) Dilthey, GS5, 111.
(40) Dilthey, GS7, 87.
(41) Dilthey, GS7, 213f.
(42) 追体験の類比的跳躍については前掲注（38）を参照されたい。

おわりに

本書『落着と実在　リアリティの創出点』は、前々著『実在と現実　リアリティの消尽点へ向けて』(二〇〇五年三月二九日)から一三年の歳月が流れて上梓に至った。前著『現実と落着　無のリアリティへ向けて』(二〇一四年二月一九日)からは四年が経過した。三冊の表題が示すように、実在から出発して現実へ、現実から落着へ、そして落着から実在へ戻って来たのが本書である。あるいは副題が示すように、リアリティを巡って、その消尽から無を経て創出へ至った。当初よりこの構想をもって歩んで来たわけではない。西洋哲学の流れの中で現れて来た哲学者を、ハイデガーからディルタイへ、そしてショーペンハウアーを経て再びディルタイへ戻る道が、このような三著作の構成になった。出発点に戻ってきたのは、問いが生じてきた当処に答えがあるとも言われるからかもしれない。しかし、果たして、本書によって問いと答えが一つになって落ち着く処に至ったのか、心もとないかぎりである。加えて、この道を歩みながら分け入らなければならない文献が山と積まれて行ったが、時が流れるだけで忸怩たる思いが残っている。ご批判頂ければ幸いである。

本書は日本学術振興会科学研究費補助金によって運営して来た「ディルタイ・テキスト研究会」でゲオルク・ミッシュの『生の哲学と現象学　ディルタイの方向づけとハイデガーおよびフッサールと

の対決』の輪読会を行ったのを機縁にしている。その成果としてこれまでに口頭で発表したもの、論文として執筆したものをもとにして本書が出来上がった。発表および論文掲載の機会を頂いた各機関に謝意を表したい。

・発表「ハイデガーに対するミッシュの批判から見えてくるもの」、第四五回ディルタイ・テキスト研究会、二〇一五年八月二四日、関西大学六甲山セミナーハウス。

・発表「ミッシュを介したディルタイ研究」、第四六回ディルタイ・テキスト研究会、二〇一五年一〇月二四日、慶應義塾大学三田キャンパス。

・書評への応答「生からの二つの道程 —— ディルタイとハイデガー」『ディルタイ研究』第二六号、日本ディルタイ協会、二〇一五年一一月三〇日、七三-七七頁。

・発表「ディルタイ、フッサール、ミッシュ、ハイデガー、その対決」「ゲオルク・ミッシュのハイデガー批判から見えてくるもの」、日本ディルタイ協会全国大会・共同討議提題、二〇一五年一二月五日、慶應義塾大学三田キャンパス。

・論文「生の統一的全体性と分散的多様性（その一）—— ディルタイの方向づけからするミッシュの現象学（ハイデガー、フッサール）批判を介して」『文学論集』（関西大学文学部紀要）第六五巻第三／四号合併号、二〇一六年三月、二五-五五頁。

・論文「生の統一的全体性と分散的多様性（その二）—— ハイデガーのディルタイ批判に対するミッシュのディルタイ擁護」『文学論集』（関西大学文学部紀要）第六六巻第一号、二〇一六年七月、二二－五八頁。

・論文「生の統一的全体性と分散的多様性（その三）——ディルタイとフッサールの対決への遡及」『文学論集』（関西大学文学部紀要）第六六巻第二号、二〇一六年九月、六三－一〇〇頁。

・論文「ミッシュのハイデガー批判から見えてくるもの」『ディルタイ研究』第二七号、日本ディルタイ協会、二〇一六年一一月三〇日、四－三三頁。

これらから本書に至る研究は、日本学術振興会科学研究費補助金（基盤研究（C）JP26370039、二〇一四－一六年）により、そして本書の出版は関西大学研究成果出版補助金により行われた。また、入手困難な書籍に関して関西大学総合図書館の収集所蔵および相互利用により閲覧可能になったものが多い。学術振興会ならびに関西大学研究支援、図書館収書および出版等関係部署の皆様に、そして最後の後押しで本書を世に送り出して頂いた出版部の宮下澄人様に、お礼を申し上げたい。

本書の上梓に至るまで、ディルタイ・テキスト研究会の輪読会と発表会でミッシュ、ジンメル、リップスへ導いて頂いた、舟山俊明先生、大石学先生、伊藤直樹先生、齋藤智志先生、走井洋一先生、廳茂先生、瀬戸口昌也先生、田中潤一先生、また、ハイデガーからディルタイを経てジンメルへ至る道へ導いて頂いた故茅野良男先生に、心底より感謝するしだいである。

完

二〇一八年を迎えて　自宅にて

山本 幾生

文献一覧および文献略記号

1. 文献一覧は、本書で直接引用等していないものも含め、著者名のアルファベット順で並べている。和書も著者名字のみをローマ字表記にして同じ扱いにしている。『ディルタイ年報』などは当該哲学者名に入れている。また、全集の巻数等の数字はアラビア数字に統一している。
2. 文献略記号は[　]内で示している。この表記のないものは、通例の引用の仕方（著者、出版年、頁数）で示している。
3. なお、現在入手困難な文献については、各氏・各機関のお陰により閲覧可能になったものが多く（　）内に記して謝意を表したい。

Aristotle, *De Interpretatione*, in: *Aristotelis Categoriae et Liber de Interpretatione*, Oxford Classical Texts, 1949, 1980. 邦訳：アリストテレス「命題論」山本光雄訳,『アリストテレス全集 1』岩波書店, 1971;1987. [Inter]

——: *Physica*, Oxford Classical Texts, 1950, 1973. 邦訳：アリストテレス『自然学』出隆, 岩崎允胤訳,『アリストテレス全集 3』岩波書店, 1968; 1976. [Physica]

——: *Metaphysica*, Oxford Classical Texts, 1957, 1973. 邦訳：アリストテレス『形而上学』上・下, 出隆訳, 岩波文庫, 1959; 1972. [Met]

——: *De poetica liber*, Olms, 1974. 邦訳：アリストテレス『詩学』, 松本仁助ほか訳, 岩波文庫, 1997. [Poe]

——: *Politikon*, Olms, 1974. 邦訳：アリストテレス『政治学』, 山本光男訳, 岩波文庫, 1997. [Poli]

Arnswald, Ulrich, Jens Kertscher & Louise Föska-Hardy(Hg.): *Hermeneutik und die Grenzen der Sprache. Hermeneutik, Sprachphilosophie, Anthropologie*. Manutius 2012.

Bollnow, O. F. : *Dilthey. Eine Einführung in seine Philosophie*, Kohlhammer, 1936, Dritte Auflage 1967.

——: Zum Begriff der Hermeneutischen Logik, in: *Argumentationen. Festschrift für Josef König*. Hrsg. von H. Delius und G. Patzig. Göttingen 1964, 20-42. (Wiederabdruck in: *Hermeneutische Philosophie*, hg. von O. Pöggeler. München 1972, S.100-122, sowie in: O. F. bollnow: *Studien zur Hermeneutik*. Bd. 2: *Zur hermeneutischen Logik von Georg Misch und Hans Lipps*. Freiburg i. B. /München 1983, S.13-18 und S.268-273.)

——: Lebensphilosophie und Logik. Georg Misch und der Göttinger Kreis. in: *Zeitschrift für philosophische Forschung*, Band 34, 1980, Heft 3, S. 423-440. [1980-1]
(Wiederabdruck in: *Studien zur Hermeneutik*. Band 2: *Zur hermeneutischen Logik von Georg Misch und Hans Lipps*. Alber, Freiburg / München 1983.)

——: Bemerkungen über das evozierende Sprechen in der Logik von Georg Misch,

in: *Sinn und Geschichtlichkeit. Werk und Wirkungen Theodor Lipps*. Hg. von J. Derbolav. C. Menge, F. Nicolen, Born, 1980. [1980-2]

——: *Studien zur Hermeneutik. Band 2: Zur hermeneutischen Logik von Georg Misch und Hans Lipps*. Alber, Freiburg / München 1983.

——:「解釈学的論理学の概念について」『解釈学の根本問題』晃洋書房, 1979.

——:「ゲオルク・ミッシュ」『ディルタイ研究』第 4 号, 日本ディルタイ協会, 1990.

——: *Otto Friedrich Bollnow im Gespräch*. Hg. H. -P. Göbbeler und H. -U. Lessing, Mit einem Vorwort von Frithjof Rodi, Freiburg München Alber, 1983. 邦訳：O. F. ボルノー『詩作と生涯を語る』（H. -P. ゲベラー・H. -U. レッシング編）埼玉大学出版部, 1991.

Bube, Tobias: *Zwischen Kultur- und Sozialphilosophie. Wirkungsgeschichtliche Studien zu Wilhelm Dilthey*. Königshausen & Neumann 2007.

Carnap, Rudolf; The Elimination of Metaphysics through Logical Analysis of Language, in: A. J. Ayer(ed.), *Logical Positivism*, The Free Press, 1959.

Cho: 廳茂：『ジンメルにおける人間の科学』木鐸社, 1995.

——:「〈哲学者ジンメル〉の問題提起」『ディルタイ研究』27 号, 日本ディルタイ協会, 2016.

——:「社会はいかにして可能か　〈ジンメルとディルタイ〉問題」『社会学研究』第 89 号, 2010.

——:「G. ジンメルにおける「社会はいかにして可能か」 第 3 アプリオリ論の思想的意味」（上・中・下の 1）『国際文化研究』第 35, 36, 37 号, 2010-11.

D'Alberto, Francesca: *Biographie und Philosophie. Die Lebensbeschreibung bei Wilhelm Dilthey*, V&R unipress 2005.

D'Anna, Giuseppe, Helmut Johach & Eric S. Nelson(Hgs): *Anthropologie und Geschichte. Studien zu Wilhelm Dilthey aus Anlass seines 100. Todestages*. Königshausen & Neumann 2013.

Danto, Auther C. : アーサー・C・ダント『物語としての歴史　歴史の分析哲学』河本英夫訳, 国文社, 1989.

Diels & Kranz: *Die Fragmente der Vorsokratiker 1*, Weidmann1974. ヘラクレイトスからの引用は断片の番号をもって示す。邦訳：山本光雄訳編『初期ギリシア哲学者断片集』岩波書店, 1976（17 刷）. 日下部吉信編訳『初期ギリシア自然哲学者断片集①』1, ちくま学芸文庫, 2000. 邦訳は後者に頁数をもって示す。[DK]

Dierse, Ulrich: ウルリッヒ・ディールゼ「生と自己意識」（森田孝, 真壁宏幹 訳）『ディルタイ研究』3 号, 日本ディルタイ協会, 1989.

Dilthey, Wilhelm;*Wilhelm Dilthey Gesammelte Schriften* 1-26, Vandenhoeck & Ruprecht. 邦訳：西村晧・牧野英二編集代表『ディルタイ全集』法政大学出版局. [GS]

——: *Briefwechsel zwischen Wilhelm Dilthey und dem Grafen Paul Yorck von Wartenburg* 1877-1897, hg. von Sigrid v. d. Schulenburg, Halle (Saale)

Niemeyer 1923; Hildesheim-Zürich-New-York Ulms 1995. [BW]
――: *Dilthey-Jahrbuch für Philosophie und Geschichte der Geisteswissenschaften,* hg. von Frithjof Rodi, Verlag Vandenhoeck & Ruprecht, Göttingen. [DJ]
Donation, Francesco: *Religion und Geschichte bei Paul Yorck von Wartenburg. Mit einem Vorwort von Gudrun Kühne-Bertram und Gunter Scholtz*, Übersetzung aus dem Italienischen von Hamid Perkmann, Königshausen & Neumann 2013.
Farías, Victor: *Heidegger und der Nationalsozialismus*, S. Fischer Frankfurt am Main, 1989. 邦訳：ヴィクトル・ファリアス『ハイデガーとナチズム』山本尤訳, 名古屋大学出版会, 1990.
Funayama: 舟山俊明「Lebendigkeit の分析としての生の哲学と歴史的世界の構築論」『ディルタイ研究』19 号, 2007/2008.
Gadamer, H. -G. : Die Hermeneutik und die Diltheyschule. In: *Philosophische Rundschau*. 38. Jg. (1991) H. 3, S. 161–177.; vgl. ders. : Ges. Werke 10 (Tübingen 1995)185-205.（全集再録版では „Die Hermeneutik und die Dilthey-Schule“. また付：„Nachschrift“）
――: *Wahrheit und Methode*, 1960, 4. Auflage Unveränderter Nachdruck der 3. erweiterten Auflage 1975.
Giammusso, Salvatore: *Hermeneutik und Anthropologie*, Walter de Gruyter GmbH & Co KG, 2012. (I. Einführung: Der Gedanke der Unergründlichkeit des Lebens bei Dilthey und in seiner Schule, S.11-23.)
Ginev, Dimitri: *Das hermeneutische Projekt Georg Mischs*, Passagen Verlag, 2011.
――: Georg Misch Paradigma der Konstitutionsanalyse, *Phänomenologische Forschungen*, 2001, 1-2, S.189-205.
Grondin, Jean: Georg Misch und die Universalität der Hermeneutik: Logik oder Rhetorik? in DJ11, 1997/98.
Großheim, Michael: *Von Georg Simmel zu Martin Heidegger. Philosophie zwischen Leben und Existenz*, Bonn; Berlin: Bouvier Verlag, 1991.
Gutmann, Mathias: *Erfahren von Erfahrungen. Dialektische Studien zur Grundlegung einer philosophischen Anthropologie*, transcript 2004.
Heidegger, Martin: *Heidegger Gesamtausgabe*, Klostermann. [GA]
――: Phänomenologische Interpretationen zu Aristoteles (Anzeige der hermeneutischen Situation), hg. von Hans-Ulrich Lessing, in: DJ6, 1989, S.235-269.
――: *Was ist die Metaphysik* ? , Klostermann 10. Aufl. 1969. [WM]
――: *Vom Wesen des Grundes*, Klostermann 5. Aufl. 1965. [WG]
――: *Kant und das Problem der Metaphysik*, Klostermann 3. Aufl. 1965. [KM]
――: *Vorträge und Aufsätze*, Teil 2, Neske 3. Aufl. 1967. [VA2]
――: *Unterwegs zur Sprache*, Neske 5. Aufl. 1975. [US]
Hume, David: *Treatise of Human Nature, David Hume Philosophical Works 1*, ed. by Green and Grose, Scientia Verlag Aalen 1964. 邦訳：デヴィッド・ヒューム『人生論』（全四巻）, 岩波文庫. 引用は巻章節 [B, C, §] で示す。

——: *David Hume über die menschliche Natur* aus dem Englischen nebst kritischen Versuch zur Beurteilung dieses Werks von Ludwig Heinrich Jakob Professor der Philosophie in Halle. Erster Band: Ueber dem menschlichen Verstand. Halle bei Hemmerde und Schwetsehke 1790. Zweiter Band: Ueber dem menschlichen Verstand. Halle bei Hemmerde und Schwetsehke 1791.
（関西大学総合図書館所蔵貴重図書による）

Husserl, Edmund: *Husserliana*, Den Haag Martinus Nijhoff. [HU]

——: *Husserliana Dokumente*, Kluwer Academic Publischers Dordrecht/Boston/London. [HD]

——: *Formale und transzendentale Logik. Versuch einer Kritik der logischen Vernunft*, Max Niemeyer 1929. Sonderdruck aus: Jahrbuch für Philosophie und phänomenologische Forschung Bd. 10. 邦訳：エトムント・フッサール『形式論理学と超越論的論理学』立松弘孝訳, みすず書房, 2015. 引用は HU に基づく。[HU17]

——: *Philosophie als strenge Wissenschaft*, Klostermann 1965. 引用にさいしては同書本文の各段落に記載の、1911 年掲載誌『ロゴス』（Logos I, 1911）頁付表記による。[SW]

——: *Logische Untersuchungen*, 1, 2/1, 2/2, Max Niemeyer Verlag Tübingen, 1900, 1901; 1968. [LU]

Ito: 伊藤直樹：「ディルタイ－エビングハウス論争について。19 世紀末における心理学と哲学の抗争の一断面」『比較文化史研究』第 9 号, 比較文化史学会, 2008 年.

James, *William: Essys in Radical Empiricism, The Works of William James*, General Editor Frederick H. Burkhardt, Harvard Uni. Press 1976. 邦訳：ウィリアム・ジェイムズ『根本的経験論』枡田啓三郎 加藤茂訳, 白水社, 1978.

Johach, von Helmut: *Handelnder Mensch und Objektiver Geist. Zur Theorie der Geistes- und Sozialwissenschaften bei Wilhelm Dilthey*, Anton Hain Meisenhein am Glan 1974.

Kayano: 茅野良男：『ディルタイ』有斐閣（人と業績シリーズ 3）, 1959.

——:「訳者あとがき」『生の哲学』（ジンメル著作集 9）白水社, 1977.

Komatu: 小松進：「ディルタイと自叙伝」『筑波学院大学紀要』第 3 集, 2008.

——:「ゲオルク・ミッシュの自叙伝史研究（1）」『筑波学院大学紀要』第 5 集, 2010.

König, Josef: Georg Misch als Philosoph, in: *Nachrichten der Akademie der Wissenschaften in Göttingen*. I. *Philosophisch-Historische Klasse*, Jahrgang 1967, Nr. 7.
（瀬戸口昌也氏による）

——: *Sein und Denken. Studien im Grenzgebiet von Logik, Ontologie und Sprachphilosophie*. Tübingen 2. Auf. 1969.

——: *Vorträge und Aufsätze*, hg. von Günther Patzig, Freiburg , München . Alber 1978.

——: *Der Begriff der Intuition*, Halle/Saale 1926; Max Niemeyer 1981.
——: *Der logische Unterschied theoretischer und praktischer Sätze und seine philosophische Bedeutung*, Freiburg [Breisgau] : K. Alber 1994.
——: *Kleine Schriften*, hg. von Günter Dahms, Freiburg [Breisgau] : K. Alber 1994.
——: *Josef König Helmuth Plessner Briefwechsel 1923-1933. Mit einem Briefessay von Josef König über Helmuth Plessers „Die Einheit der Sinne"*. Alber 1994.
——: *Argumentationen : Festschrift für Josef König*, hg. von Harald Delius und Günther Patzig, Göttingen : Vandenhoeck & Ruprecht , c1964.
Konishi: 小西憲臣：「ゲオルク・ミッシュにおける「解釈学的対象性」の概念」『関西教育学会年報』第 23 号, 1999.
——:「ゲオルク・ミッシュにおける「喚起する語り」の概念について」『京都大学大学院教育学研究科紀要』第 45 号, 1999.
Kühne-Bertram, Gudrun: Der Begriff des » hermeneutischen Begriffs «, in: *Archiv für Begriffsgeschichte* 38 (1995), S.236-260.
——: Der Ausdruck als Grenze des Verstehens in Georg Mischs Theorie des Wissens, in: Gudrun Kühne-Bertram, Gunter Scholtz (Hg.), *Grenzen des Verstehens. Philosophische und humanwissenschaftliche Perspektiven*, Göttingen 2002, 129-146.
——: Wilhelm Diltheys Ansätze zu einer hermeneutischen Theorie des Wissens und ihre Weiterentwicklung durch Georg Misch, in: *Dilthey und die hermeneutische Wende in der Philosophie. Wirkungsgeschichtliche Aspekte seines Werkes*, hg. von Gudrun Kühne-Bertram und Frithjof Rodi, Vandenhoeck & Ruprecht 2008.
——: Phantasie und Intuition in der Theorie des Wissens bei Wilhelm Dilthey und Georg Misch, in: Kühne-Bertram & H-.U. Lessing (Hg), *Phantasie und Intuition in Philosophie und Wissenschaften*, Königshauses & Neumann, 2011.
——: *Konzeptionen einer lebenshermeneutischen Theorie des Wissens. Interpretationen zu Wilhelm Dilthey, Georg Misch und Graf Paul Yorck von Wartenburg*, Königshauses & Neumann, 2015.
Lessing, Hans-Ulrich: Nachwort des Herausgebers, in: DJ6, 1989, S.270ff.
——, Rudolf A. Makkreel & Riccard Pozzo(Hg.) : *Recent Contributions to Dilhey's Philosophy of the Human Sciences*. frommann-holzboog 2011.
Lipps, Hans: *Untersuchungen zur Phänomenologie der Erkenntnis*, Erster Teil Das Ding und seine Eigenschaften, Verlag von Friedrich Cohen in Bonn, 1927.
——: *Untersuchungen zu einer hermeneutischen Logik*, Vittorio Klostermann, Frankfurt am Main, 1938, 1959, 3. Aufl. 1968.
——: *Die menschliche Natur*, Frankfurter Wiss. Beiträge: Kulturwiss. Reihe, 8, Vittorio Klostermann Frankfurt am Main, 1941.
——: *Die Wirklichkeit des Menschen*, Vittorio Klostermann Frankfurt am Main,

1954.
——: *Die Verbindlichkeit des Sprache*, Vittorio Klostermann Frankfurt am Main, Zweite Auflage 1958.
——: *Untersuchungen zur Phänomenologie der Erkenntnis*, Vittorio Klostermann Frankfurt am Main, 1976.
(Erste Auflage bei Friedrich Cohen in Bonn 1927/1928.)
Locke, John: *An Essay concerning Human Understanding*, Oxford at the clarendon press 1975;1979. 邦訳：ジョン・ロック『人間知性論』（一）～（四），岩波書店，1972; 78. 引用は「巻章節」[B, C, §] で示す。
——: *Herrn Johann Lockens Versuch vom Menschlichen Verstande*. Aus dem Englischen übersetzt und mit Anmerkungen versehen Heinrich Engelhard Poleyen, Professor der Philosophie und Mathematik zu Weißenfels. Altenburg, in der Richterischen Buchhandlung. 1757.
——: *Locke's Versuch über den menschlichen Verstand* aus dem Englichschen übersetzt mit einigen Anmerkungen und einer Abhandlung über den Empirismus in der Philosophie von D. Wilhelm Gottlieb Tennemann. Erster Theil Iena, im Verlag des akademischen Leseinstituts 1795. Zweiter Theil. Leibzig, bey Iohann Ambrosius Barth, 1797. Doctor der Philosophie, Mitglied der Churküystliehen Akademie nützlicher Willenschaften zu Erfurt und Ehrenmitglied der lateinischen Gesellschaft zu Jena. Dritter Theil Leibzig, bey Iohann Ambrosius Barth, 1797.
（以上のドイツ語訳は、関西大学総合図書館所蔵貴重図書による）
Misch, Georg:
——: Von den Gestaltungen der Persönlichkeit in : Frischeisen-Köhler, M. (Hg.), *Weltanschauung. Philosophie und Religion*, Berlin 1911. [GP]
（瀬戸口昌也氏による）
——: Vorrede und Einleitung, in: Herman Lotze, *Logik*. Drei Bücher von Denken, vom Untersuchen und vom Erkennen, herausgegeben und eingeleitet von Georg Misch, Leipzig Verlag von Felix Meiner, 1912, VII-CXXII. [VE]
——: Die Idee der Lebensphilosophie in der Theorie der Geisteswissenschaften, *Kant-Studien* 31 (1-3):S. 536-548, 1926. Auch in: *Materialien zur Philosophie Wilhelm Diltheys*, hg. von Frithjof Rodi und Hans-Ulrich Lessing, Frankfurt/M. 1984, 132-146. 引用頁数は前者の掲載雑誌による。[IL]
——: *Der Weg in die Philosophie. Eine philosophische Fibel*. Leipzig/Berlin 1926, A. Francke AG. Verlag Bern, zweite, stark erweiterte Auflage, Erster Teil Der Anfang, 1950. [Fibel]
——: *Lebensphilosophie und Phänomenologie. Eine Auseinandersetzung der Dilthey'schen Richtung mit Heidegger und Husserl*. Bonn 1930, Leibzig und Berlin Verlag und Druck von B. G. Teubner 2. Auf. 1931, Darmstadt 3. Auf. 1967. [LP]
初版は関西大学総合図書館所蔵による。三版は未確認なれど三版に付された「あとがき」は大石学氏による。また『哲学の指針』掲載の初出論考は以下の通りである。これは関西大学総合図書館相互利用複写

により、書誌事項および単行本との異同が確認できた。（　）内は単行本頁数と章節番号。
1. Lebensphilosophie und Phänomenologie. Eine Auseinandersetzung mit Heidegger. *Philosophischer Anzeiger* III. Jahrgang 1929, Heft 3, S.267-368. (Buch, S.1-102, I. ～ III.1.)
2. Lebensphilosophie und Phänomenologie. Fortsetzung: Die Lebenskategorien und der Begriff der Bedeutung. *Philosophischer Anzeiger* III. Jahrgang 1929, Heft 4, S.405-475.（Buch, S.103-173, III.2.）
3. Lebensphilosophie und Phänomenologie. Eine Auseinandersetzung mit Heidegger und Husserl. *Philosophischer Anzeiger* IV. Jahrgang 1930, Heft 3/4, S.181-330.（Buch, S.175-324, IV.）
――: *Vom Lebens- und Gedankenkreis Wilhelm Diltheys*. Verlag G. Schulte-Bulmke. Frankfurt am Main, 1947. Inhalt: Vom Lebens- und Gedankenkreis Wilhelm Diltheys (in „Die Volksschule“27. Jahrgang, Heft 20-22, 1932); Die Idee der Lebensphilosophie in der Theorie der Geisteswissenschaften (in „Österreichischen Rundschau“20. Jahrgang, Heft 5, 1924; Wilhelm Dilthey als Lehrer und Forscher.) [LG]
――: *Geschichte der Autobiographie*. 4 Bände in 8 Halbbänden. Frankfurt a. M. 1907-1969. [AB]
Bd. 1. Leibzig 1907, 2. Aufl. Leipzig 1931. 3. stark vermehrte Aufl. Frankfurt a. M. 1949/50.
Bd. 2. Frankfurt a. M. 1955.
Bd. 3. Heft 1. Frankfurt a. M. 1959.
Bd. 3. Heft 2. Frankfurt a. M. 1962.
Bd. 4. Heft 1. Frankfurt a. M. 1967.
Bd. 4. Heft 2. Frankfurt a. M. 1969.
――: *Der Aufbau der Logik auf dem Boden der Philosophie des Lebens. Göttinger Vorlesungen [1927/28, 29/30, 31/32, 33/34] über Logik und Einleitung in die Theorie des Wissens*. Hg. von G. Kühne-Bertram und F. Rodi. Freiburg/München 1994. [LI]
――: *Logik und Einführung in die Grundlagen des Wissens. Die Macht der antiken Tradition in der Logik und die gegenwärtige Lage*. Hg. von Gudrun Kühne-Bertram. Bochum : [Dilthey-Forschungsstelle im Institut für Philosophie der Ruhr-Universität] , 1999. Sonderheft der Studie Culturologica (Sofia 1999) [LII]
（関西大学総合図書館所蔵による）
Manda: 万田博文：「〈喚起〉の射程　ゲオルク・ミッシュにおける解釈学的哲学／未完の前－投［プロジェクト］」『言語態』第6号（東京大学総合文化研究科言語情報科学専攻，言語態研究会），2006.
Matoba: 的場哲朗：「存在論か、それとも生の哲学か　－　ゲオルク・ミッシュのハイデガー批判　－」『白鴎女子短大論集』21（2），1997.
――：「ミッシュとハイデッガー　－　忘却された〈生産的な思想交流〉」『〈対話〉に立つハイデッガー』（ハイデッガー研究会編）理想社，

2000.
――:「ゲオルク・ミッシュのハイデガー批判 – “世紀の論争”を追跡する –」『理想 特集：ディルタイと現代』No. 666, 2001.
――:「哲学的人間学とディルタイ〈学問と生の二元論〉を克服するために」『ディルタイと現代 – 歴史的理性批判の射程』（西村晧・牧野英二・船山俊明編）法政大学出版局, 2001.
――:「最初の批判に見るハイデガー哲学 – マキシミリアン・ベック、ヘドヴィヒ・コンラト＝マルティウス、ゲオルク・ミッシュ」『白鴎大学論集』第17巻第1号, 2002.
Nishimura: 西村晧・牧野英二・舟山俊明編：『ディルタイと現代 歴史的理性批判の射程』法政大学出版局, 2001.
Oishi: 大石学：「ディルタイを“非神話化“する（2） – G・キューネ・ベルトラム・レッシング編『ディルタイ書簡集Ⅱ 1882 – 1895』」『ディルタイ研究』26号, 日本ディルタイ協会, 2015.
――:「ヨルク伯の「批判的歴史哲学」試論 – 「ヘラクレイトス論」についての一考察」『哲学』第109集, 慶応義塾大学三田哲学会, 2003.
Ono: 大野篤一郎：「ディルタイの世界観学について」『メタフィシカ』32（2）, 2004.
Paczkowska-Lagowska, Elzbieta: Ontologie oder Hermeneutik? Georg Mischs Vermittlungsversuch in der Auseinandersetzung zwischen Heidegger und Dilthey, in: *Zur philosophischen Aktualität Heideggers*. Bd. 2: *Im Gespräch der Zeit*, Frankfurt am Main, 1990, S.189-197.
Plato, *Politia sive de Republica*, P*latonis Opera Omunia* Vol. 3, 1-2, New York & London, 1980. 邦訳：プラトン『国家』上・下（藤澤令夫訳）, 岩波文庫, 1979.
Pöggeler, Otto(hg.), *Hermeneutische Philosophie*, Nymphenburger Verlagshandlung München, 1972. 邦訳：O. ペゲラー編『解釈学の根本問題』晃洋書房, 1977.
――: *Heidegger und die hermeneutische Philosophie*, Alber 1983.
――: *Der Denkweg Martin Heideggers*, Neske 3. erw. Aufl. 1990.
Plessner, Helmut: Mit anderen Augen. Über die Rolle der » Anschauung « im Verstehen. In: Weingarten(Hg.), 2005.
Renthe-Fink, Leonhard von, *Geschichtlichkeit. Ihr terminologischer und begrifflicher Ursprung bei Hegel, Haym, Dilthey und Yorck*. Göttingen, Vandenhoeck & Ruprecht, 1964.
Ricour, リクール『時間と物語』1-3, 新曜社, 2004.
Rodi, Frithjof: Dilthey, die Phänomenologie und Georg Misch. In: *Dilthey und die Philosophie der Gegenwart*, *Beiträge von Karl-Otto Apel*, hg. von E. W. Orth, Freiburg/ München, Alber 1985.
: *Erkenntnis des Erkannten. Zur Hermeneutik des 19. und 20. Jahrhunderts*, Suhrkamp, 1990.
――: *Das strukturierte Ganze. Studien zum Werk von Wilhelm Dilthey*, Hubert & Co. , Göttingen, 2003.

—— & Hans-Ulrich Lessing(Hgs): *Materialien zur Philosophie Wilhelm Diltheys*. Suhrkamp 1984.

Rorty, Richard: *Philosophy and the Mirror of Nature*, Princeton Uni. Press 1980. 邦訳：リチャード・ローティ『哲学と自然の鏡』野家啓一監訳, 産業図書, 1993; 2003.

——(ed.): *The Linguistic Turn. Essays in Philosophical Method*, University Of Chicago Press 1967; 1988.

Schmidt, Ina: *Vom Leben zum Sein. Der frühe Martin Heidegger und die Lebensphilosophie*. Königshausen & Neumann 2005.

Scholtz, Gunter: *Wissenschaftsanspruch und Orientierungsbedürfnis. Zu Grundlage und Wandel der Geisteswissenschaften*, Suhrkamp 1991.

——(Hg.): *Diltheys Werk und die Wissenschaften. Neue Aspekte*. V&R unipress 2013.

Schulz, Walter: *Ich und Welt. Philosophie der Subjektivität*. Neske 1979.

Setoguchi: 瀬戸口昌也「ディルタイからミッシュを介した自伝研究の行方」『ディルタイ研究』27 号, 日本ディルタイ協会, 2016.

Simmel, Georg: *Lebensanschauung. Vier metaphysische Kapitel*. München und Leibzig Verlag Duncker & Humblot, 1918; 2. Aufl. 1922. 引用頁付は初版に基づいている。邦訳：茅野良男訳『生の哲学』(ジンメル著作集 9) 白水社, 1977. [LA]
(原典は関西大学総合図書館所蔵による)

Soboleva, Maja: *Leben und Sein: Hermeneutische Bedeutungstheorien von Georg Misch und Josef Koenig*, Passagen Verlag, 2014.

Sternberger, Adolf: *Der verstandene Tod. Eine Untersuchung zu Martin Heideggers Existenzialontologie. Mit einer monographischen Bibliographie Martin Heidegger*, Verlag von S. Hirzel in Leibzig, 1934.

Strube, Claudius: Vergleichende Bemerkungen über die Auseinandersetzung zwischen Misch und Heidegger, in: DJ11, 1999, S.160-169

Tanaka: 田中潤一：「ハンス・リップスにおける自己の生成と共同的世界への参入に関する省察　－　解釈学的人間形成論への一考察　－」『関西教育学会年報』第 37 号, 2013.

——:「ハンス・リップスにおける対話と論理的思考力育成に関する一考察」『関西教育学会年報』第 38 号, 2014.

——:「ハンス・リップス解釈学における言葉と教育の考察」『関西教育学会年報』第 39 号, 2015.

——:「解釈学的論理学における知識生成とその超越的根源」『哲學論集』第 62 号（大谷大学哲学会）, 2016.

Trostel, Ildikó: *Moderune Wissenschaftlichkeit. Wilhelm Diltheys Wissenschaftskonzept für die Geisteswissenschaften*. Königshausen & Neumann 2016.

Tukamoto: 塚本正明：『現代の解釈学的哲学　ディルタイおよびそれ以降の新展開』世界思想社, 1995.

Weingarten, Michael (Hg.), *Eine „andere" Hermeneutik. Georg Misch zum 70. Geburtstag. Festschrift aus dem Jahr 1948,* transcript Bielefeld 2005.

Wittgenstein, Ludwig: *Tractatus logico-philosophicus. Philosophische Untersuchungen,* in: Ludwig *Wittgenstein Werkausgabe* Band 1, Suhrkamp 1989.
Yamamoto: 山本幾生：『実在と現実　リアリティの消尽点へ向けて』関西大学出版部, 2005.
——:『現実と落着　無のリアリティへ向けて』関西大学出版部, 2014.
Zeider, Franz: *Der Begriff der Lebendigkeit*, Funker und Dünnhaupt Verlag Berlin 1940.

著者紹介

山本 幾生（やまもと いくお）

1953年長野県生まれ。関西大学文学部哲学科卒業、大阪大学大学院人間科学研究科（人間学専攻）博士課程単位取得退学、現在・関西大学文学部教授。
博士（文学）［関西大学］。

著書

単著『現実と落着　無のリアリティへ向けて』（関西大学出版部、2014年）、単著『実在と現実　リアリティの消尽点へ向けて』（関西大学出版部、2005年）、分担執筆『ショーペンハウアー読本』（齋藤智志・高橋陽一郎・板橋勇仁 編、法政大学出版局、2007年）、分担執筆『ディルタイと現代』（西村晧・牧野英二・舟山俊明 編、法政大学出版局、2001年）ほか。

訳書

編集／校閲『ディルタイ全集』第6巻（編集／校閲 小笠原道雄・大野篤一郎・山本幾生、法政大学出版局、2008年）、分担訳『ディルタイ全集』第3巻（編集／校閲 大野篤一郎、丸山高司、法政大学出版局、2003年）、分担訳『ハイデガーと実践哲学』（A. ゲートマンほか編、法政大学出版局、2001年）、共訳『ハイデッガー全集』第45巻（山本幾生・柴嵜雅子・ヴィル・クルンカー 訳、創文社、1990年）、共訳『ハイデガー』（W. ビーメル著、茅野良男 監訳、理想社、1986年）ほか。

落着と実在　リアリティの創出点

2018年2月20日　発行

著者　山本幾生

発行所　関西大学出版部
〒564-8680 大阪府吹田市山手町3-3-35
TEL 06-6368-1121 ／ FAX 06-6389-5162

印刷所　協和印刷株式会社
〒615-0052 京都市右京区西院清水町13

ISBN 978-4-87354-668-1 C3010　落丁・乱丁はお取替えいたします。

関西大学出版部　既刊書のご案内

実在と現実
―リアリティの消尽点へ向けて―

山本幾生　著

近世哲学に始まる外界の実在性の問題から今日の仮想現実（バーチャルリアリティ）まで、ショーペンハウアー、ディルタイ、ハイデガーの哲学に手掛かりを求めてリアリティ概念を究明し、虚構も実在と共に現実を象るという〈現実の象り〉を提唱。そして問題が外界の実在性から〈ものの不在性〉へ転換していることを提示する。

四六判上製　定価　本体三、二〇〇円＋税

現実と落着
―無のリアリティへ向けて―

山本幾生　著

現実はどのように形成され、どこからどこへ向かい、どこに落ち着く処があるのか。本書はディルタイとショーペンハウアーの哲学を読解し、現実の様々な連関が織糸のように交差する〈私〉の直中にその当処を求める。そして静が動を否定するように現実の渦動を否定する無が〈私〉の直中でリアルに息づいているのかと問う。

四六判上製　定価　本体三、〇〇〇円＋税